猛将

陈冠任◎著

中国人民解放军
传奇将领纪实

中共党史出版社

图书在版编目（CIP）数据

猛将：中国人民解放军传奇将领纪实 / 陈冠任著.
-- 北京：中共党史出版社，2015.12（2021.6 重印）
ISBN 978-7-5098-3165-6

Ⅰ.①猛… Ⅱ.①陈… Ⅲ.①中国人民解放军–将军
–列传 Ⅳ.①K825.2

中国版本图书馆 CIP 数据核字(2015)第 159425 号

出版发行：中共党史出版社
责任编辑：吕佳音
复　审：潘　鹏
终　审：吴　江
社　址：北京市海淀区芙蓉里南街 6 号院 1 号楼
邮　编：100080
网　址：www.dscbs.com
经　销：新华书店
印　刷：香河县闻泰印刷包装有限公司
开　本：170mm×240mm　1/16
字　数：330 千字
印　张：23
印　数：15001—19000 册
版　次：2015 年 12 月第 1 版
印　次：2021 年 6 月第 3 次印刷

ISBN　978-7-5098-3165-6
定　价：63.00 元

此书如有印制质量问题，请与中共党史出版社营销部联系
电话：010-82517190

前　言

沙场三千里，猛将五千兵。

在几十年的战斗岁月中，中国人民解放军涌现出一大批不同战斗风格和智慧的杰出将领。他们或以智勇兼具的指挥艺术见长，或以犀利迅猛的战斗风格取胜，或以勇悍过人的个性放出夺目的异彩，使得解放军将领这个群体体现出不同的战争智慧和个性魅力。猛将，就是其中一个突出的类型。

大风起兮云飞扬，安得猛将兮征四方？解放军中猛将如云。他们或性格火烈风猛，猛气冲长缨；或指挥作战，惯于发若猛浪，排山倒海。他们的战斗风格构成了战争风云中的一道独特风景。

本书选择贺炳炎、刘震、皮定均、罗元发、胡炳云、程子华几位典型将领作为叙述对象，介绍他们的人生经历、战斗作风和个性魅力，展现人民军队的猛将风采，是一本了解人民军队将领的通俗读物。

目 录
CONTENT

★ 上将贺炳炎 ★

1

★ 上将刘震 ★

★ 中将皮定均 ★

★ 中将罗元发 ★

★ 少将胡炳云 ★

★无衔将军程子华★

上将贺炳炎

1.人小胆大，臂力过人

贺炳炎小名幺娃，乳名明言。稍大后，发蒙读书时，父亲贺学文为他取学名从炎，再长了两岁，他懂得多了，嫌"从炎"二字不响亮，便与教书先生一合计，更名为贺炳炎。先生说：

"贺是祝贺，炳嘛是大火，炎是烧大火的意思，加起来，就是焚烧起冲天的大火焰。"

贺炳炎则说："这个名字好，火气大，有气魄。"

贺炳炎六岁丧母，九岁随父到江家湾煤矿背煤，当"煤黑子"，因年幼力弱，常常被煤筐压得爬不起身。贺学文见他实在受不了，就带他转到郑家塔煤矿学挖煤。在石头缝缝里抠煤，他虽人小可以直起腰，但膀不圆、力不足，一镐下去只能刨个小窝窝。贺学文又心疼儿子，托人说情，把他送到松木坪地主刘晴轩家放牛。

一天，贺炳炎放牛时，看见十几个小伙伴在玩"好汉闯衙门"的游戏。想当好汉的孩子一个接一个地唱着：

天上起乌云，地下闯衙门。

不怕篱笆刺，不怕围墙高，

骑大马，持长刀，

呼啦一下闯开它！

歌声一停，"好汉"们便铆足劲，呼喊着向"衙门"闯去，然而一个个碰了个硬钉子，败下阵来。

"我来闯！"贺炳炎一看这阵势，便拨开人群，大吼一声，甩掉破棉袄，捡起一根草绳使劲缠在腰上，然后向手心"呸呸"吐了两口唾沫，调动浑身力气，陡地朝"衙门"冲去。

扮做"衙门"的孩子，一看"好汉"来闯，赶忙拉紧了手。贺炳炎在冲闯中声东击西，先佯装朝个头最小的孩子跟前跑，当接近"衙门"时，突然一个侧转身，头、手、肩并用，使出了吃奶的劲儿，猛朝班头撞去。

班头是个大胖子，外号叫"董狗子"，没想到这个小不点儿敢来撞他，不及防备，被撞了个仰八叉。"衙门"被撞开，孩子们"轰"地像一窝蜂欢呼着。

突然，一只大胖手越过孩子们的头顶伸过来，抓住贺炳炎就要打，贺炳炎一见，反身不躲，顺势一头钻进他的胯下，硬是用双肩把他扛倒！从此，贺炳炎和班头"董狗子"结下仇，放牛时两人天天打架，最后打瘸了"董狗子"一只脚。

贺学文没办法，把他领回家，不久又送到刘家场元丰铁匠铺当学徒。

结果，他打铁打着，暗中跟上县农会主任陈昌厚，当起了他的警卫员，由此和"革命"沾上了边，渐渐懂得了一些革命道理。

2.儿子反带着父亲从了军

1929年正月，贺龙率领的湘鄂边红4军在松滋县胡家台子过罢春节，转移到新驻地。刚住下，一个满脸污垢的少年就尾随而来，然后拉着

50多岁的老司务长、临时马夫班班长张耀南的胳膊，说：

"我要当红军，你就收下我吧！"

他就是贺炳炎。他虽然身材矮小，高不过枪，干瘪得像个瘦猴子，但幼稚的脸上却流露着几分刚毅，说着这话时，他发红的眼睛里闪动着憧憬未来的亮光。

张耀南与贺炳炎是在胡家台子相识的。当时，贺炳炎跟着陈昌厚来到贺龙军部，在陈昌厚与贺龙商谈工作时，他也与军部马夫班的张耀南"混熟"了，以后，他白天跟师傅打铁学艺，晚上帮张耀南喂马。张耀南见他聪明伶俐、性格倔强，很是喜欢；加上看他一个孩子孤苦伶仃，更加怜爱，时不时地给他讲些革命道理。这老少二人一来二往，厮混得像父子般亲密。一天，贺炳炎对张耀南说：

"老长官，收了我当红军吧！"

张耀南高兴地咧着嘴，拍着他的肩头说："好，我做主收下！"

"不行！咱们是红军，不是老妈子！"马夫班的其他人一听张耀南说要收留他，怕打仗添加累赘，都极力反对。

贺学文听说儿子要来当红军，也匆匆跑到军部马夫班，逼着儿子快回家。于是，贺炳炎急了，说：

"老爹，别人不了解我，赶我走，你这个当爹的，怎么也胳膊弯朝外拐，也不让俺当红军呀？"

贺学文爱怜地说："伢子，你个子太矮！"

"个子矮怕啥？我力气大！"

"这个我信，打了半年铁，多吃了半年饭，还能不长劲？可你都没有枪高，怎么打仗呢？当兵打仗可不是闹着玩的啊！"

"我不管，反正我要当红军。我不走！"

"你？！在家闹农会不也好好的嘛！"

贺家两父子，一个硬是抱住葫芦不开瓢不放人，一个硬是不达目的不罢休要当红军，最后还是父亲赢了，他拿着一根竹棍子把儿子赶回了铁匠铺。

其实,这仅仅是贺炳炎的一个"计"。原来他见嘴说不行,就决定暗中"武干",因此表面上先答应了父亲回铁匠铺。

在红军开拔的头一天,他听"老长官"张耀南说明天午夜就要转移,翌日天一黑,他就早早吃了晚饭上床睡觉,深夜乘师兄熟睡之机悄悄溜出门,尾随红军而去。

贺炳炎又跟过来了!但张耀南见贺学文不同意儿子当兵,便要撵他走。因为红军有纪律,招兵不能强拉夫,本人同意外还要家里同意。可是,贺炳炎偏不走,你拉他拽,刚烈的他竟然和"老长官"大声吵起来了,张耀南人老,可也是嗓门大,马夫院里闹得开了锅。贺龙军长听到争吵声,走进院来。贺炳炎见军长来了,反而更来劲,大喊:

"红军又不是你家开的,凭什么就不让俺当?"

贺龙一见这红眼粗脖子的小犟头,倒是有几分喜欢,说:"好好好,收下,拨到宣传部去提糨糊桶子吧。"

贺炳炎"扑哧"一声笑了,忙用衣袖拍了拍身上的泥土,学着红军战士的样子,举手向贺龙说:"敬礼!"这滑稽的动作把在场的人都逗乐了。

贺学文得知儿子偷跑着参加了红军后,心急地说:"这娃狗胆比天大,早晚会出事!"又追过来了,见儿子已"当上"了红军,知道再拽回来还是会跑掉的,想了想,说:"伢子不怕一身剐,我这当爹的还怕剐?"一咬牙也投了贺龙领导的红军。

不久,他接替张耀南的另一职务,当了一名司务长,专门"管伙食"。

就这样,贺家两父子都成了红军。

3.绰号"贺小龙"

贺炳炎在贺龙的湘鄂边红4军宣传部里提糨糊桶子,主要是刷标语、贴标语,但很是卖劲,不叫苦不叫累,偶尔赶上打一仗,也很勇敢,不怕死。不久,他又从"糨糊兵"正式转到军部手枪大队当班长。很快,他就以"胆子比天大"在湘鄂边红军中出了名。1929 年 9 月,他加入中国共产党。

(1)

1930 年春,贺龙领导的湘鄂边红 4 军从洪湖拉出来,边走边打,一路风霜地来到大小洪山地区,准备去与周逸群、段德昌领导的鄂西红 6 军回合。为了摸清大小洪山地区的敌情,一天,他对贺炳炎说:

"给你一个任务,一天之内抓个'舌头'来,条件是管作战的军官。"

"保证完成任务!"

随即,贺炳炎化装成一个蓬头垢面、疯疯癫癫的小叫花子,准备哪里有敌人就往哪里钻。谁知半路上,就赶巧遇到几个白军军官拿着猎枪、图囊、望远镜在看地形。他喜出望外,隐蔽到不远的地方,学着黄羊、兔子和各种鸟叫。

"嘿,这里野兽闹翻了天,'酒仙',怎么不抓几个改善伙食呢?"一个白军军官提议。

"好啊,野味下酒,赛过神仙呢。"另一个被称作"酒仙"的又胖又高的军官立即响应。

话音还没落,他们右前方突然窜出一只送上门的兔子,一个个纷纷提着枪追去,都要显显枪法。那个又胖又高的军官追赶兔子时跑掉了鞋,赶忙一条腿蹦着返回捡鞋。贺炳炎看准机会,"噌"地从树上飞身而下,顺手从地上抓起两把土,"叭叭"朝他的眼睛上边糊了一把,敌军官顿时变成了瞎子。接着,他将驳壳枪顶在他腰部,小声命令:

"别嚷,你们的人已经跑远了,再嚷打死你!"

"啊,不嚷,不嚷。"

掌灯时分,贺龙正叼着烟斗,焦急地等待贺炳炎归来。

"报告贺总指挥,我回来了!"

贺龙抬眼看看俘虏，嗬，这俘虏的块头，足足抵得上两个贺炳炎。他高兴地说：

"干得好，快带你'请'来的'客人'吃饭去。回头我再找'客人'谈。"

"军长，他还是个会喝酒的'酒仙'呢。"贺炳炎笑着说。

"那就是个酒囊饭桶。"贺龙回了一句。

（2）

1930年7月下旬的一天，红4军在潜江浩子口同白军作战。一大早，枪炮声就"轰轰隆隆"响起来，硝烟卷着尘土遮天蔽日。战至午时，双方的激战达到白热化。为了决战决胜，总指挥贺龙决定在白军精疲力竭时把红6军预备队红6师拿上去，从侧后给负隅顽抗的白军再狠狠一击。在炮火纷飞中，他冲警卫班长贺炳炎喊：

"快，传达我的命令，让红6师上！"

"是，保证完成任务！"贺炳炎像离了弦的利箭，拔腿便跑。

红6师受命投入战斗后，白军腹背受击，丢尸弃械，抱头鼠窜，浩子口战斗很快胜利结束了。可警卫班的战士们却迟迟不见班长回来。贺学文急得要死，赶紧报告贺龙总指挥，说伢子不见了。贺龙立即对警卫连长说：

"快，多派几个人去战场上找，顺着红6师攻击的路线找！这小鬼想打仗都想疯了。可能跑到战斗部队里了。"

贺龙话音才落，突然人们嚷开了："贺炳炎回来了，还带着几十号子俘虏哩！"

贺龙一出门一看，果然，又瘦又小的贺炳炎竟然一个人押着四五十个俘虏走过来了，身上还背着五六支长枪，腰都压得直不起来了。

原来，贺炳炎送罢信途经红6师阵地时，看到战友们打得正起劲，心里痒得慌，顺手从地上捡起一颗手榴弹，"嗖"地向白军投过去，几个白军士兵顿时炸得东倒西歪。这时，6师的冲锋号响了，战士们像老虎下山一样呐喊着冲入敌群。贺炳炎看得眼红,想随他们冲上去,但一想到自己的任务是传达完命令后回去保卫首长,只好打消了参加战斗的念头,弯腰捡起几颗手榴弹往腰里一插,提着驳壳枪抄小路朝回赶。谁知他急匆匆地刚走下一个土坡时,不禁差点惊叫起来:险些和几十名溜出包围圈的白军碰个满怀! 他急忙闪身躲到一棵大树后。

这股白军刚刚逃出生死场,惊魂未定,你争我抢地朝前面的芦苇荡死命奔去。贺炳炎想,这茫茫芦荡钻进几十个人还不像草丛里掉进几根针? 再心细眼尖的人也找不着他们。绝不能让敌人漏网! 他不及多想,当机立断,"蹭"地纵身从树后跳出,挡住了白军去路,一手紧扣驳壳枪,一手高举手榴弹,怒目圆睁,威风凛凛,高喊了一声:

"缴枪不杀,红军优待俘虏!"

溜出红军包围圈的敌兵,本来早就吓得丢魂失魄,没想到半道闯出个"关云长",一缩脚,全都愣住了。贺炳炎不等他们清醒,便指着前面的干涸水塘,大声命令:

"把枪放在塘埂上,都进塘里去,快!"

敌兵中有个当官的磨磨蹭蹭,贼头鼠脑,向四周扫了几眼,发现红军就一个人,而且是个半大的孩子,猛地举起枪朝贺炳炎射击。谁知贺炳炎比他还快,几乎是在一瞬间拔枪一举,扣动了扳机,"砰"地一响,把他撂倒了。枪一响,几个想逃的白军士兵乘乱便跑。

"我叫你跑!"

贺炳炎乘势掷出一颗手榴弹,"轰隆"一声,三四个逃跑的敌兵被炸得血肉横飞。余下的敌兵听到爆炸声,赶忙卧倒,趴在地上不敢动弹了。

"起来,都进塘里去!快!"

贺炳炎趁着敌人慌乱,边喊边又从腰间又拔出一颗手榴弹,拉出引线,厉声命令:

"再不老实,老子也送你们上西天!"

"别拉——我们投降!我们缴枪!"

留下的匪兵生怕贺炳炎就这么一念之下又拉响手榴弹,乖乖放下武器,举起双手,耷拉着脑袋,挤到枯水塘,听从小红军的发落。贺炳炎用双眼扫了一下站在塘里的白军,点点数,一共 47 人。这么多俘虏,他一阵高兴,可转念一想:怎么把他们押回部队呢?正急得抓耳挠腮时,他忽然想起老战士瓦解敌人的做法,于是扯起嗓子,学着贺龙作报告的神态,精神抖擞地喊:

"蒋军兄弟们!你们都是穷人,穷得丁当响,吃不上饭,穿不上衣,才被迫当兵的……"

他的话都是些朴素的道理,句句打动着俘虏的心。结果,他们顺从地按照贺炳炎的摆布,三人一排地站好队,在他的押解下朝红军驻地走去……

贺龙看看贺炳炎,又看看他押着的俘虏,数了数,赞叹地说:

"这小娃子有种,好大的胆子!"

贺炳炎送一次信抓回 47 个俘虏,"孤胆英雄"的故事马上在红军中传开了。

(3)

1932 年春,贺炳炎被调到湘鄂西军校当区队长。

6 月初,川军乘红 3 军主力开赴襄北作战之际,兵分三路向洪湖苏区奔袭。川军 21 军范绍增师仗着人多势众、装备优越,大摇大摆地向湘鄂西中央分局及苏区革命军事委员会所在地陈砣子口压过来。

为了保卫分局和军委会,军校学员奉命参战。贺炳炎见参战的学员人多枪少,把自己的枪往身边的学员小高手上一塞,说:"你用这个!"然后,自己跑到炊事班,抄起一把菜刀,跑了出来,然后在空中一挥:

"学员们,跟我来!"

当敌兵涌上来时,他带头冲上去,学着当年贺龙两把菜刀闹革命的样子在敌阵中左砍右杀,靠近他的几个敌兵还没有反应过来,脑壳儿就开了瓢。接着,他又顺势捡起敌军的枪支,勇猛地向敌人射击。在贺炳炎的带领下,学员们越战越猛,锐不可当。川军碰了个硬钉子,丢盔弃甲,赶忙夺路回蹿。

战斗结束,贺炳炎的英雄行为轰动了军校。学校嘉奖他,说他"胆大顽强"。因为早有总指挥贺龙当年两把菜刀带领 36 个好汉刀劈盐局的故事,贺炳炎一把菜刀杀敌,一些学员们称赞他,纷纷喊他:"贺小龙。"

贺炳炎听到这个称呼,说:"我可不敢和总指挥比;他两把菜刀拉起了一个军,我能干什么呀?还得学他的胆识和不怕死!"

4.襄北风云

1932 年伊始,党内"左"倾路线盛行。夏曦受"左"倾中央的委派来到了湘鄂西苏区,大搞"肃反"运动。红 3 军中的党组织被取消,创建湘鄂边和鄂西红军的段德昌、王炳南和大批在敌人屠刀下幸存的红军干部都被当作"叛徒"、"改组派"而杀害。红军内外交困,濒临瓦解。

为了从军事上摆脱困境,贺龙不得不决定带部队由湘鄂西向湘黔边界转移,去敌人力量薄弱的地方打游击。

(1)

1932 年 8 月下旬,红 3 军开始转移。临行前,贺龙把贺炳炎叫来,说:

"贺炳炎,你这个骑兵大队长要改行了,去做个'群众王'!"

"'群众王'?"贺炳炎一怔。

"是呀,"贺龙说,"情况很紧张,我们要走了,给你留下三个县的游击队,带到襄北去打游击。"

"是!"贺炳炎准备就走。

"慢,"贺龙叫住了他,"另外,洪湖地区还有三四千干部和群众要转移。你负责把他们带到襄北安置下来,搞饭给他们吃,找钱给他们用。"

贺炳炎是什么恶仗、硬仗都打过,可没想去做"群众王",竟然是做这事! 这些年他只知道打仗,找钱找粮的事连想都没想过,更别说去做了。他愣了半晌,说:"要我去带兵打仗,没话说,准赢。要为这几千人搞饭吃和找钱花,我干不了。"

"你贺大胆没有办不成的事情,去吧! 记住,这个'群众王'你要当好!"

就这样,19岁的贺炳炎被贺龙硬推着当夜和政委带着不到200人的三支游击队急行军,直奔马良渡口,前去组织各县群众向襄北转移。路上,他唉声叹气:

"要我做'群众王',打仗的料成了拖儿带口的几千老乡的头,有劲都没处使啊!"

(2)

襄河不宽。第二天一大早,河岸上就挤满了黑压压的人群,闹闹嚷嚷。贺炳炎布置好警戒,便组织各县群众,开始渡江。顿时,河面上金光闪闪,木船来往如飞,三四千人马没一个小时便都渡到东岸来了。贺炳炎坐在大树下,看着这黑压压的几千人心里烦闷得要死:这几千人一顿饭就要吃掉多少粮食啊! 他到哪里去为他们找粮呢! 正在犯愁时,突然,有人喊:"看,来大鱼了!"

他抬头一瞅,一条由南向北航行的大帆船正向渡口驶来,"呼",他一个鲤鱼打挺站了起来,立即喊道:"快,快,各大队到河湾处埋伏。"

船一到,他一挥枪,几个队员突袭上去。结果他们没遭到任何的抵抗,就缴获了一条军需船。

更让贺炳炎没想到的是,这艘军需船倒很"扎实",里面装满医药、物资和钞票,就是没有武装护送。他大喜,立即吩咐说:"将钱和物资没收,全部分发给群众!"

船上的东西一搬完，他放一把火把船烧了。三四千群众在地方干部们的带领下往前走了。他又歪倒在树下，吃了点干粮，然后闭眼思考着下一步的行动。此时，警卫员把他的手枪拿去，卸开来擦油。忽然，"叭！"一声枪响，紧接着枪声就像炒豆子一样激烈地响起来。贺炳炎跳起一看，一股敌兵赶过来了！他手枪也来不及装，用包枪布一兜，挂在裤带子上，跟上队伍就走。可这股敌兵不知他们的虚实，追了一阵，见讨不着便宜，也就不追了。

就这样，贺炳炎解决了"花钱"的问题。

然而，这是一支臃肿不堪的队伍，在向襄北的大洪山地区进发中，吃饭仍是个大问题。贺炳炎没有别的办法，只有一条路打土豪。打下一家土豪的粮仓，大家饱吃一顿，每人再背一袋走。结果，弄得沿途地主富农远远见到他们，便鸣锣报警，接着便是敌军四处拦截，贺炳炎这200多人的游击队打了几次硬仗，硬是把几千人的队伍带到了大洪山地区。

把老乡安顿下来后，队伍进行整编，正式编为襄北独立团，200人的队伍不到两个连，他被任命为团长。

（3）

谁知贺炳炎把这"襄北独立团"的招牌一打出去，附近的穷人纷纷要求参军，结果，一下子贺炳炎竟然有了千余人枪。

襄北突然冒出个"独立团"！当地地主豪绅一听就急坏了，几次邀请正规军出动"围剿"。贺炳炎带着队伍忽东忽西，敌人捉摸不定，"剿"了几次怎么也"剿"不着，只好作罢。谁知敌人不"剿"他们，贺炳炎却领着他们经常打到白区。尽管襄北独立团闹得凶，但围攻洪湖苏区的敌兵任务在身，也顾不得他们了，纷纷渡汉水向北急进，追赶贺龙率领的红3军。由于贺炳炎总是不停地袭击，拖他们的后腿，弄得前去"围剿"的敌兵纷纷向上级提意见："襄北比洪湖苏区还闹得凶，怎么不剿？"

一天，贺炳炎侦察到敌85师要从客店坡经过，带着独立团连夜行军,天一亮就赶到客店。

这一带地形好,一条狭长的山岭夹在两条大路之间,路北,山不多,向南群山连绵。贺炳炎说:"把部队就埋伏在半山腰。"

战士们在松林里吃完干粮后,他派政委率一部人马从敌兵的空隙中穿过,到对面山上埋伏。他自己则带一部负责拦头,约好以他的枪响为号,一齐出击。

谁知他们埋伏了大半天,大路上空荡荡的。他正在疑惑时,侦察员抓来了一个掉队的敌兵。一问,原来敌兵大部队已通过了。贺炳炎一急,喝道:

"把他捆起来!"

这俘虏马上脸色大变,说:"后面还有敌85师的辎重营,他们要赶到客店坡宿营,辎重营有吃有喝的,还有军火,他们后边什么队伍也没有了,你们可以放心打。"

这下可好了!贺炳炎挥手叫侦察员把俘虏带走,立刻通知部队进入出击位置。

太阳落到西山头了,夕阳的余晖照耀着山坡。不久,山脚处果然出现了一股敌兵,当官的骑马,当兵的倒背着枪,敞开衣服,吆吆喝喝押解着一大队民夫,而民夫们则有的挑,有的背,还有不少骡马,看样子都是重载。因为走了一天,大概累了,队伍乱糟糟的,行军速度很慢。这时,又有侦察员回来报告说:

"北路敌兵已过完了,只剩下一些掉队的。"

情况完全对独立团有利。等这七八百人全部进入伏击圈内,一个军官正用望远镜朝四周山头张望,"啪啪!"两枪,贺炳炎把那家伙击倒了。与此同时,拦头的队伍全部开枪了,紧接着两边山上飞出了一群"黑乌鸦",一直杀向山沟。

这一股泰山压顶之势,把敌人惊呆了,民夫丢下担子就跑,那些当兵的伏在地上胡乱地朝山上放枪,有的干脆夹杂在人堆里奔逃。骡马受了惊,叫着、尥着蹶子,把驮子搞翻,敌军官边喊边朝士兵开枪……

山沟里沸沸扬扬,简直像一锅烧开了的水。独立团从四边一合,敌兵一个也没有跑掉。

战斗结束后,贺炳炎带人把子弹、粮食、衣服、西药、骡马等急需又能带走的,全部带走了,其余的堆在一起,又放一把火烧了。就这样,贺炳炎带着襄北独立团打了许多仗,闹得襄北的山岭深壑热热闹闹的。但是,他心里总似乎缺少了点什么,时常闷闷不乐的,或者一个人望着远方的大山发呆。

不久,贺龙派人来了找他,说:

"马上去豫鄂边与主力会合。"

贺炳炎愁容瞬间挥去,高兴地说:"嘿嘿,我就知道总指挥不会叫我们做冒娘崽!马上就出发,越快越好!"

1932年冬,贺炳炎率领这支一千七八百人的队伍,一个多月走了1000多里路,在鄂豫边找到了主力。与贺龙会合后,贺龙说:"炳炎,你这个襄北独立团改成正规团,不然,你收不拢心!"

这正是贺炳炎求之不得的事情。与总指挥汇合后,他就曾找过好友廖汉生,咕噜说:"与主力会师了,襄北部队还叫独立团,就好像有娘没人养似的。"这下总指挥把他的心病全解决了,他高兴地说:"总指挥待我这个无娘崽不薄!"

不久,贺炳炎调任第8师第22团团长。红3军到达湘鄂边不久,贺学文在鹤峰牺牲,贺炳炎亲手掩埋了自己父亲的遗体。

5.松了绑绳照样打冲锋

在贺龙领导的红军里,贺炳炎号称"贺猛子",是一员打恶仗、险仗的猛将,同时他又是一员有名的难以制服的悍将。

(1)

贺炳炎在鄂豫边又打了不少的硬仗、恶仗，是贺龙手下最强悍的一员战将，打仗时别人拔不了的钉子，贺龙就大喊一声："贺炳炎，上！"他一上去，就是最危险、最艰巨的钉子也被拔了下来。贺炳炎打仗勇猛过人，但是平时也调皮得出奇。

在不打仗没事时，他闲不住，吊手四处游荡，不是跟这个摔一跤，就是跟那个逗几句。可他摔跤又没规矩，只要能赢胜，什么抓裤裆、挖眼睛、掀嘴巴，样样都来；至于逗人玩，更是没大没小的，毫无顾忌，只要开心，什么玩笑都开。双方闹急了，有时就厮打起来。而他一打架，打铁的手臂力气比谁都大，结果只有占便宜而没有亏吃的份，几架下来，他成了全军有名的"打架团长"。为此，有人常常到贺龙那里告他的状。

贺龙也没少批他，有时气一来，就拿烟袋杆子敲他脑袋：

"猛子，我知道你手痒，总有一天看我把你这两只手砍了，看你还打不打架！"

贺炳炎是有名的"老虎屁股摸不得"，其他人他谁都不怕，唯独就怕这总指挥。贺龙用烟袋杆子敲他脑袋，他把头埋得低低的，像罪犯似的，老老实实，一声不吭，简直就是老鼠见了猫。

可没几天，他老毛病又发作，照样和别人打起来了。结果，贺龙是见他一次，就用烟袋杆子敲他一次脑袋。

(2)

1933年1月，"围剿"湘鄂西根据地的白军疯狂地扑上来，前堵后追。双方在湖南省桑植县泥糊塔地区展开激战。这一仗打得很惨，红军损失惨重，身为团长的贺炳炎也左臂负伤。

这是他当红军以来第八次负伤了。

团政委谭友林在护送他到后方医院做手术时,关切地说:

"贺团长,你好好养伤,大伙都等你快快回来指挥作战。"

"没啥,我的血好。"贺炳炎乐观地说,"白狗子的子弹没劲,打到身上软不拉塌。要不了几天我就出院。"

两个月后,5 月 10 日,贺炳炎伤愈出院,奉命带团队转战鹤峰。

(3)

贺炳炎一回到部队,却发现"肃反"的阴云笼罩着红 3 军。

全军主力 8 师政委、贺龙的手下大将谷志标,留苏回来的红 18 团政委宋盘铭都被夏曦撤职,关了起来。贺炳炎预感自己也可能要被诬陷,坐立不安,思虑重重。

这天,他带着几个警卫员爬上驻地旁边的山头,整整坐了一天。深夜回到营地,他刚刚拉被子躺下,五六个"肃反"队员"呼啦"闯进来,不容分说又扭胳膊又捆脚,要带他走。

"你们为什么抓我?有什么凭据?"

"为什么,听着。"领头的"肃反"队员鼻子"哼"了一下说道:

"贺炳炎犯有改组派罪行,即日起开除出党,进行隔离审查。"

"我抗议,拿证据来!"

"别嘴硬,证据你自己会招出来的。"

被关押期间,贺炳炎不管受到怎样的拷打刑讯,始终据理抗争,毫不屈服。

"看你服不服!""肃反"队员见他不服"管教",又臂力过人,为防备他行军中逃脱,时而用绳子捆住他的臂膀,套住脖子,前牵后推;时而又给他上反铐,戴上重镣,把沉重的米袋、大捆的草鞋压在肩上。但不管如何整治,他不服还是不服,不时地像雄狮老虎般对"肃反"队员又嚎又叫的。

一天,夏曦途经关押所谓"改组派"、"奸细"的"改组派连",贺炳炎见

着他,立即挣扎着跨出行军队列质问:

"夏主席,你说我哪点是改组派?"

"哪点都是。"夏曦蛮不讲理地推了推眼镜骄横地说,"要老实交代,讲出你们的头头!"

贺炳炎据理反驳,两人展开唇枪舌战,争吵起来了。正在夏曦理屈词穷时,前方忽然枪声大作,红军前卫与白军发生了激战。贺炳炎所在的红18团,因为他与政委宋盘铭都被打成"改组派"关了起来,群龙无首,一开战就乱了套。师长卢冬生焦急无奈,赶忙派通讯员到"改组派连""借"贺炳炎和宋盘铭出山指挥作战。夏曦本不想让去,但又怕打了败仗,连自己也当俘虏,只好装聋作哑,匆忙离开了"改组派连"。

枪声就是命令。贺炳炎和宋盘铭待"肃反"队员解开绳索,马上抓起通讯员送来的驳壳枪,没命地朝响枪的地方冲去……

战斗结束了,贺炳炎看着阵前的白军尸体,一面高兴地揩着头上的汗水,一面下意识地把驳壳枪朝腰里插。

"把枪给我!"跟在贺炳炎身后的"肃反"队员冷冷地说,随即又送上一副闪亮的铁铐。

贺炳炎在"肃反"队员的折磨下,一天天煎熬着,一晃就是29天。这天,贺龙总指挥行军途经"改组派连",发现贺炳炎蓬头垢面押在里面,便质问夏曦:

"为什么要捆贺炳炎?他两次偷跑来当红军,是我亲眼看着他长大成人的,他的历史我清楚!"

"不要激动嘛,问题很复杂。谁也不能给谁打保票。"夏曦摘下近视镜,慢条斯理地擦着。

"贺炳炎我了解,我敢保!"贺龙说着又据理反问,"你想过没有?他不怕苦,不怕死,冲锋在前,撤退在后;父亲都在战斗中牺牲了!这样的人我们还信不过,要抓要杀,那今后我们还叫哪个跟我们干革命?!"

"那你说怎么办?"

"放!"

就这样,贺炳炎被贺龙救了出来,被派到新兵大队当大队长。

(4)

1934年湘鄂西苏区全部丧失。6月,为了开辟黔东根据地,红3军决定抽调一部分军事干部到各地发动群众。贺龙为了保护贺炳炎,叫他带着干部大队一个班到沿河县,在淇滩、凤翔一带开展群众工作,组建地方武装。

这个班的成员都是"肃反"中被诬为"改组派"的人,大家刚恢复自由,工作热情极高,打地方反动保安团,抓俘虏,缴枪支,收编当地"神兵",很快组织起几支游击队,不久就正式组建了沿河独立团,贺龙任命他为团长。

9月,沿河独立团扩充为湘鄂川黔东独立师,他又升任师长。10月,红3军和红6军团主力会师,红3军在黔东又重新崛起了!红3军恢复了红2军团称号。不久,他重返红6师,任18团团长。谁知正当18团发起湘西永顺十万坪战役时,冤家路窄,夏曦又发现了贺炳炎,立即以军委分会主席的名义撤销了他的团长职务,贺炳炎又被贬官为兵。

幸得贺龙、关向应等人力争,贺炳炎才当上总指挥部的管理科科长兼作战参谋。

11月,他带两名挑夫从大庸高粱坪远途挑盐。数日后,三人返回行至高粱坪山梁时,忽闻村内枪声大作。

贺炳炎放下挑子朝村内一看,不好,白军正像蚂蚁似的朝总指挥部蜂拥而去。情况危急,他不假思索,旋风般飞下山岗,朝总指挥部大院一站,撒开嗓门喊:

"机关的勤杂人员跟我来!"

贺炳炎是"八大员"心目中的旗帜,大家听到他呼喊,都"哗"地围拢过来:

"你说吧,怎么干!"

贺炳炎环视了一下"八大员",驳壳枪一挥,铿锵地说:

"跟我来!"

"八大员"们跟着他,呐喊着冲入立足未稳的敌阵,举枪出刺,左杀右砍,拼死反冲击,6师和4师从两翼插过来,把偷袭之敌打退,总指挥部保住了,贺龙、关向应等首长脱险了,贺炳炎却腰部负了重伤,被送进医院。

贺炳炎伤愈后,夏曦等人还是不让他当主官。不久,会师一起的红2、6军团对夏曦的错误进行了清算。但是,由于某些原因,平时"好打架"又"吊儿郎当"的贺炳炎仍然没有"平反",继续在管理科干些"酱醋柴油"的杂事儿。

（5）

1935年6月,红2、6军团又打回了中心区,在咸丰县忠堡包围了白军张振汉师。但红6师18团与之苦战,伤亡很大,全团营以上干部仅剩下1营长曾庆云、团总支书记余秋里两人。红4师政委和18团团长高利国、政委朱绍田都负伤了,为了争取战斗的胜利,总指挥部首长经过一番争论,贺龙和任弼时力排"左"倾干扰,决定让廖汉生到红4师代理政委,贺炳炎回红18团当团长。

当贺炳炎被召到指挥所时,贺龙正发着高烧,由任弼时下达命令,廖汉生同意了,贺炳炎却不干。

原来,他因上次从18团团长职位上拉下来,到管理科打杂,夏曦倒了,自己也没及时"平反"至今心里还有气,说:"我是自首分子,不能当团长!"

政委任弼时很严肃地说:"你是共产党员! 在党处于困难的时候,你应该采取什么态度?"

听任弼时这么一说,他大声说:"好,我去,打完仗再回来!"

接着,他二话不说就直奔火线,先代表总指挥向余秋里传达提升他为团政委的命令,接着与余秋里一起一面指挥战斗,一面整顿部队。第二日早晨,根据敌情变化,他们在来凤地区巧布奇兵,一举伏歼了援敌一个营;随之,又率部突入敌阵,斩头掐尾,直插中央,用一场白刃格斗将敌兵全部歼灭,还活捉了敌纵队司令兼师长张振汉。

战幕垂落,余秋里喜滋滋地说:"贺团长,你火线上任,关系带来了吗?"

"什么关系?不就是我给你的那张纸吗?"

"那张纸是团长任职命令,我说的是党员组织关系。"

"这个,我,我没……"

"什么?你不是党员?"

"不,我早入了党,'肃反'时,他们给停了。"

"'肃反','肃反','肃反'枉杀了多少好同志,害苦了多少好战友!"余秋里再也按捺不住了,提起笔,郑重地给军团部党委写报告,请示恢复贺炳炎的党籍。

战斗结束后,贺炳炎的团长职务保留下来了,不久党籍也恢复了。但是,他还是被总指挥贺龙用烟袋杆子敲了一回脑壳,贺龙说:"你下次再与党讨价还价,革命队伍里就不要你这个贺炳炎!"

(6)

1935年8月,红2、6军团再入鄂西敌后,在宣恩县板栗园伏击国民党第85师。谁知这一仗打得太猛烈,敌85师师长谢彬遭到伏击后,率警卫营顽守一个土围子,使红军受到更大损失,4师师长卢冬生负伤,政委方理明也负了重伤。贺炳炎率6师18团猛攻,全团伤亡一半,两个营长都牺牲了,仗打得他火气冲天,一怒之下,他再次操起大刀带头冲锋,连攻12次,终于把敌军打败,并歼毙敌师长谢彬。

6."独臂将军"

臂力过人的贺炳炎英勇好战，1935年22岁时就成为了红5师师长，在长征中他一只手臂在战斗中被打断了，成为了有名的"独臂将军"。

（1）

1935年11月，由红2、6军团组成的红二方面军完成了策应中央红军转移的任务后，为保存力量，也从桑植县刘家坪出发，开始了长征。

12月22日，国民党军陶广师奉命由雪峰山赶往瓦屋塘，拦击西进的红军。当贺炳炎率红5师进至瓦屋塘时，陶广师已抢占了东山头，居高临下阻击红军先头部队。担任后卫的贺炳炎听到枪声，立即站在一块大石后观察战斗态势，很快发现：敌人虽占着有利地形，但还没来得及构筑工事，立足未稳。他果断地命令号兵：

"吹冲锋号！全师向东山头攻击！"

"师长，我们是全军后卫啊！"

新任红5师特务队杨队长不了解贺炳炎的意图，赶忙提醒。贺炳炎圆睁着双眼大声吼道：

"这是战场，什么前锋后卫的，枪一响，你就得上！"

"哪个上去有利，哪个就上，不能错过战机！"师参谋长王尚荣熟知贺炳炎的脾气，立即对杨队长解释说，"师长说得对，这样可以打敌人一个措手不及。"

王尚荣话音未落，贺炳炎已亲率特务队冲过去了。顿时，枪声、喊杀声漫山遍野。刚攀登上山顶的陶广师居高临下正在与红军先头部队打得火热，满以为占了上风，没想到半路杀出个程咬金，屁股后面冒了"火"。

"快,快,调转枪口,打山背后的红军!"陶广师挥动着手枪叫嚷。

贺炳炎一看把敌人吸引过来了,便提着驳壳枪,组织火力向敌人攻击。突然"轰"地一声,一颗手榴弹在贺炳炎身边爆炸,气浪把他和警卫员掀倒在地。他抹了抹脸上的沙土,发现身边的机枪手牺牲了。红5师的机枪一"哑巴",白军又"哇哇"地朝前冲。他一急,一个纵身从地上跃起,端起轻机枪,向白军扫射,嘴里骂道:"老子叫你们都见阎王!"

陶广师前后受到攻击,知道情况不妙,碰上了强对手,更加疯狂起来了,并且对着红5师猛冲起来。贺炳炎把机枪交给身边的战士,正要挥手命令部队冲锋迎上去时,突然,他不及躲闪,右臂中弹,顿时血如泉涌,从棉衣袖筒渗出。开始,他还神志清醒,踉踉跄跄,挣扎着想去包扎,不料没走几步便一头栽倒在地,晕厥了过去。王尚荣赶忙跑过去帮他止血。急救包打开一个又一个,绷带缠了一条又一条,可血还是止不住。无奈,他大喊:"快,担架!"

"不,我不能下去!"贺炳炎醒过来,挣扎着想从担架上爬起来,但还没坐起就又晕了过去。

"快送卫生部,找贺彪部长!"王尚荣催促着。

贺龙随总部机关离开瓦屋塘,正向西疾进,听说贺炳炎身负重伤,赶忙拨马折回,来到瓦屋塘战地临时救护所。一进来,他就俯身担架旁,焦急地问:

"贺炳炎怎么啦?"

这时,贺炳炎在贺彪的抢救下,伤口已经不再流血了,人也渐渐清醒了。看到贺龙,强忍着剧痛微微笑着说:"没……关系,挂了……点花。"

"很严重,右臂的骨头被打碎了。"贺彪如实地对贺龙说。

贺龙急切地问:"你看清楚了没有?"

"弹片在右臂大骨处炸开的,只剩下几根筋连着。"

"能不能保守治疗?"

"必须截肢!"

贺炳炎一听,使劲喊道:"截肢?不能锯,我不能没有右手!"

为了让贺炳炎冷静下来，贺龙和贺彪来到附近老乡家商量手术方案。当贺龙得知手术需要两三个小时时，立即让通信员到前方传令：

"再坚持打三个小时，保证给贺师长做手术的时间。"

动手术需要起码的器械和麻醉药，可大部队转移时已经全部带走了，临时救护所没有。为了抢救贺炳炎的命，贺彪狠了狠心，说："用木工锯子吧！"

木工锯尚可凑合着用，没麻醉药却只能用吗啡代替。吗啡服少了不管用，服多了会损伤大脑和上瘾。贺龙听说用吗啡止痛，不无忧虑地说："贺彪，你让吃他这么多的吗啡，往后他还怎么打仗嘛？"

贺彪摊摊手，说："没有别的办法了，不然疼得受不了的。"

谁知贺炳炎一听，一把将送到嘴边的吗啡扔在地上，强忍着疼痛说："我不能离开战场，我还要消灭反动派！我不打吗啡！"

"可……炳炎，没别的好办法，救命要紧呀。"贺彪十分为难地说。

贺炳炎定了定神，说："把毛巾塞在我嘴里，把我绑在门板上，我受得住。"

截肢不用镇痛药，古有"关云长刮骨疗毒"之说，但毕竟是传闻，谁也没有见过，这要忍受多么大的痛苦！贺龙理解贺炳炎的心情，点了点头。手术开始了，一把已经钝得生锈的锯子锯得骨头"呼呼"作响。看着贺炳炎脸上难受的表情和豆粒般的汗珠，在场的担架员、通信员、警卫员、卫生员都不禁哭出了声。贺龙总指挥的眼睛也湿润了。

手术终于做完了，用了两个小时又16分钟，塞在贺炳炎嘴里的毛巾被嚼得稀巴烂！手术结束后，贺炳炎吐出嘴里的毛巾泥，看了看盘中锯下的右臂，含着眼泪，担心地问贺龙：

"我还能打仗吗？"

"为什么不能！你还有左手，照样可以骑马、打枪嘛！"

贺龙握着贺炳炎的左手，轻轻给他擦去脸颊上的汗水，肯定地说。贺炳炎激动地攥紧贺龙的手说：

"总指挥，你放心，我一定学会用左臂打仗和生活。"

然后,他十分遗憾地说:"都说我臂力大,没想到这次中弹,把一条胳膊都锯掉了,真是人怕出名!"

(2)

1936年9月,红二方面军和红四方面军在四川甘孜城会师后,继续北上,向雪山草地开进。

贺炳炎这个残疾人不仅不要别人照顾,反而担任起全军总后卫,负责收容掉队的伤病员。当后卫,既要挡住追击的白军,又要收容大部队掉队的伤病员,但更为艰难的事,是要饿肚子。

因为没粮食部队只能吃野菜,结果,前面的吃叶子,中间的吃野菜茎,后卫部队要填肚子只好向地下发展,挖野菜根。师特务队的几个小战士挖不到野菜根,便噘着嘴,赌气不挖了。

看着这些小战士,贺炳炎将右臂的空袖筒朝他们面前一甩,鼓励地说:

"同志哥哟,你们看,我一只胳膊,还要活着出去打天下呢!你们比我年轻,手脚又灵活,一定能看到革命成功,看到共产主义。不要怕苦,挖野菜根去吧!"

小战士们看到贺炳炎甩过来的空袖子,先是一愣,接着,撅嘴变成咧嘴,高兴地继续找草根去了。

(3)

一天,贺炳炎率领的后卫部队被葛曲河挡住了去路。

葛曲河本来是条小河,可正赶上山洪暴发,浪涛卷着枯树杂草,像脱缰的野马咆哮着顺流而下,使这条小河增加了几分肃杀,让人望而生畏。贺炳炎深知情况严峻,如不一鼓作气在天黑前渡过河去,战士们在晚上不是被冻死、饿死,便是被追上来的敌人咬住打死。想到这儿,他立即挑选了20多名身体较好的战士,组成先锋队,下水探路,然后又招呼大家解下绑腿带,编成一根缆索横在河上,拉着缆索泅水过河。

过河时,他的马背上驮着一位饿昏了的战士,而他自己则跟在马后,用仅有的一只手紧紧抓着缆索,一步一步艰难地向河心走去。突然,一个大浪袭来,走在中间的一头骡子受惊,往前一纵,把背上的病号甩进河里。病号给恶浪卷着下沉,情况危急。

救人要紧。他迅速离开缆索,用一只胳膊划着水,奋力向落水者游去。不料一只胳膊划水,身体失去平衡,也被卷进恶浪中。

"贺师长,当心!"

"贺师长,坚持住!"站在岸上的战士焦急地呐喊。

"噌!噌!"五六个水性好的战士,迅速跳下水,游向河心,截住了两个落水者,把贺炳炎和伤病号救了上来。

(4)

长征路途迢迢,部队天天行军走路,草鞋破得非常快。鞋是指战员生活、战斗的必备品,行军打仗,人人肩上都背着好几串。贺炳炎失去右臂,所需草鞋都是由身边的战士供给。

一天宿营,他看到通信员打草鞋时,打着打着睡着了,心里很难过。于是,便试着用牙齿和左手、双脚配合着打草鞋。

万事开头难,打草鞋并不是一件容易的事,四肢不健全的人就更难。初学时,他不是牙齿咬了手,便是牙齿用力不匀拉断了草绳,紧打慢打,一个晚上也打不了一只。但功夫不负有心人,经半个多月时间的练习,他终于学会了打草鞋,而且越打越熟练。到部队过雪山时,他打的草鞋不仅能"自给",而且能隔三差五地接济那些因作战任务重、没顾上打草鞋的战士。

贺炳炎用打仗的劲,克服种种困难,实践着他向贺龙所说"我一定学会用左臂打仗和生活"的誓言,一个战场猛将成为了生活中的强将。贺龙知道后,高兴地说:

"贺炳炎就是条汉子！"

7.传奇的"一把手"

贺炳炎失去胳膊后，被人们戏称为"一把手"。这里所谓"一把手"并不是"主官"的意思，而是"独臂"的雅称。贺炳炎成为"一把手"后，他的战将传奇并没有因此而中断。

（1）

1937年7月，抗战全面爆发，红2军团和陕北红军一部改编成八路军120师。贺炳炎和杨秀山、谭友林等在西安，他在一家医院动手术，取身上残留的弹片，听到部队要开赴山西抗日前线，急匆匆地赶回了部队。旋即，他被任命为358旅716团团长，率部参加忻口会战。结果，他们一出雁门关伏击战震动中外。

一天，贺炳炎得知日军将要从原平撤回一批忻口作战中死伤的士兵，于是决定打它个伏击。他们在代县雁门关南山脚下的黑石头沟设伏。

有趣的是，日军南北两路军车同时双向开进黑石头沟，这一仗打得黑石头沟里黑烟滚滚，击毁的汽车从南北两头把路堵得死死的，两个车队300多辆汽车被阻在沟里动弹不得，被716团围住往死里打。

在冲杀中，贺炳炎驳壳枪子弹打完了，捡起一支日军丢弃的长枪，用唯一的左手一个猛刺，刺死一个欲逃的日本兵。随之，他又端枪朝远逃的日本兵射击。

"叭！"谁知他这一枪打偏了。逃跑的三个日本兵扭头一看，见打枪的是个"一把手",以为好欺,立即折回头,端着明晃晃的刺刀,龇牙咧嘴地朝他扑来。其中一个日军还呜里哇啦地喊着:"抓活的!"

贺炳炎"嘿"地大吼一声,紧握长枪进行迎战。但他一个人独战三人,一只手战六只手,情况可想是多么的危险!"嗨!"战士"小耗子"随着贺炳炎的虎啸声冲上去,一个猛劲挑开了敌人的两把刺刀。老炊事班长见状,也舞动着鬼头大刀赶过来助战。11连指导员胡觉三带领战士也冲上来。他们一齐动手,三下五除二,结果了这三个日本兵。

这次伏击战击毁日军军车二三十辆,毙伤鬼子500多人,716团撤离后,日军一直收拾到半夜才撤走,临走前,在黑石头沟竖了一块木牌子,用中日文两面写着:

"此地被打死167人,过往车辆千万小心!"

雁门关伏击战,作为120师抗战之初代表性的一仗,载入了八路军英勇抗敌的史册。此战以后,阎锡山的晋军和中央军想破坏统一战线,但相遇时总纷纷打招呼说:

"716团厉害,你可不要去惹它,他们连鬼子都一次次干掉,你惹还有好?!"

716团在晋北大地上,勇猛无阻。

(2)

雁门关伏击战后,贺炳炎又带领七八十名八路军干部和一个骑兵排,尾随120师开赴冀中,扩编部队,组成师游击第3支队,开辟大清河畔根据地。

这次与他搭档的政委,是余秋里,也在长征中失去了一只手臂,贺炳炎是右臂,他是左臂。但两个"一把手"把部队整得"呱呱叫",首战板家窝告捷,敲了日军一闷棍;二战朱占魁,给了土匪队伍一耳光;三战柴恩波,平息了独立2支队的叛乱……3支队频频出击,连战告捷,很快在大清河地区打开局面,附近的民众自发抗日武装,纷纷投靠八路军要求改编,可有一支叫华北民众自卫军的民众抗日武装,却对改编之事儿出尔反尔。

这支华北民众自卫军有7000多人,司令叫江东生。为了使这支农民武装真正走上抗日道路,贺炳炎对余秋里说:"江东生这么多人马,我去会一会他,改编成了,对抗日很有利。"

"这个江东生自恃人多,价码很高,要当我们的司令哩。"

"只要他真心和我们合作打鬼子,当司令也行。"

贺炳炎告别余秋里,在联络员刘宾的陪同下来到华北民众自卫军驻地。

江东生听说威震冀中的八路军3支队贺司令员到来,赶忙整衣戴帽,出门迎接。不料出门一看,大名鼎鼎的贺司令身高不过六尺,个子矮小还不说,还握了一个空袖筒,有一只手没一只手,他心中顿生傲慢。贺炳炎看出了他瞧不起自己其貌不扬,既不生气,也不着急,微笑着用目光示意刘宾沉住气,然后悠闲地喝着茶,和江东生谈天说地。谁知对方半冷不热,说话都是应付着,出于面子,不得不留贺炳炎一行人吃中饭。

正在午宴时,江部一个手下匆匆跑进屋报告:

"鬼子一个中队朝我们开来了。"

江东生和他的部下大惊失色,"啪啪"地扔下酒杯,紧张地朝空中一挥手,大喊一声:"撤!"看到江东生及其部下的"恐日病",贺炳炎不动声色地站起身来,神情镇定地说:

"江司令,鬼子只有一个中队,大不了100多人,你手下不是好几千人吗?"

"对,对,我有1000多人马,就……就是从来没有和鬼子交过手。"

贺炳炎诚恳地劝说:"江司令,这一仗不妨打打看,我们比敌人多几十倍,鬼子纵然长着三头六臂,也抵不住我们十个、几十个去打他一个嘛!再说,鬼子送上门来,我们又在自己家门口打仗,有利条件多!"

江东生见八路军的独臂司令又沉着又有见地,便顺水推舟地说:

"我看贺司令员是个痛快人,这仗你就给咱指挥吧!"

"也好,我试试看。"

贺炳炎认为这是个用实际行动做联合、收编工作的好机会,也便满口应承。这时,站在贺炳炎一旁的联络员刘宾向贺、江二人要求说:

"这么小的战斗,用不着贺司令来指挥,江司令如果放心的话,你们各位尽管喝酒、吃饭,只要给我 300 人马,保证就把鬼子打得稀里哗啦!"

江东生允诺。

刘宾从自卫军中挑选了 300 人马,埋伏在日军的必经之道,并亲自指挥自卫军战士架好炮。日军趾高气扬地大踏步前进,五里、三里、一里,"好!"刘宾亲自操炮,"轰"地一发炮弹落入敌群,接着又连开四炮,都在敌群中开花。

日军遭到远距离炮弹的袭击,以为碰上了八路军大部队,拖着十多具尸体往回逃。

自卫军获胜了。八路军的神威在自卫军中牢牢树起,有热血的自卫军战士纷纷要求八路军尽快收编。抗日救国,人心所向。江东生也当即要求收编。

贺炳炎、余秋里带领的第 3 支队在大清河畔神出鬼没,打得日军狼奔豕突,弃尸丢械,日本士兵一听说"一把手"的队伍来了,都闻风丧胆,离老远就溜。老百姓一看到 3 支队到来,就奔走相告:

"两个人戴一副手套的队伍来了,我们什么也不怕了!"

(3)

1938 年夏,贺炳炎从抗日前线奉调到延安抗日军政大学学习。

在长征结束后、抗战全面爆发前,曾有两批干部去延安上红军大学。贺炳炎少时没上过学,战斗中又失去了右臂,于是想去读些书"充充电",但都由于打仗没脱得了身。这次为了能上抗大,他和廖汉生跑到关向应政委那里,争了五六个钟头,关向应被磨得没办法了,最后只得说:

"两人中去一个。"

廖汉生于是让闹得最凶的贺炳炎去了。

谁知一来到这"学堂"没几天,贺炳炎就心像冷水泼了凉透了。原来长期的军事生活使他难以坐住,以前一字不识,学习中更是遇到许多常人难以想象的困难。于是,他不想学了,准备打起铺盖回 120 师老部队打仗去。贺龙把他找来,严肃地说:

"怎么畏难啦?学习也是战斗!"

他只好又收起了退堂鼓。为了练习坐得住,他用拿惯枪杆子的左手穿针、引线,缝补磨破了的军装。

"老贺,我帮你补。"同窗学员看到他那艰难劲儿,都争着抢着夺针。他却把左手高举,认真而风趣地说:

"不行,我这是磨猴儿屁股呢!"

为了学会用左手拿笔写字,他走到哪练到哪,树枝、柴棒、黄土地都是他的书写工具。甚至晚上睡觉钻进被窝后,他也要用左手在大腿上过过"电影",默练几笔。功夫不负有心人。贺炳炎硬是凭着铁杵磨针的精神,跨越了"文化山",完成了学习任务。

1941 年,已是 358 旅副旅长的贺炳炎又到延安军政学院学习了一次。后来,他说:

"两次学习,脱胎换骨,收获很大。"

(4)

1945 年 4 月,中国共产党在延安召开第七次代表大会。

贺炳炎作为代表光荣地参加了大会。休息时,毛泽东笑盈盈地朝他走来。他激动地站起来,挺起胸脯,举着左手,向毛泽东敬了个庄严的军礼。毛泽东忙用右手握住他的左手,亲切地说:

"贺炳炎同志,你是独臂将军呀!不用敬礼。"

"主席,不敬礼就不是军人,你不要我当兵了吗?我还有一只手,能够冲杀!"

毛泽东把他的手握得更紧了,又拉他在自己身边坐下,连声肯定地说:"要,要!从古到今,中国有几个独臂将军?只有我们共产党的部队,才能培育出你们这样独特的人才!"

"可我是个穷矿工的儿子,从小放牛打铁,什么也不懂啊!"

毛泽东很满意他的谦逊态度,热情地鼓励说:"会指挥千军万马消灭敌人,也算人才嘛!你打仗勇敢,有办法,就叫军事人才。至于不懂的事情,可以学嘛!"

"是,我一定好好学!"贺炳炎起立,两脚跟"啪"地一碰,又用左手敬了个军礼。

"从今往后免掉你这份礼吧!"毛泽东哈哈大笑。

8.胆子比天大

(1)

1947年春夏,西北野战军取得青化砭、羊马河和蟠龙镇三战三捷,佳话连篇,新奇古怪的故事不少。其中贺炳炎走单骑、骡子失而复得的事,成为人们传谈的一个热点。

这是在蟠龙战斗中的事情。战前,他由晋绥军区3纵副司令员兼第5旅旅长调任西北野战军1纵副司令员。可这位有名的"贺大胆",在敌我阵营这么相近的情况下,竟然要从蟠龙东面野司所在地,只带一个警卫员、一头骡子和一匹马横穿敌我之间,到蟠龙西面的1纵司令部所在地走马上任。临行前,许多同志都劝说:

"别这样冒险,太危险呀!"

"怕什么?"

没有人劝得住,他把大斗篷一披,拔腿就走。

结果,他们走到了一半路,不出所料,跟敌人保安队撞上了鼻子。开始,保安队那些家伙看贺炳炎披个大斗篷,骑着大骡子,屁股后面还跟着个护兵,气派很足,而且不避人,以为是国民党正规军的什么官,心里含糊,也没敢动他。谁知贺炳炎却大意得没了边,居然把保安队误认为是自己人,上去问人家:

"喂,你们是哪个部队的?"

他这一问就露了馅,保安队一听不对头,"哗啦"拉开枪栓。

贺炳炎这才察觉到情况不妙,跳下马,一声招呼,就和警卫员顺着山沟往回跑。因为跑得急,路又不好走,骡、马也顾不得拉了。保安队追了一段,没追上人,却逮着了他的骡子。那匹骡子到底是调教过的,保安队奈何不得它,它一路飞奔跑到了1纵阵地。恰好遇到1纵政委廖汉生。

廖汉生一眼就认出那是贺炳炎的坐骑,大吃一惊,赶紧打电话到野战军司令部查问,这才知道贺炳炎走单骑来上任了。此刻马来了人却不见了,他大吃一惊,赶紧带人去找。谁知没走多远,他就看见贺炳炎带着警卫员气喘吁吁地跑来了。贺炳炎一见廖汉生,连声说:

"好险,好险,差点命就没了!"

一场有惊无险后,人人都说:"'贺大胆'命大福大造化大!"

本来,故事到此就结束了,谁都没想到的是,那匹替主人受累的骡子被保安队吆二喝三,带到了蟠龙镇,夹在李昆岗的骡马群中呆了好几天。战斗中,它又被缴获回来,"骡归原主"。

事后,西北野战军司令员兼政委彭德怀听后,忍不住说:

"贺炳炎这玄玄乎乎的喜剧都可以编小说了……"

(2)

贺炳炎胆子大,脾气也犟,除了怕贺龙外,天不怕地不怕,有过与领导"顶牛"的"前科",他曾顶撞过的上级,有夏曦、任弼时、关向应等。晋绥部队加入西北野战军后,他的顶头上司彭德怀对人严厉是有名的,许多人都怕他,但贺龙手下的几员大将都是些一点就着的"火爆筒子",偏偏不怕他,其中以贺炳炎为甚。

结果,他闹出了一件大事:在战场上顶撞彭德怀!

1947 年秋,西北野战军发起清涧战役。贺炳炎率部主攻敌粑子山阵地,伤亡甚大。他们搭人梯,挖踏孔,几次接近敌碉堡,发起强攻,但因地形和火力受限都没成功,部队伤亡很大。这时敌军五个半旅正急驰来援,粑子山攻不下将影响整个战役,彭德怀见贺炳炎还没把它打下来,发着火打电话,瓮声怒问:

"贺炳炎,粑子山为什么还没有打下来?"

贺炳炎正为部队进攻受阻而火冒三丈,彭德怀一追问,火气更是上来了,大声喊道:

"部队伤亡大,有困难!"

"什么有困难?马上把粑子山攻下来!"

贺炳炎脸色铁青,马上就在电话机里与彭德怀吵起来了。吵着吵着,他竟一把把话筒摔了,气得那边彭德怀也把话筒摔了,然后赶到阵地,亲自指挥攻击。这一仗又打了一夜还一个上午,战士们终于拿下了粑子山敌主阵地,但 358 旅牺牲了一个主力团团长。战后,彭德怀察看敌军阵地,由衷地说:

"晋绥来的部队真是好啊,能打仗!要不是革命的军队,任何队伍都是拿不下来这烂粑子山。"

不久,贺龙听说了贺炳炎摔话筒之事,将空烟斗往桌上一拍,把手下几个将领叫了过来。一见面,贺龙就问此事,贺炳炎还没说完,便毫不客气地打断说:

"我今天要说一说你们对待批评的态度……"

贺炳炎呆站片刻,准备坐下来挨训,谁知刚弯下腰,就听见贺龙喝道:"不许坐……站着入耳!"

贺炳炎只好站着,随即,贺龙接着连续点了几个"不听话"的"悍将"的名字,说:"都给我站起来!"

贺龙狠狠地把他们一一剋了一顿。

之后,贺龙对彭德怀说:"贺炳炎是块好钢,但不敲打不行!"

贺炳炎受了批评,认识自己的不对,说:"彭老总有威可畏,有德可怀。"

(3)

1948年春节一过,西北野战军即挥师南下,把关中门户宜川城围了起来。

宜川守将是胡宗南最不喜欢的整24旅长张汉初,他被西北野战军三个纵队一围,手下两个团长又不和,急忙向西安的"胡长官"报告军情。胡宗南正在午睡被吵醒,大为不高兴:

"哈,共军那点家伙连榆林都拿不下,还想攻宜川?笑话!"

这"话"字音一落,话筒也挂了。张汉初没办法只好把电话打到整29军军长刘戡那里。这刘戡是黄埔一期学员,可陕北几仗,他沾手就败,丢尽了面子,被老蒋批了个"撤职留任"。因此,此刻也是处境艰难:这脸面不捞回来不仅没法"回家",连军长官职也极可能要丢了。接到张汉初的报告,他亲率整编第27师、第90师四个旅八个团沿洛川至宜川公路经瓦子街轻装驰援。

这一下正好落入彭德怀围城打援的"圈套"。

几天前,贺炳炎就率1纵和4纵在公路两侧某个大山深处埋伏下来了,吃了好几天又冷又硬的山药蛋,冻得难受,可他们就是为了他刘戡的这几个师。

刘戡一出动,西北野战军3、6纵围城部队立即向宜川外围发起了猛攻,先后拿下了太子山、外七郎山等要点,拔掉宜川城的西北屏障,城中守将"张旅长"急得在报话里向"刘军长"哭着求救。刘戡率部急急赶往瓦子街以东地区,力图当天赶到宜川救援"立功"。

彭德怀命3、6纵队各一个旅继续围城同时,另派两个旅自东向西阻敌援军;1纵、4纵和2纵则转往瓦子街东南高地设伏,其中战法是:1纵断敌后路并自西向东攻击,4纵和2纵分从北面、南面夹击。一切布置好了,就等刘戡钻口袋。

但是这刘戡肯往口袋里钻么?贺炳炎颇有些担心。

随即,果然发生了贺炳炎担心的事。当刘戡的前锋整27师进到一个叫永乡的小村宿营时,师侦察小分队在距驻地十几里远的官亭,突然发现1纵的隐蔽部队!26师师长王应尊觉察情况不妙,连夜派出一个轻装营,到官亭武力搜索。这一下1纵没有退路了。贺炳炎一不做二不休,索性神不知鬼不觉将这个营"包了饺子"。哪知这个轻装营在包围圈里混战了大半夜,居然还有少数人马突出重围!结果,王应尊在残兵的报告中判断:"共军在官亭至少有不少于一个纵队的兵力!"他立即又向军长刘戡报告,刘戡一听心里"咯噔"一下,说:"什么一个纵队不纵队的?共军胃口真有那么大?"

"军座,常言道识时务者为俊杰呀!"

王虽为刘下属,两人过去也有过不愉快,曾经为手下争军饷闹过矛盾,但如今是休戚相关,一伤俱伤,刘戡听到这微微刺激的话也不计较,反问道:"你说怎么办?"

王应尊建议先打下官亭,解除两翼威胁,说:"官亭打下来了,我军沿山梁直下宜川城,解围也不在话下。"

谁知胡宗南一听刘戡报告,气得七窍生烟:"你是不是被吓破了胆?我看你是越来越没魄力了!"

结果,刘戡再说,胡宗南对他又是骂又是讽刺,最后一句"你再没血性,我就军法处置",接着又是"咯嗒"一声,挂了电话。刘戡没办法,被"胡长官"逼得只好又率着整29军大队人马继续前进。磨磨蹭蹭走了一天,然后在瓦子街以西宿营。这时王应尊的侦察分队又发现2纵在瓦子街以东的警戒部队,并亲眼看见他们在抢修工事。这回王应尊口气硬多了:

"军座,毫无疑问,共军张网以待,我军再往前去,后果不堪设想!"

刘戡何尝没有看到这一点,决心冒死以谏。大出他意料之外的是,胡宗南没等他把话说完,就动了真怒,把刘戡的谏言看成是,"仅仅为了本部利害,把关中战略要地和一个加强旅,拱手送给中共!"这么上纲上线,刘戡哪能吃得消?最后,胡宗南一句:"宜川如有差错,我定斩不饶!"又把整29军往绝路上催了!

当日下午天气骤变,开始是细雨纷纷,后来是雨雪交加,入夜则是鹅毛大雪漫天飞扬。凌晨2点,1纵以独1旅为先头,尾追敌后,沿公路自西向东,向瓦子街进击。在恶劣的天气中,贺炳炎和政委廖汉生身上棉衣也被雨雪打湿了,几乎被冻成"冰铠银甲",他们全然不顾,仍一脚泥水一脚雪,按时赶到了瓦子街。

拂晓6时,独1旅3团全歼敌90师搜索连,攻占瓦子街,并迅速向南北两山攻击,切断了敌军后退之路,扎住了"口袋口"。刘戡在意料之中被"包了饺子",但他又立即从瓦子街南侧高地突围。

瓦子街南侧高地成为了敌我双方争夺的焦点。可按计划占领瓦子街南侧高地的王震的2纵迟迟没有到位。1纵指挥所刚到瓦子街。贺炳炎心急火燎地对廖汉生说:"老廖,计划要变,2纵一时上不来,我们再等下去,要误大事!"

按照彭德怀原定的作战计划,1纵只负责在公路以北展开,由西向东发展,可王震2纵却偏偏出现意外变故,稍微再耽搁一下,就可能把彭德怀精心设计的这只死口袋弄成网开一面。廖汉生说:

"我们等不得了!你赶快决定吧!"

贺炳炎果断地说:"给黄新亭358旅压担子,要他们拿一个团来补这个缺口!"

这时358旅三个团,一个已奉命向洛川警戒敌后续部队,一个留做纵队预备队,手里只剩一个机动团,要再拿出去,黄新亭就成光杆司令了!但贺炳炎还是毫不犹豫地拿起电话就对黄新亭下达了命令,然后,又补上一句:"刻不容缓了!立即行动!"

黄新亭立即把714团派了上去,并且还从715团挖了一个营加强上去。

714团一上去，在团长任世鸿率领下连续夺取了南山数十阵地，堵住了敌军的南逃去路。但是这毕竟是刘戡的夺命通路，他两个团早就盯在这里猛攻，仗越打越残酷。714团参谋长武治安牺牲了，政委徐文礼、副团长薛常义负伤了。副营长陈占彪牺牲了，2营教导员夏伟在营长不在位的情况下指挥全营作战，身负重伤；其中6连140多人打得只剩下十来个人。但是战士们仍顽强战斗，像一块啃不动、砸不烂的硬骨头守在阵地上。

这场大战，王震一缺位，差点误了大事，而贺炳炎这一补缺，紧紧地把控着局面。但刘戡终究是成师的重兵，口子封了，急得快发疯了！贺炳炎区区一个团要堵住这个缺口，还是险象环生。在最危急的时候，王震带着2纵火急火燎地赶来了，立即加入714团的战斗，把口子牢牢地封死了。

1纵、2纵、4纵一起往里面打，瓦子街被围之敌经过几番奔突后，终成瓮中之鳖，山沟沟里，整29军尸堆如山，军官战死不计其数，刘戡三个旅长都"战死"了，几个师长电话里你怨我恨，骂翻了天。打着打着，刘戡也绝望了，给"胡长官"发出一封绝命电报：

"此战败局已定，决定为党国流尽最后的一滴血！"

这时，贺炳炎又下令1纵："猛攻，尽快拿下刘戡。"

随即，1纵独1旅协同4纵突破了敌元宝山阵地，358旅2团向东推进，一步一步向刘戡坚守的最后一道山寨攻击。团长任世鸿在带领特务连冲击整29军指挥所时，突然中弹牺牲。任世鸿是贺炳炎手下敢于硬碰硬，又有智谋的一员猛将！这使得贺炳炎大为震动！也使得1纵将士愤怒起来了！于是，最后的攻击比任何时候都猛烈了。刘戡的寨子就要被攻破了，他对准太阳穴举起了手枪，军参谋长刘振世扑上去夺下了他的手枪！714团的战士冲进来了，刘振世拉着刘戡就往外跑。跑不远，要跳下一个土坎，刘振世先下，就在刘振世往坎子下面起脚一跳时，刘戡拾起路边的一颗手榴弹，轻轻地喊了声："刘先生，对不起了！"就拉响了手榴弹……

经过一番困兽之斗后，刘戡演完了他一生最后的"收场戏"。

刘戡援军一垮,贺炳炎率着1纵和兄弟纵队一齐马不停蹄向宜川城涌去。

连整29军好几万人马都完了,宜川守军纷纷作鸟兽散。拂晓前,旅长张汉初趁着夜黑风高,将早已留心备下的一根粗麻绳,捆在腰上,然后吩咐勤务兵:"好好拉着,慢慢从城墙头上往外放!"然后,一把爬上了城墙往下溜。

旅长都要逃了,勤务兵心里是个啥滋味?城下解放军喊杀声逼近而来,他也顾不得许多,松手撒腿就跑,下面的张汉初惨叫一声,黑咕隆咚地四脚朝天掉落在地上,摔了个头破血流,正好被赶来的解放军战士抓了个正着……

宜川城随即解放了。

事后,彭德怀说:"用一个团堵一个纵队的缺,只有贺猛子一个人敢!"

9.进军青海

1949年2月,根据中央军委的命令,1纵改称为中国人民解放军第1军,贺炳炎为军长,廖汉生为政委,归属第一野战军1兵团。

兰州解放当日,彭德怀向1兵团下达了进军青海的命令。1兵团兵分两路,1军由东向西,2军由南向北,像张开的铁钳直指西宁。为了防备"青海王"马步芳回蹿青海老巢,贺炳炎先人一着,抢先派出一个600多人的先遣侦察部队,急驱西宁,为1军夺取西宁做开路先锋。

当这600轻骑铆足劲一路奔跑,连续20多天急奔,跑到了西宁近郊,然后兵分两路攻进西宁乐家湾飞机场时,守军一听枪响,全都举手投降。

原来，"青海王"马步芳和儿子马继援父子留下一句"拼命保命、破产保产"的鬼话就带着几十箱金银早跑了，西宁已成为了一座空城。解放军一进入西宁，就控制了局势。而马步芳的残兵败将早就成了没主的游兵散勇，躲在城外的上五庄，何去何从，心头谁都没个着落！正在这时，马步芳的远房亲戚马丕烈和马继援的叔父马良回到了西宁。

这马丕烈当过国民党82军少将副官，也做过青海省财政厅厅长，可谓德高望重。他们的出现，青马股匪简直就是遇到了救星。

谁知这马丕烈和马良竟然是贺炳炎派来劝降的！

马丕烈把解放军的约法八章往桌子上一摆，说："兰州那么个阵势都没拦住共产党，你们这几千人马想怎么的？"

这话揭到了许多人的短处，屋里一片惶恐。

"常言道，人灭不如天灭。古来英雄豪杰都看天行事，你们今天也看天行事，一切还来得及！"

这时，角落里，有人冒喊了一句："我投诚……"

于是，一伙人都争着要投诚了。但是骑8旅旅长马英是一根"死脑筋"，他和82军248师师长早就暗中商量逃到西藏去，见众人要投诚，心中反对也只得表面上答应，对马丕烈表态说：

"明天一早我就收拢队伍，请你讲话。"

可是第二天，马英又借口人没到齐，迟迟不集合队伍，一拖就是三天。结果，贺炳炎和1兵团司令王震已经进入了西宁城。马丕烈急了，对马英说："先集中军官吧，有多少算多少，我只说几句话，路你们自己去走。"

马英再没退路了，只好把军官集合起来，在门外草地上一站，围成一圈，听马丕烈讲话。此刻这些军官早就成了"光杆司令"了。一天前，两个小兵背一袋银元跑到上五庄，就把2000多人的队伍打发一空了。没了人马，他们就是有天大的神通也作不起法了。马丕烈一说话，军官们还有什么办法？只好不走罢了。

第三天，贺炳炎召见全体青马军官，但他那态度已不是马丕烈了，从头至尾一句话掷地有声:"弃暗投明,立功赎罪,重新做人,这是唯一的出路。如果不投降,就坚决消灭!"

马英等人头一下子都大了。

接着,王震在掌声中说话了。他总是笑着,又是讲民族解放的道理,又是宣传我们党的政策。

这一红脸一黑脸,终于让青马军官选择了就范。

9月26日,在欢声笑语中,中共青海省委正式成立,贺炳炎等八人组成省委班子,他兼任青海军区司令员。

10.英年早逝

(1)

贺炳炎一生爱好马。贺龙有好马就给他送,他平生最得意的一张照片就是骑在一匹高头大马上照的。

1950年11月,1军成立骑兵团。为了减轻国家的负担,军党委专门召开扩大会议,决定师团首长都将乘马捐献出来。会上,虽然师团长们都开了口举了手,可战马与自己一起南征北战,已比自己的亲兄弟还要亲,如今要把它"献"出去,多数人心里有几分不爽,说白了就是不愿意。深夜散会,贺炳炎来不及回家,便径直来到军部马厩,找到自己的马夫老郭头。老郭头跟随他多年,听他说献马成立骑兵团,一拍大腿说:

"这主意好! 国家恢复建设,用钱的地方多,能省一个就省一个。"

"那明天就把我的两匹马献出去!"

"这个……"老郭头一听,脸一红,顿了顿,又想了想,说,"军长你和别人不一样,少了一条胳膊,还能少条腿?再说你的两匹马是'胡子'(指贺龙)送的。"

马通人性。贺炳炎的两匹马似乎听懂了主人的话,这时也都"吐儿吐儿"地打响鼻。贺炳炎走到马跟前,摸了摸马,动心了,但为了军队建设,只有忍痛割爱。他对老郭头说:

"巴颜喀拉山的头人千户扎喜才旺多杰说,只要我们一次派出三千骑兵,他们就归顺我们,我们在青海,不能没有骑兵呀!"

在他动情入理的劝导后,老郭头终于通了:"那也把我带上。"

"骑兵团是要战马……"

"战马不可能不要人喂吧!"

"噢,噢!"两人开怀地笑了。

这一夜,贺炳炎恋恋不舍地围着战马,添草加料,梳理鬃毛,整修马具……像送子出征的慈父忙个不停。第二天一早,老郭头和他一人拉着一匹战马,朝骑兵团走去。最终,骑兵团所有战马的事情就全解决了。

(2)

1952年起,贺炳炎调任西南军区副司令员兼四川省军区司令员。全国解放后,国家还很困难,西南军区开展生产运动。

贺炳炎是司令员,又只有一条胳膊,可他照样坚持喂猪、种菜。

猪养肥了,他不是自己吃,而是朝连队一赶,说:"给你们,宰了吃吧。"

菜长成了,他让警卫员天天往连队送。

(3)

在南征北战中,贺炳炎负伤11次,身上留有16处伤痕,战争摧残了他的身体,使他积劳成疾,患有多种疾病。

调任四川后,他伤痛经常发作,四川盆地很潮湿,组织上为了照顾他,专门拨款给他盖栋宿舍。谁知他却把钱盖了机关的军官宿舍,自己依旧住在一所简陋的房子里。

军区后勤部见状,只好派人准备到他住的房子里给安装一些暖气,可水管、暖气片刚刚备好,他又让人悄悄送到军区总医院,安在新建的病房里。

后来,贺炳炎又患上了支气管炎和小叶肺炎,军区后勤部怕他受凉感冒加重病情,趁他到北京开会之机,先斩后奏,给他的住房安装上暖气。

这下坏了,他一回蓉城就把冯丕成部长叫去狠狠剋了一顿:

"简直是乱弹琴!国家不富裕,用钱的地方很多,能省几个就省几个嘛!你们看,我这些年没有暖气不是也过来了嘛!"

昔日刚烈的战将在和平年代仍然是英雄好汉一个。1955 年,他被授予上将军衔。

(4)

贺炳炎身体不好,可工作从来不歇脚,照样拼命。

1960 年 1 月,他在广州参加军委扩大会。会议结束后,有关部门组织与会人员到海南岛参观,他却要立即乘飞机回蓉城,传达会议精神。不巧天不作美,广州到蓉城的飞机停飞。为了争取时间,贺炳炎要求飞机绕道飞行,还是于当日返回了蓉城。

4 月,他病得已很厉害了,但还是如期参加了全国政协会议和全国人大会议。会上,他中途病倒,被送进医院。但病情一好转,他又挣扎着返回工作岗位,超负荷地拼命工作,结果病情越来越重。

6 月 26 日,在高血压及动脉粥样硬化症的基础上,贺炳炎又突发了主动脉夹层动脉瘤,病情垂危,医院进行紧急抢救,他还是连续昏迷了三天三夜,30 日,他刚一清醒,第一句话便是要后勤部部长冯丕成汇报基层后勤工作,要了解部队的吃、穿、住、行情况。冯丕成一来,他听得津津有味,最后说:"战士就是胜利的力量,打仗不能没有他们呀!"

7 月 1 日,贺炳炎被病魔夺去了生命,其时年仅 47 岁。

噩耗传出,他的战友、同乡,以及蓉城父老、故乡亲人悲痛欲绝,都为这位英雄过早地离去泪洒衣襟。7 月 5 日,成都军区为他举行公祭。25 万军民冒雨自动云集到北校场。余秋里代表党中央和中央军委专程从北京来吊唁。在悲壮的哀乐声中,王震将军代表贺龙元帅致悼词,他沉痛地说:

"战争夺去了贺炳炎的右臂,还有一只脚也跛着,但他身残志坚,硬是用一只手臂完成两只手臂的工作,赤胆忠心地拼命干!"

上将刘震

1.父子相依为命

在大别山、桐柏山交会的湖北孝感小悟山下,有个叫刘家嘴的地方。1915 年 3 月 3 日,刘震就是出生在这里一个穷人之家,刘震原名刘幼安,是家中的独生子。全家只有一斗半(七分)田,刘父刘德显是个老实人,起早贪黑,也不够糊口。由于过度劳累,刘母在刘震五岁时就离世。母亲去世后,家境更加艰难,父子俩相依为命。刘震开始拣粪、拾柴、放牛,还干家务事。父亲对小小年纪的他要求很严,规定他每早得拣一筐粪,有几次他拣粪不够一筐数,不敢回家,只好坐在野地里直哭。

在七岁时,一天晚上父亲把他叫到身边说:

"幼安!你娘在世时就说过,我们家只有你一个崽,家里不好也得送去读几年书,要不一个大字不识,将来人家会看不起的,还会受人欺。"

此时乡里还没有公学。他上了私塾,读的是四书五经之类的东西,每天"之乎者也",弄不懂也记不住,只能死记硬背,枯燥无味。父亲管教很严,晚上一有空就督促他读书习字。在父亲的严格督促下,他渐渐对读书有了兴趣。但好景不长。三年后,父亲的哮喘病发作,而且越来越严重,一天对他担心地说:

"我这个病无钱医治,非拖死不可,我死了不要紧,没把你抚养成人,我死了也闭不上眼。"

父亲边说边流泪。刘震"哇"地一声痛哭起来,不知如何是好,只是一个劲地对父亲说:"不会死!病会好的!我不读书了,帮你种田。"

父子俩紧紧地抱在一起,沉浸在哭泣中。十岁的他也由此辍学了。

第二年,父亲的病有些好转,刘震就开始跟着他学种田。因为父亲的身体还不大好,他又年幼,干重的农活父子俩都有困难。只得把租种的三斗田退了,只种自家的一斗半田。这样粮食就更少了。为了渡过青黄不接的难关,从这年冬天开始,他又跟父亲上山砍柴,一同挑到松林岗、花园集镇上去卖。

父亲体弱,肩负着沉重的柴担,驼着背,喘着粗气,走路一步一步的,很艰难。即使这样,他还是心疼年幼的儿子,生怕他压坏了幼小的身躯,每次只让儿子担50斤。有时,刘震一个人担柴去卖。他就挑上六七十斤,想多卖点钱回来,但人小力不足,在路上压哭了好几次。

这一年年底,父亲要打算让儿子去学木匠手艺。刘震听人说当徒弟不仅挣不到分文,还要挨打受骂,对父亲说:"我不想去学木匠。"

父亲劝他说:

"伢仔!我是为你着想。你也晓得,靠我们家一斗半田种的粮食不够吃,租地主的田要缴高地租。做生意你还小,我们也没本钱。你不去学手艺怎么办?常言说'百艺好藏身,荒年饿不死手艺人',有了身手艺,将来也好有个谋生的路子啊!"

刘震还是不愿去学木匠,便说:"到小河镇去学个店员也好嘛!"

父亲说:"我没这种关系去求人的。你仔细想一想,还有什么出路可走的啊?"

刘震想了一会儿,确实没别的出路。在父亲苦口婆心地劝说下,只好答应学木匠试试看,从此开始了学徒生活。可在那年头学手艺还不如说是当下人。师傅整天叫他拣粪、种田、劈柴、担水、做饭,还要帮师娘照看孩子、洗尿布,真是无所不干。至于木匠活,师傅最多只教点粗活"手艺",如劈木柴、拉大锯等,真正的手艺从不传授。结果,学了两年,他只是学些劈木柴的粗活儿。后来在红四方面军,一次他遇见30军政委李先念,两人说起小时候都学过木匠的事儿,李先念说:"我们红军可以组织个木匠团了。"

刘震笑着说:"我是不行,我只是学了些照看孩子之类的家务活。"

这是后话。

1926 年 9 月,北伐军攻克孝感,大悟也建立了一支 30 人的赤卫队,孝感东北革命运动的迅速发展。1930 年 4 月,伪县府保安队乘赤卫队在磨刀山整训之机,勾结当地红、黄学地主武装 2000 余人进攻磨刀山。在红军的支援下,赤卫队打垮了敌兵的进攻,狠狠地教训了这伙反革命。不久,孝感赤卫队发展到七八百人,改称赤卫军。年仅 15 岁的刘震也参加了。

但是,很快他萌发了参加红军的想法,但母亲已去世了,他心中顾虑很多,怕自己参军远走,伤父亲的心。琢磨了一些时候,他想了个主意,先试探一下父亲的口气,便说:"爹你常说,跟共产党走才有出头之日。我要是当红军走了,你愿意不愿意?"

父亲一听没有答复,半天不做声,只是坐在屋里发愣。刘震懂得父亲的矛盾心情,没紧着追问。过了好一阵,父亲才开口说:

"幼安!你晓得,你娘去世早,家里就你一棵独苗,从我心里说,是舍不得你远走的!既然你自己愿意去,我也不拦你。"

他一听,高兴极了。

1931 年 9 月,乡苏维埃主席动员赤卫军和青年参加主力红军,他第一批报了名,全乡六七个村子共 40 多个青年被批准参军。临行前,父亲对他说:

"你放心走吧!家里事不要挂念。"

然后,他再三叮嘱:"到队伍里要听领导的话,守纪律,好好干,解放穷人。"

父亲的眼睛湿润了,儿子也不知不觉地落下泪水,父子俩依依不舍。

从此,刘震告别了孤独的父亲,告别了养育的故乡。这一离别就将近 20 年。1949 年底,广西战役结束后,他在武汉治病疗养,便回到久别而又思念的故乡,一踏上故土,家乡的山山水水依然如故,村庄基本还是原貌,只是显得旧了些,父亲却已离开了人世,当年同他一起参军的 40 多名伙伴都已先后为革命捐躯,幸存者只有他一个人。

2.三员虎将

在刘震的战斗生涯中,他与曾同班一起战斗过的韩先楚、陈先瑞被誉为我军的三员"虎将"。

刘震 1931 年 9 月参加红军后,被分配在陂孝北县游击大队当战士。这是徐海东的部队。参军第三天,他就参加反"围剿"战斗,结果,第一仗第一个冲锋,就抓了两个俘虏,缴了两支枪。几个月后,他调往鄂东北道委特务 4 大队 1 分队 1 班,与从黄安县独立师调来的韩先楚成为一个班的战友,班长叫陈先瑞。在以后几十年的战斗和交往中,他们总叫陈先瑞"老班长"。

刘震和韩先楚、陈先瑞三人"很有缘分"。

韩先楚是 1930 年参加红军的,第二年就当了排长。一次连里抓了个"探子",他去一看,这人自己认识,就把他放了。放了"探子"还了得,他被撤职"发配"到陈先瑞任班长的炊事班背锅。没过多久,刘震也罚去背锅。因为夜里打遭遇战,他把背的一袋光洋弄丢了。谁知两人背了一次锅后,就知道了炊事班的辛苦,平时常到炊事班背锅,打仗时再回去当兵,而班长陈先瑞对此也不闻不问,由此,三人成了铁哥们。

刘震在部队干了三年多,直到 1934 年还是手枪团的一名副班长,暂代党支部书记之职。5 月初,军长徐海东指挥红 25 军奇袭皖西罗田县城,缴获了上百件武器,还有法币 7000 元。这时是红 25 军最困难的时期,一下子缴获这么一笔巨款,个个喜笑颜开。可是,在支部总结会上,刘震说：

"这一仗不能算全胜。"

参加会议的军长徐海东一听，有些奇怪，问道："你说说看。"

刘震说："我们主要是战术运用上出现问题，一在进攻敌人山头时，火力没组织好，机枪没起到掩护作用，造成了较大的伤亡；二在退却时没周密部署，队形混乱，致使部队有损失；三是手枪团进仓库背法币时机略晚，如早半个小时，就可以多运出一些。"

徐海东一听，高兴地说："你这个刘震倒有些战术眼光，可以当连长指导员！"

不久，他就被破格由副班长提拔为 75 师 224 团 1 营 1 连指导员。这时他才 19 岁。韩先楚笑他说："刘震，你是三句话升了两级半。"半年后，他升为营政委。长征途中，一次徐海东指挥后卫团打阻击被包围，骑匹白马，眼看被敌人追上了。此时，韩先楚是 1 营营长，刘震是 1 营政委，两人一挺机枪轮换着打，掩护徐海东冲出重围。然后，又你帮我，我帮你，从死人堆里爬出来，赶上了队伍。第二年，刘震升为团政委，第三年升为师政委。在此期间，韩先楚、陈先瑞也是职务连升，当年一个班的仨哥们成为红军中有名的青年战将。

1946 年到东北后，刘震为 2 纵司令员时，韩先楚是 3 纵司令员，刘震以好新奇、喜欢用新式武器、新战术的"洋司令"出了名，而韩先楚则以猛打猛冲的"旋风司令"而闻名，两人屡立战功。由于仗打得好，1949 年，刘震为 39 军军长时，韩先楚为 40 军军长。陈先瑞则留在陕南任军区副司令员、19 军副军长，一度曾号称"陕南王"。1951 年，三人又在朝鲜战场上汇合在一起，刘震为志愿军空军司令员，韩先楚为志愿军副司令员、19 兵团司令员，陈先瑞为 19 兵团政治部主任、副政委。

抗美援朝结束后，1955 年人民解放军实行军衔制，授衔时，刘震和韩先楚两人被授予上将，而他们当年的老班长陈先瑞却是中将，一个班出了三位将军成为人民军队中的一段佳话。一次，仨哥们聚在一起，两位上将还是老班长长、老班长短的，陈先瑞笑着说：

"战士是上将,班长是中将,这兵叫我怎么带？"

刘震说:"什么这将那将的,战士什么时候都听班长的。"

三员战将的生死情谊持续了他们的一辈子。

3.五次负伤

刘震是人民军队一员有名的猛将,他不仅用兵如神,作战也十分勇敢,不怕死,敢于战胜敌人。在战斗生涯中,他有许多英勇善战的故事,在和平年代,他也有着英勇不屈的经历,他一生五次负伤,这些伤痕诠释着战将对于生与死的深厚理解。

(1)

1934 年 11 月,1 连指导员刘震随红 25 军开始了长征。12 月初,红 25 军主力进入陕南境内。陕军两个团慌忙迎头堵截。结果,当红 25 军先头部队进至三要司时即遭到守敌凭借九泉山的阻击。刘震所在的 225 团受命由九泉山东南侧实施正面攻击,1 营攀登徒岩,担任一梯队,战斗到黑夜,全歼守敌。但激战中,1 营政委牺牲,刘震被任命为该营政委。

第二天,部队又在庚家河与陕军发生激战。战斗中,刘震率部奋勇杀敌,结果,左手被子弹击中。

红 25 军两战打垮了陕军的连续追堵,胜利完成了入陕的战略转移。但是刘震新官上任,就第一次负了伤。由于身负重伤,不能跟随部队转战,只好把他留下来了。但他决不离队,一个人忍痛挨饿沿途乞讨,经历了千辛万苦,终于追上了部队,又回到了 1 营。

(2)

1935 年 3 月,红 25 军乘胜开辟了陕西洋县华田根据地。

陕军尾追而来,4 月 9 日,红军在陕南葛牌镇南伏击敌军。在战斗中,刘震身先士卒,冲锋在前,结果一敌军官见一猛将冲上来,立即拔枪,刘震没来得及躲避,右颊被敌击伤,好在手枪不如步枪的子弹穿透力强,子弹被几个牙齿抵挡,没有危及刘震的要害,却给他留了一个永久的伤痕,落下了一个"歪嘴子",说话时嘴巴一歪一歪的。

刘震平时性情开朗,活泼乐观,说话也很风趣,后来,1 营上下见着他,就喊:"歪嘴子政委!"

(3)

1935 年夏,红军路过漫川关附近时,正向荆紫关前进的敌陕军警备 1 旅也赶到。红军虚晃一枪,又来了几天急行军,在陕西山阳县袁家沟口一带停下,布下了一个"口袋阵"。

当陕军警 1 旅急急追来时,谁知掉入了红军早就准备好的"口袋子",枪炮声一响,敌兵被突然的打击惊呆了,混乱了,有的滚下马,有的东奔西跑,寻找藏身之地,企图夺路而逃,也有的往山上冲……刘震率 3 连冲到半山腰时,迎头遇到一伙使用手枪的家伙,战士们劈头盖顶就是一顿手榴弹,把他们压了下去,乘胜抓俘虏夺手枪。

激战中,刘震看到散兵中一个军官模样的敌兵,拼命往山下跑,急忙紧追而去。那家伙发现有人追击,就躲到河沟边一个大石头后面,然后回身频频射击。这样,两人枪来弹去,玩起了"捉迷藏"。可射来射去,刘震出问题了,他的手枪里只剩一发子弹了,怎么办?他胆子大得很,眼睛一扫,趁着敌兵向枪里压子弹的一刹那,"嗖,嗖"几个箭步蹿上去,一下子抓住他,就扭打起来,结果,一个拼死挣扎,一个则牢牢扭住不放。刘震尽管身材高大,不料这个敌兵也不是个弱者,在生死的扭打中,敌兵竟然慢慢别过枪来,"砰——"开了一枪,一发子弹穿透了刘震的左臂。正当刘震全身无力、难以支持的紧急关头,营里的掌旗兵赶到,把旗杆下的铁旗脚对准敌兵的脑门狠狠地猛戳下去。敌兵嚎叫一声,手枪掉落了,刘震获救了。

原来,被戳死的这个敌兵是敌旅部的卫队长。刘震说:"难怪他力气这么大,我半天都扭不过他!"

此战敌警备1旅被一举全歼,连旅长也被活捉了。刘震只身奋勇追歼逃敌的故事也在部队传开了。刘震又伤了手臂,不久就愈合了。这是他第三次负伤。

(4)

1935年9月,长征中的红25军胜利到达陕甘根据地,与红26军、27军合编为红15军团。红25军编为军团的75师,辖223团和225团。刘震任225团政委,年仅20岁,团长郎献民。

此时,蒋介石对陕甘根据地的第三次"围剿"开始了,大军压境而来。为了打击南线孤立冒进之敌,军团长徐海东、副军团长刘志丹决定包围甘泉,调动延安之敌前来增援,在运动中歼敌,第一仗指向了劳山,战术又是"口袋阵"。75师负责扎"袋口",待敌全部通过九沿山后,扎死"口袋"。

10月1日拂晓,敌110师从延安出动了。狡猾的敌人虽有防备,但把红军设伏的地点估错了,当进入被伏击地时,还以为"出了龙潭虎穴",放心大胆地将两路纵队改为四路纵队开进。结果,先头部队一到白土坡时,突然被堵住了前进之路。同时,红军骑兵团也出击,把他们的退路也断了,敌首尾受挫,遂向心靠拢。225团和其他伏击部队一齐从公路两侧山上猛烈冲击,各种火器一起开火,打得敌人乱成一团。

这一仗刘震和团长郎献民带领各营在敌阵中英勇冲杀,抓到五六百俘虏,缴获不少武器弹药。

劳山大捷后,徐海东决定继续包围甘泉,待南面之敌出援后,再在运动中打一个歼灭战。

果然不出所料,敌107师619团四个营北上增援甘泉。趁来敌立足未稳,徐海东立即命81师243团围攻甘泉,主力自王家坪一带向道佐铺开进,逼近榆林桥。

10月25日拂晓,75师、78师乘晨雾同时由东西两面向榆林桥守敌发起攻击。经过一个多小时激战,攻占了周围所有高地。225团的任务是从河边隐蔽接敌,配合从山上往下的部队夹击榆林桥守敌。激战后,守敌大部被歼,唯有镇北敌团部和西头的敌军依托坚固的窑洞进行顽抗。

中午,军团长徐海东亲自指挥,刘震率1营为一个梯队,团长郎献民率2、3营为另一个梯队,攻打敌团部,但是这伙敌兵非常顽固,并且战斗力很强,225团几次猛冲都没有成功,顽敌的火力很猛,子弹像雨点一样打来,团长郎献民亲自率领战士冲锋,全部壮烈牺牲,刘震也接着上阵,在猛打猛冲中也负了重伤,但战士们并不罢休,仍继续勇猛地往前攻打。在干部们的带领下,1营战士最后搭人梯爬上了顽敌据守的窑顶,从烟囱口往下扔手榴弹,结果,炸得敌兵哭爹喊娘。激战至傍晚,顽敌被全歼。

劳山之战,巩固和扩大了陕甘革命根据地。刘震又一次新官上任后负伤——这是他第四次负伤,也是在战场上最后一次负伤。1936年4月,红223团扩编为73师,刘震调任73师政委。

(5)

在和平年代,刘震也有一次负伤的经历。

那是在"文化大革命"中,他受尽林彪集团和"四人帮"的迫害。在一次批斗中,他的两根肋骨被打断,造成终身残疾,以后一直不能系腰带。

1973年5月复职后,他调沈阳军区工作,有一次来黑龙江生产建设兵团视察,他的老部下任茂如私下问他:

"1967年挨批斗后,把您弄到哪里去了?"

他很轻松地说:"劳动改造呗!"

任茂如问他:"被打得厉害不厉害?"

他说:"把我装在麻袋里,跌断两根肋骨。"

他的老部下听了心里很难过,他反而宽慰说:

"这都过去了,不要再提了。"

他豁达的胸怀,深深感动了他的部下们。

4.智勇双全

刘震在人民军队中以"善战"而出名,他在早期的军事生涯中就显示出智勇双全的优秀战斗品质。

(1)

1934年11月,红25军长征一开始,就遭到敌军的前堵后追。

11月26日,部队在河南方城县的独树镇附近遭敌"追剿队"突然袭击,因雨雪交加,能见度差,前卫部队发现敌人较迟,加之战士们的手指冻僵,一时拉不开枪栓,以致迎敌不力,被迫后撤。敌人乘机猛烈冲击,并从两翼实施包围,情况十分险恶。正在危急时刻,军政委吴焕先赶到前线,指挥部队就地抵抗。

刘震和连长带领1连在被敌兵占领的段庄、马庄的正面抢占了一个小山头,堵住敌兵,掩护部队突围。敌人连续冲击了四次,都被一一打退。在第五次反冲击时,连长英勇牺牲,吴焕先政委命令刘震代理连长,指挥作战。刘震当即向全连动员说:

"这是关系到我军能否打进伏牛山和继续西进,也就是关系我军生死存亡的一仗,我们一定要坚决执行吴政委的命令,打退敌人的进攻。"

在他的带领下,经过反复冲杀,全连伤亡将近一半,只剩下 40 多个战士了,但还是始终坚守着阵地,决不后退一步。掩护任务完成后,他们奉命撤退,他说:"不能让一个伤员掉队丢下",和战士们把全部伤员抬上。

在随后的转战中,刘震带头抬担架,连续抬了十几个日日夜夜,战士们戏称他为"担架连长"。刘震说:"这些在枪林弹雨中幸存下来的伤员,如果因跟不上队伍而长眠在深山老林,那就是指挥员的过错。"

(2)

在指挥作战中,刘震有一个特点:善于使用突击队。

1941 年 1 月皖南事变后,刘震为旅长的八路军 4 纵队 4 旅奉命改编为新四军 4 师 10 旅。

由于淮上反顽斗争的失利,部队减员严重,士气低沉,战斗力大为削弱。在日、伪、顽、匪夹击之下,10 旅面临的形势极为复杂、严峻。

在此状况下,10 旅当面之敌——国民党 142 师 425 团在地下党员、团长陈锐霆率领下受命举行起义。刘震奉命指挥 28 团和 11 旅 32 团前往接应,并乘机歼灭跟随 425 团行动的反共的第 14 游击纵队 1 支队牛肃久部。28 团从火神庙进至大、小郭家以东地区隐蔽集结后,发动了主攻,与此同时,11 旅 32 团断敌退路并阻援。下午 4 时许,28 团 3 营和警卫连首先向小营集发起攻击,顽军毫无准备,仓皇逃至小郭家寨,28 团随即把它们包围。晚上,28 团 1、2 营又发起了攻击,顽军凭借寨围、外壕防守,两次进攻都没能奏效。

不久,刘震来到 28 团指挥所,经过亲自勘察地形,决定将突破点选择在小郭家寨北面,其他方向为助攻,并重新调整了兵力部署,组织了30 多人的突击队,限令必须在天明前歼灭该敌。

翌日 1 时许,他亲自到前线指挥,总攻发起后,突击队在机枪火力掩护下接近敌寨,突然投出排子手榴弹,趁着爆炸的瞬间,奋勇发起冲击,随即打开了突破口,冲入小郭家寨,2营主力也紧随突击队突入寨内,东西两侧助攻部队也相继攻入,经一个多小时激战,除支队长牛肃久等几十人外,其余全部被歼,此战共毙、俘、伤敌700余人,缴获轻机枪11挺,长、短枪300支。

小郭家寨歼灭战,是10旅在淮上反顽斗争失利的情况下在津浦路西的最后一仗,给根据地军民以极大的鼓舞和振奋。这次战斗中,突击队可以说是立下了汗马功劳。但是,后来425团改编为新四军独立旅后又发生兵变,这支部队只剩下陈锐霆等十几个人。新中国成立之初,刘震为东北空军司令员时,陈锐霆为华东军区炮兵司令员,两人都是我军新型兵种的青年将领,这是后话。

这年秋天,10旅将士集结在洪泽湖以东运河南岸,待命抢渡运河,准备前去淮海区创建根据地。可是,运河两岸连一只小船都没有,对岸国民党王光夏部重兵防守着。深秋之夜,河水急湍,月色昏暗,刘震来到岸边,看了看,说:"还是用老办法,用突击队上!"

随即,他命令一面组织好渡河的木排准备搭桥,一面挑选渡河突击队员,说:"突击队由向平和陈角榆负责。"

向平和陈角榆是他最倚重的战将,很快他们挑选了一些会游泳的士兵和干部,组成了一支几十人的渡河突击队。渡河前,刘旅长亲自向对突击队作动员,说:

"你们是英雄的渡河突击队员,要学习红军二万五千里长征中在抢渡大渡河的30名英雄,要像他们一样不怕牺牲、奋勇前进,消灭运河北岸之敌,完成党交给你们的光荣、伟大任务……"

他的动员声音很大,铿锵有力,勇士们很受鼓舞。随即,向平带上了一挺轻机枪架在木排上,信号弹发出了,突击队开始下水抢渡,对面敌人发现10旅抢渡,一排排的枪弹扫射过来,但是,突击队都是10旅的精兵,个个勇不可挡,冒着密集的炮火在水中浮游着前进,很快就冲上了岸,然后,猛打猛冲,守敌被迫溃退,突击队随即占领了运河北岸阵地,后续大军立即汹涌而来。

　　10 旅进入淮海区后,实行主力地方化,在刘震的指挥下,全力分兵展开了新的战斗。

（3）

　　刘震打仗不仅有勇,而且会来点"软刀子",对此,他的手下称为"巧战术"。

　　1942 年冬,日、伪、顽和地主还乡团大举向淮海区根据地"扫荡",刘震率部巧妙地兵分两路提前转移,让敌军扑了一个空。但日伪随即在淮海区各地建立蜘蛛网式的据点,"实行包干","分片扫荡"。各个据点很近,白天互相能看到炮楼,刘震他们攻打一个据点,其他据点的炮楼立即"四方出击"来援助,因此,他们白天行动十分困难,只好采取夜间行动。可在夜间又有问题了,老百姓家养了不少的狗,他们一来狗就乱叫,据点日军听到狗叫又乱打枪、乱开炮。因此,淮海区形势十分紧张。

　　于是,刘震将主力地方化,成立 12 个小团,与各个县的警卫团、县大队"混"在一起,在全区搞"拆开打"运动,所谓"拆开打"就是动员各区老百姓自己起来拆瓦房,把砖头、木料分散藏起来,使得敌兵修据点、炮楼因无原料,修建速度减慢。再就是动员老百姓自己打狗,庄村里无狗了,部队行动就方便,因为听不到狗叫,战士们就是走到炮楼跟前,日军、伪军还不知,突然枪炮一响,其他炮楼听到枪炮声一来"增援",人马还没到,炮楼就已经被解决了。另外,战士们把那些打死的狗全拖到日军的据点周围,摆成一个个"臭狗阵"。

　　这些措施很生效,使敌人无砖头、无木料修炮楼。把打死的狗拖往敌人据点附近,三五天后,狗就开始腐烂发臭,熏得据点日军受不了,有的熏得被迫放弃据点逃跑。

　　很快,刘震在淮海区打开了局面,一支 3000 人的队伍发展成了15000 人的大部队。对此,战士们说:"刘旅长的软刀子真厉害!"

5.战士们要把刘少奇"带到旅部去做饭"

1941年7月,刘震率新四军4师10旅抵达安徽蒙城县涡河边的龙亢镇后,突然,接到上级电报称:"胡服同志由延安到苏北,途经你部,必须派可靠部队接送,确保安全。"

接此任务后,刘震立即选派警卫连前去接送,亲自对连长交代说:

"你们去接送一个负责同志, 名叫胡服, 沿途要绝对保密和保证安全。"

谁知这连长把旅长说的"胡服"听成了"伙夫",说:"保证把'伙夫'安全送到旅部!"

警卫连立即出发了。战士们听说要接一个"伙夫",边跑边议论说:"接一个伙夫要用一个连,这个伙夫一定是做的饭菜特别好吃。"

有的说:"接到了旅部,一定叫他做顿饭菜给我们吃吃!"

此话被连长听到,喝道说:"你们想的尽是美事,他至少是接送到军部给军首长做饭吃的。"

"那就叫他给我们旅部做一次,让旅长们尝尝这高级手艺。"

战士们七嘴八舌,对这位"大厨师"充满了好奇和新鲜。

可是,他们到交接点一看,更是吓了一大跳:赫!这"伙夫"的气派还真不小,陪着他的五个人全都骑着马还不说,还都是身佩手枪的,在他身后跟随一个全背驳壳枪的警卫班,五匹牲口驮着书箱,还有一个步兵连护送,这架势比他们师长都神气,别说是旅长了!这时战士们吓得个个吐吐舌:"这伙夫可真不简单啊!"

连长说:"这大厨子,一定要保护好,千万不能在我们手里出问题。"

结果,他们别说叫他来给自己做顿饭菜吃,路上连话都不敢多说了,一个个把全副精力集中在护送上,生怕出什么差错。"伙夫"被接到旅部驻地龙亢镇时,他们才松了口气,谁知此时刘震等旅干部全都亲自接迎,把他待为上宾。而这位"大厨子"也没露露手艺,旅部炊事班还专门派人外出买菜来款待他。这位"伙夫"在旅部休息几日之后启程东去。

这下在 10 旅传开了,新四军来了位"天大级"的大厨师,官职似乎比 4 师师长黄克诚还大。越是神秘,人们越想弄个明白。一天警卫连长趁着刘震没事时,靠了上去问道:"旅长,你那天派我们去接来的伙夫到底是谁?架子这么大。"

"怎么,他架子很大吗?"刘震反问。

"架子不大,怎么这么多人护送?一个厨子还挑着好几担的书?来到我们旅,他没下一天厨房,你还陪了他好几天,哪有这么派头的伙夫!"

此时,刘震听明白了,哈哈大笑,说:"什么伙夫呀?他叫胡服,就是党中央派到我们新四军军部当政委的刘少奇同志。"

这下警卫连长如梦方醒:"这么大官啊,我们还以为是炊事班的伙夫呢!"

6.东北猛虎军

抗战胜利后,新四军 3 师在黄克诚、刘震等率领下挺进东北,1946 年 9 月,3 师(欠 7 旅)改编为东北民主联军第 2 纵队,副师长刘震升任司令员,政治部主任吴法宪为政委,下辖 4、5、6 师和炮兵团。刘震连续出奇制胜,指挥部队打了几个漂亮的战役,使 2 纵名声大振,号称"东北猛虎军"。

（1）

2纵组建后,在东北的首战是在靠山屯由5师钟伟打响的。

1947年1月,蒋介石的东北保安司令长官杜聿明集中五个师的兵力向南满进犯,东北民主联军发动了三下江南战役。一下江南时,5师为总部战役预备队,由于天气奇寒,迫使敌人放弃对南满进攻后即结束战役,5师没有什么战绩;二下江南时,2纵在米沙子、布海一带打援,只是4师10团一个连毙伤敌150人,5师又没什么作为;3月8日,三下江南战役发动,总部命令5师进至长春路东,配合1纵消灭德惠东北大房身之敌。第二日,钟伟率5师到达靠山屯西南。

他们夜间行军,白天睡觉,黄昏起来准备赶路时,忽然听见西南姜家屯和王奎店那边乱哄哄的。一侦察,是敌71军87师262团两个营。

钟伟说:“打。”

政委立即拦住说:“咱的任务是去大房身。”

钟伟说:“什么大房身,送上门的敌人就给我打!”

钟伟说完,一面向纵队司令员刘震报告了情况,一面组织部队进攻。随即,他一声令下,14团1营一个冲锋攻进姜家屯,俘敌200多人。这下把“好战分子”钟伟乐得嘿嘿笑。可是,接着,2营对王奎店连攻数次,却一直没有攻下。

正在这时,总部又来电报,命令5师速去大房身。钟伟说:“把这股敌人吃掉马上就去。”

哪知这股敌人跑到靠山屯,和88师264团一个营会合了,拼死抵抗。钟伟率部继续追着打。在激战中,总部又来电报,催促钟伟执行总部意图。

钟伟说:“我这儿都快吃掉一个团了,一大堆俘虏,已拔不出脚啦!”

可是,接着15团连冲四次都未成功。这时,敌88师和87师主力分别从农安和德惠赶来增援,总部的电报也到了。有人说:“这回不走也得走了。"

钟伟拍起了桌子:"谁再说走,我就毙了他!"

他一边组织攻击、打援,一边给总部回电:"现在正是抓大鱼的好机会,我就在这打了,快让1纵他们都来配合我吧!"

由于5师在靠山屯的行动,吸引了敌88师主力和87师分由德惠、农安前来增援,这就给北满我军主力在运动中歼敌创立了机会。刘震立即把这一情况报告总部,于是总部断然改变原定计划,令1纵插至农安以东、德惠以西地区,截断敌军退路;2纵另两个师负责阻击援敌,保障5师歼灭靠山屯之敌。结果,这一仗打了个本末倒置,本来是2纵配合1纵,现在却把1纵调过来配合5师了,并且2纵的主力也被总部调过来了。这一仗歼敌88师大部,重创87师,三下江南胜利结束,扭转了整个东北战局,蒋军从此由攻势转为守势。

在东北大军中,很多将领怕林彪,但是,这次2纵的师长钟伟三次违抗他的命令,并且打了一个大胜仗,战后获得了林彪嘉奖,后来他还在一次会议上说:"要敢于打违抗命令的胜仗,像钟伟在靠山屯那样,三次违抗命令。"钟伟也因此声名大噪。

其实,钟伟号称"好战分子",他是刘震手下一员悍将,之所以胆大包天,除了他的个性之外,也无不与刘震这位"老领导"有着莫大的关系。

钟伟本来是鄂豫挺进支队的团政委,会打仗但是个性极强。在全面抗战初期,他在鄂豫挺进支队当政委时与几任团长都脾气不合,最后一气之下,就带着老婆、孩子和警卫班离队而走。两个月后,他携妻带子一行人历尽艰辛在苏北找到了自己的老部队——新四军3师。3师师长黄克诚是他的同乡,又是老上级,派他在刘震为旅长的10旅当28团团长。从此,他就与刘震共事多年。1945年8月,3师10旅、师特务团和地方武装攻打苏北重镇淮阴城时,28团为主攻。淮阴城垣高达一丈多,厚实坚固,护城河水又深又臭,铁丝网下还埋了磨尖发亮的大铁钉,伪军师长潘干臣盘踞淮阴城达六年之久,师特务团攻打了好几次都没有冲进城去。刘震正在苦思破城之策时,已是副旅长的钟伟说:"旅长你去休息吧,给我三天时间,保准把淮阴城墙给打下来。"

结果,刘震竟然点头同意了。

随后,钟伟叫 7 连连长带人花两天时间挖了两条地道,一条通护城河,战斗打响前把它的臭水全放了;一条直通到城门的碉堡下,装上一颗威力比 1500 斤炸药还强的千磅航空炸弹。第三天下午,淮阴城东门突然响起一声惊天动地的巨响,航空炸弹"轰"地爆炸了,城墙和碉堡被炸开了一道 20 多米的长口子,就在蘑菇状火团直上云空,泥土和石块还没有从空中落到地面时,钟伟率领 28 团像旋风一样向炸裂的城墙缺口卷去,五分钟后,就攻进了城内。28 团一举突入城内,把伪军吓呆了,伪军师长潘干臣正在打电话组织防守,28 团 4 连连长张昌义就率领战士们冲进来了,一枪把就把这个大汉奸砸死了。这次战斗前后才一个小时,歼敌一万多人,新四军军长陈毅专门发电报庆贺。

此战后,刘震升任 3 师副师长,钟伟则接他的班升为 10 旅旅长。因此,靠山屯一战后,有人说:"钟伟竟敢违抗林总的命令,这大胆子与平时刘司令员的'放手不管'有关。"

刘震说:"你能抗命打胜仗,我对你也放手不管。"

(2)

1947 年 5 月,东北民主联军对敌展开了夏季攻势。

总部的作战部署是 2 纵协同 1 纵从西线进行侧击,向长春、四平间敌新 1 军和 71 军接合部进攻,首先以远距离奔袭,包围敌孤立据点,吸引敌军来援并乘机歼灭,尔后向四平南侧攻击前进。接到指示后,司令员刘震率前卫 4 师及纵队骑兵侦察大队走在前边,在路上,他派出骑兵侦察大队抓俘虏,以查明敌情。他们正好在双城堡与驻敌骑兵 2 师 3 团相遇,经激战一小时,抓到敌骑兵 2 师 3 团团长等 19 名俘虏。经审问得知,怀德有蒋介石新 1 军 30 师 90 团和保安 17 团及骑兵 2 师一部 5000 多兵力。

　　怀德位于长春至沈阳铁路西侧,离长春约50公里,距四平约100公里,是长春、四平间铁路西侧的屏障,且有公路通往长春、长岭及四平、沈阳,战略地位十分重要。刘震一听怀德守敌孤立、兵力较少,心想打他们立即可以调动长春、四平的守敌出援,这就可以在运动中歼灭援敌主力,于是,他立即建议总部以2纵主力从伏龙泉、双城堡奔袭怀德,速歼守敌。

　　为了抓住战机,在等待林彪回电的同时,他就下令4师、6师轻装疾进,奔袭怀德,当夜,两个师强行军120里,拂晓前赶到了怀德。

　　在部队到达怀德时,刘震也出现在怀德。天一亮,他立即带师团干部到敌阵地前沿勘察地形。怀德城设有环城外壕,壕外密布铁丝网、鹿砦、地雷场,且有许多明碉暗堡,易守难攻。他勘察地形了解敌情后,说:"选定城西南角为主突方向。"随后,他向总部报告后,马上召开作战会议,详细阐述了作战方案,下达了作战任务。

　　这是刘震大胆和出奇的一仗。他们先要吃掉新1军90团、保安17团和骑2师,再来打来援的71军。怀德战斗是夏季攻势的头一仗,这一仗意义重大。打好了会使全局都活起来。因此,刘震决定首战必胜。

　　第2日下午,就在2纵4师和6师准备按计划攻城时,负责打援的5师师长钟伟报告:

　　"敌新1军88师先头部队正向我疾进,闯到大黑林子以北,与我前哨部队接上了火。敌人自恃兵力雄厚和美式装备,上有飞机支援,下有坦克掩护,来势很凶。"

　　此时,长春增援之敌也被兄弟部队阻击于怀德北之龙王庙、于家窝棚一线,炮弹打到了20里堡与怀德之间。敌军来援如此之快,出乎刘震的意料。是先攻城,还是先打援敌,怎样才能不打"夹生"仗呢?眼看总攻的时间就要到了,迫在眉睫,急需当机立断!刘震沉着冷静,决定先打怀德守敌,后打黑林子援敌。

　　随后,他果断地下达了准时发起总攻的命令。

　　黄昏时分,总攻开始了。猛烈炮火摧毁了怀德突破地段的城防工事,攻城队步兵乘势冲击,步炮密切协同,向纵深推进。为迅速分割敌人防御体系,各个击破,4师、6师集中主力向城墙内东北方向穿插迂回,发展进攻,敌防御体系被我逐街逐巷击破。激战大半夜,怀德守敌大部被歼,只剩敌团长项殿元率400余人退守城东北角一烧锅院内负隅顽抗,战斗异常激烈,两次进攻都没奏效。刘震司令员决定暂停进攻。

原来,他要利用暂存残敌,吸引牵制71军援敌,使其不至于撤回。

第三日上午,歼灭残敌的战斗继续展开。在猛烈炮火支援下,4、6师从四面发起冲击,直捣敌团部。经两小时激战,守敌大部被歼,残敌200余人向东逃窜,但是随即被2纵正面堵截部队歼灭。这一仗实现了刘震"放开手脚狠狠打,一个不漏地歼灭敌人"的战前诺言。

2纵在东北战场首次取得这样规模的攻坚战的胜利,全歼敌王牌新1军一个整团和一个保安团。

在怀德战斗即将进入尾声时,刘震立即命令11团和纵队炮团迅速向5师方向靠拢,归5师统一指挥。钟伟立即以小部兵力留在二十里堡拖住敌人,率领主力和11团及纵队炮团沿二十里堡至大黑林子公路西侧快速迂回到大黑林子镇,一下切断了敌援军71军88师、87师的退路。4、6师除留部分兵力继续进攻怀德残敌外,主力也向大黑林子方向迂回,从四面包围71军88师、87师。

为防敌南逃,刘震也从怀德赶往大黑林子镇,然后下令5师主力和11团从南向北出击,4师、6师向西南和西北突击,前来协同作战的1纵从东北向西南方向突击。这样。2纵和1纵在纵横几十公里的地段上与敌王牌军展开了一场激烈的围歼战。整个战场上,杀声、枪声、炮声震耳欲聋,各参战部队密切协同,大胆穿插分割,敌王牌军两个师遭沉重打击后,多方突围不成,军心涣散,不是缴械投降,就是被歼灭,结果,敌71军88师全部、87师主力和71军军部被歼,71军参谋长冯宗毅和38师师长韩增栋都被击毙,5000多人做了俘虏。

怀德、大黑林子两战,2纵共歼敌1万余人。在两战中,刘震仗越打越好,罗荣桓说:"2纵打出了军威!"

(3)

在黑土地的较量中,蒋介石在东北的最高军事指挥官杜聿明累出了病,也没阻住东北民主联军的犀利进攻,在夏季攻势中,他经过两个月的折腾,彻底拖垮了身体,被迫离开沈阳前去"就医"。1947年8月初,蒋介石的参谋总长陈诚来到东北,全权指挥东北大军。

怀德攻坚战后,2纵进到四平地区。长春、四平敌军龟缩到城内,没有战机可抓。一天,刘震了解到昌图守敌是新1军30师,为再次抓住战机,他又率领2纵主力日夜兼程,远距离奔袭昌图。

新1军是蒋介石五大主力之首,军长孙立人被英国元帅蒙哥马利称誉为"东方隆美尔"。此人系清华大学的高材生,保送到美国弗吉尼亚军校攻读。1942年4月,他率新38师在缅甸仁安羌击溃日军,救出被围、行将覆灭的英军第1师,被英国女王请到英国伦敦,亲自授予大英帝国自由勋章。就是这位声名显赫的新1军军长,从1945年11月始,乘美国军舰在秦皇岛登陆,率领新1军追击刚入东北的新四军3师,由此,两军结成了冤家对头。两军从山海关打到四平街、长春、德惠,但是,一路上都是新1军逞威风,孙立人的气焰十分嚣张。

在东北,国民党以新1军为核心部署,共产党的部队只要一触动新1军,国民党军其他各部就会自动向它靠拢,维护新1军不受损失;蒋介石的空军总司令周至柔下令:"空军一得知新1军驻地有战斗,不需参谋总部命令,就可主动派飞机支援掩护。"就因为这,东北民主联军各部都以能打败新1军为荣,并且,战士们编出了一首歌,其中两句是:"吃菜要吃白菜心,打仗要打新一军。"以前,3师只能以局部优势的兵力,一个连、一个营地消灭新1军一部,打了就跑。这一次,刘震说:"2纵要和它较个真了。"干部战士都憋足了气,决心这次一定要吃了这棵"白菜心"。

9月底,战士们在入秋后首场瑞雪的掩护下,未经炮火准备,就由4师打援,5师、6师攻击,两个师主力直冲城内。经四个小时激战,歼新1

军30师一个团,俘敌8000。不等敌军反应过来,刘震又杀了一个回马枪,在四平南的大洼,干净利落地歼灭了新1军50师的150团。150团是新1军中的王牌,团长王耀云是国民党军中有名的"英雄"。但是,这回"英雄"却在战斗中毙倒在2纵战士的枪口下,做了蒋介石的屈死鬼。

2纵接连歼灭新1军两个整团,消灭了它全部兵力的九分之二。2纵上下笑得合不拢嘴巴,说:

"灭了它两个团,凑合着算是一个大仗了。"

2纵歼灭新1军的王牌150团,其意义不在于打死一个王牌团长,也不在于歼敌一两个团的兵力,而是歼灭了敌人王牌军中的王牌,这场掏心战表明东北民主联军能打硬仗、恶仗。这一仗成为了敌我战斗力降升的重要标志。于是,这次战斗,引起了双方高层的重视。据传,在南京的美国军事顾问团专门为此召开了三场"研讨会"。

(4)

1947年12月初,东北民主联军的冬季攻势开始。总部拟围攻法库敌暂62师,以打击铁岭来援之敌。

2纵在刘震的率领下由榆树台出发,突袭沈阳以北、以西的敌军分散据点,然后对法库形成了半包围。

陈诚慌忙命令新6军22师全部出援法库。但22师在路上遭到2纵5个团阻击,受到击溃性的打击。敌发觉刘震主力在这一带集结,遂将22师调回。

刘震亲自去勘察法库地形,发现周围的有利地形都已被敌军占领,战斗需要7—10天,一打法库敌援军将会迅速增援,而法库已无打援战场。于是,他向总部报告,建议暂不打法库,改攻彰武,总部批准了他的建议,命令刘震统一指挥2纵与7纵一起打彰武。

彰武城是沈阳西北的一个突出的敌据点,是辽西走廊西北侧军事重镇。守敌为49军79师约一万人,该城四周设防,砖城墙上有坚固的碉堡,城墙外有宽七米深两米的外壕,壕外还有鹿砦、铁丝网、地雷场等障碍地段。城郊有许多山包、高地,有的叫坨子,地势险要,且都建有坚固设防的据点,火力相互交叉,可谓是层层设防。

12月22日,2纵主力进至彰武城附近。各部队先后展开外围作战,经五天连续战斗,将敌外围据点全部肃清。

28日7时30分,总攻开始,强大炮火将敌大部城防工事摧毁,在城东南的主攻方向主攻地段上打开了30米宽的大口子,5师主攻的14团迅速突进了城内,13团紧随其后,6师16、17团也趁势由南关突破敌防御阵地,接连打垮敌人反击。这次战斗从开始到结束仅用五个小时,全歼守敌9000人。

这是东北民主联军首次在炮纵配合下在白天进行的攻坚战,速战速决,是一次高水平的攻坚战,党中央特来电嘉奖:"庆祝你们攻克彰武,歼敌一个师的胜利。"

彰武之战后,为诱敌来援,扩大战果,刘震继续以部分兵力南下,捕捉分散孤立之敌。陈诚说:"共军主力已分散、休整,抓紧战机!"急调15个师的兵力"保卫沈阳",以解法库之围。谁知这就为东北民主联军在运动中歼灭他们造成了有利时机,总部立即决定集中主力歼灭由新民出犯之敌新5军,即令2纵、炮纵由彰武疾进公主屯西南,协同兄弟纵队包围公主屯之敌。2纵一到公主屯,迅速调整部署,将敌新5军军长陈林达及残敌数千人包围于前闻家台。

1948年1月7日,2纵在炮纵配合下对敌发起总攻,60多门大炮齐发50分钟,把敌打得乱作一团。5师13团由西南主攻,迅猛冲入敌群展开激战。14团从北面围攻,15团和6师18团等在东面堵敌,只一个多小时即全歼该敌。2纵俘虏敌新5军军长陈林达等4242人,毙敌900余人,缴获大批武器弹药。

冬季攻势胜利结束,刘震的2纵成为了东北民主联军的攻坚战王牌。

(5)

1948 年 3 月,冬季攻势结束后,东北之敌完全陷入被动之中,只能龟缩在沈阳、长春、锦州几个孤立的大中城市。毛泽东果断做出决定:包围长春,主力南下先打锦州。但是,林彪顾虑重重,迟迟下不了南下决心,受到毛泽东和党中央的严厉批评。9 月 3 日,林彪决定南下打锦州。

义县是锦州以北要地,是南下攻锦部队特别是炮纵主力、坦克部队和后勤供应的铁路运输必经之地。欲攻锦州,必须先攻克义县,才能打开锦州北大门。林彪确定 2 纵 5 师配合韩先楚为司令员的 3 纵攻打义县,2 纵主力到黑山大虎山,阻击沈阳之敌向锦州增援,并随时准备参加攻锦作战。打义县,5 师又被林彪指定为两支主攻部队之一。临行前,刘震特意把 5 师师长吴国璋、政委石瑛叫来说:“这一次一定要打出 2 纵的威风来,搞好协同作战。要不惜一切,死打硬拼,无论多大伤亡,要冲进去!”

师长吴国璋也是一位年轻的猛将,随后,他在向团长们分派任务时说:“你 14 团和 15 团要开不了口子,你 13 团和 10 团就给我上!谁有本事,谁是英雄好汉,谁就往里打!”

在对义县发起总攻后,5 师 13 团只用三分钟即扫清城外五道障碍,然后向城内突击。团长张峰、政委朱嗣龄率尖刀连登上城墙后,指挥部队打敌反击。13 团突破后,14 团、15 团相继冲入城内投入纵深战斗。结果,冲在最前面的 13 团勇猛迅速地打掉了敌师部和以 12 门榴弹炮火力组成的炮兵阵地,活捉了师长、副师长。14 团从城西南一直攻到城西北;15 团占领西关后,从内向外攻击,迅速肃清西门外残存的外围据点。整个战斗只用了三小时四十分即全歼了义县万余守敌,其中 5 师歼敌 4300 余人,一举扫清锦州敌人最重要的外围据点。此战为锦州攻坚战提供了经验。战后,政委罗荣桓说:“强将手下无弱兵。”

锦州攻坚战是辽沈战役中关键一仗。锦州守敌范汉杰部有十万余人,敌以原中正路分为东西两个守备区域,防御重点在北山和城西北部。锦州城四周有高四米宽两米的城墙,沿墙每50米有一钢筋水泥碉堡或木质结构火力发射点;城外有深三米宽五米的护城壕,壕内外均设有各种障碍。城外筑有很多坚固据点,城西北2纵突破地段内就有黑山"团管区"、合成燃料厂、十二亩地等据点,城内不少地方都有明暗火力点,街道上的交通要道也挖成了交通壕,十字、丁字路口还建立了碉堡,真可谓是"固若金汤",敌人自称为"小马奇诺防线"。

刘震率部到达锦州北部地带后,先察看地形,然后召开作战会议,研究作战方案。经会议研究决定,2纵的突破任务分为三步:第一步是夺取外围据点,逼近城下;第二步是攻城突破;第三步是纵深战斗。并决定4师、6师肃清外围,5师担任突破任务。

10月10日,2纵开始肃清锦州城西北外围据点。3日内把突地段上的"钉子"全拔掉了。

14日10时,东北野战军对锦州城各突破口发起全线总攻。刘震亲自指挥配属的炮纵两个团和2纵炮兵团实施炮火攻击,并令配属的坦克适时进入指定地域待机。50分钟后,步兵发起攻击,15团是突破锦州的尖刀团,3营是尖刀团的尖刀营,1连和9连担任全营的开路任务,他们爆破着铁丝网和梅花桩,坦克营也出动了,尖刀连8连像离弦的箭,沿着交通壕冲去。他们离城墙还有两三丈远时,却被敌人利用铁路路基筑起的第二道工事阻住了。接着,一个连的敌人扑上来,想把8连反击下去。

冲锋枪呼啸着,钢盔和船形帽下一张张变形的脸狰狞可怖。双方展开了肉搏战,刀光剑影,血肉横飞,敌人被打倒一批,后面的又涌上来。8连伤亡接二连三,敌人突然又发起了冲锋。就在这时,一个战士飞身跃起,顺势甩过去一根爆破筒,只听到"轰隆"一声巨响,一个班的敌人被炸飞了。敌人的冲锋被打退了。

这个战士叫梁士英,是吉林扶余县三贫河人,父亲因为地主装仓累得吐血而死,媳妇生孩子时得了病连人带孩子一起死去。他没有钱买棺材,用媳妇过门时陪送的一口炕柜装殓了妻儿。为了逃避村里摊派去当兵,他带着亲娘和弟弟逃到舅舅家,在黄家窝棚扛活儿。1945年八路军来到东北后,他偷偷地拿着舅舅的图章报名参加了解放军,以后因为作战勇敢,入了党,在攻打昌图和彰武战斗中,他立过功。

这一次,他一个爆破在关键时刻把敌人打退,8连立即又越过路基向前冲去。突然,西边一座地堡里两挺重机枪又打响了,喷出火舌,把整个突击部队压得动弹不得,几个突击战士冲上路基,又被打了下来。战士们睁着眼睛怒视着敌人的地堡,恨不得一下子把它炸个粉碎。

这时,趴在连长身边的梁士英说:"连长,我去炸了它!"

说罢,他脱下棉衣,提起捆在一起的两根爆破筒,揣上两颗手榴弹,紧贴着地面向前爬去。子弹飞蝗般地扫射,路基上尘土飞扬,但是,他居然爬上去了。然后,他躲在射击死角里,侧着身子,朝地堡扔上两颗手榴弹,趁着烟雾,一个纵身跃上土坎,到达了地堡前,将爆破筒塞进正在喷吐火舌的射击孔。

在他正要跳开时,爆破筒被从地堡里推了出来,掉在地上"咻咻"冒烟。他抓起来塞进去,刚要松手,又被推出一尺多长。这时,梁士英双手按住爆破筒,将身子死死地顶着被敌人推出一截的爆破筒。

一声巨响,地堡炸飞了,梁士英的身影也消失了。他身后的突击部队在他开辟的道路上奋勇前进。

5师尖刀营仅用了17分钟就冲进突破口,伤亡不大,迅速向左右扩大战果,撕大突破口,浩浩荡荡地冲入了锦州城。

4师、6师迅速入城参战。

经过31个小时激战,锦州解放,2纵歼敌1.5万人。

攻克锦州后,东北蒋军全军覆灭的命运已成定局。随后,东北野战军采取拦住先头,拖住后尾,夹击中间,分割包围的战法,秘密地在黑山、大虎山以西及西北地区布下天罗地网。各路部队经两日一夜的激战,全歼廖耀湘兵团。

廖耀湘兵团被歼后,蒋军东北老巢——沈阳危急,东北"剿总"总司令卫立煌匆忙乘飞机逃跑,由敌第8兵团中将司令周福成统一指挥沈阳残敌约 14 万人,妄图继续顽抗。

2 纵来不及等总部复电,就向沈阳急进。

11 月 1 日拂晓,2 纵向沈阳发起总攻击。一阵激烈的枪炮声后,周福成的防线很快被突破,各路部队迅速拥入沈阳的大街小巷,蒋军再也不抵抗了,只一味地夺路逃跑。这时,林彪来了命令:2 纵和 1 纵为主攻,从西郊和西北部突破,由刘震统一指挥。

刘震一接到命令,心想沈阳残敌虽为数不少,但已成惊弓之鸟,军心动摇,士无斗志,说:"歼灭这样的敌人,还等什么各路主力部队到齐后再发起攻击?"立即下令:

"5 师主力和 4 师、6 师从铁西区已由西北向东南并肩进行纵深战斗。"

随即,1 纵司令员李天佑打来了电话,说:"老刘,我们部队到齐了,总部命令由你统一指挥。"

刘震一听,哈哈大笑,说:"还统一指挥什么呀?你们赶快从皇姑屯进城,肃清残敌抓俘虏吧!"

这时,2 纵各部队已经在城内闹翻了天,1 纵一加入进去,很快,沈阳战斗结束,11 月 2 日沈阳宣告解放。此战 2 纵歼敌 3.5 万余名,俘敌兵团司令周福成等将级军官 18 名,缴获各种物资辎重甚多。

7.虎将怪异带兵法

刘震是员猛将,会带兵,他的手下说:"什么部队在刘司令手里都能打造成主力,成为战场上的猛虎。"但是,他带兵打仗十分怪异,有时跟随他征战多年的手下都会觉得惊讶不已。

(1)把一个团打成主力

2纵6师的17团,原是1945年才组建的淮海军区新2团,在1947年5月夏季攻势时,它正好"两岁",还是个"小娃娃"。在开始几战中,它确实很"稚嫩"。

这个团组建时,三个老连队1连、3连、4连是从淮海军区4支队的三个团各调一个建制连为基础组建的,1连在配合兄弟部队打淮阴县城时担任主攻,因协同不好伤亡过半;3连因干部没配好也出了问题。刚进东北时,4、5连在新立屯担任警戒任务,也因警惕性不高被敌一个团包围,经过反复冲杀,虽然突围出来,但大部分牺牲,剩存少数人。这个团的情况引起纵队司令员刘震的注意。为了使这个团改变面貌,他调整了干部,补充了兵员,改变了装备,在三下江南时,他让他们"锻炼了一下",打了几个小胜仗,这样部队情绪才稍稍有了提高。

蔡永被派来担任该团团长,他决心带好这支部队。夏季攻势前,几个团领导正打算在战斗中争取打个翻身仗时,却听到从兄弟部队传来这样的顺口溜:"16团打,18团看,17团吃干饭。"这些话对蔡永和战士们刺激很大,蔡团长说:"但这不能怪别人,只能怪自己没领导好,部队战斗力没上去。"

随即,怀德攻坚战就要打响了,17团住在城西,司令员刘震组织师长、团长看地形,在研究任务时,蔡永对刘震说:"我们团请求担任主攻任务。"

17团终究是个"末流团",打主攻弄不好就会影响整个战役,谁知刘震竟然看都没看他,就果断地说:"好哇,我批准了你的请求。"

就这样,刘震确定此战中蔡永的17团担任主攻。

消息一出,2纵各团几乎炸锅了,有的说:"让17团去主攻,这还不砸锅?"会后,刘震亲自与蔡永谈话,说:"我相信你们17团砸不了锅,并且还一定能打好主攻!"

然后,他非常细致地交代说:"当然,你们是首次担任主攻,你要亲自组织好,选择好尖刀连。"

蔡永回到团里后,传达了任务和司令员刘震的指示,大家都很兴奋,表示坚决打好这一仗。按照刘震的吩咐,蔡永认真选择尖刀连,以1营为1梯队,全团最好的连——1连为尖刀连;2、3营为2梯队,团警卫连为预备队;3营7连位于1连左侧,担任助攻;团指挥所随1营跟进。

总攻开始后,1连果不负众望,首先突破成功,并胜利向纵深发展,1营2营也先后投入战斗,结果,"末流团"越打越强,纵深战斗发展顺利。可正在他们打得起劲时,突然接到刘震命令:"各攻击部队放慢攻击速度,其目的是拖住援兵。"蔡永只好下令部队慢打慢冲,在拂晓前,他们还是只剩下最后一个据点,随后打到了关帝庙敌团长项殿元指挥所,在炮火支援下,部队用炸药炸开院墙,冲入院内,首先击毙项殿元,全歼守敌。

17团首次参加攻坚战,并且是主攻,不仅得到了锻炼,战士们也尝到了甜头,俘敌千余,缴获甚多,自己伤亡较少,因此部队战斗情绪立即高涨起来。

此后在攻打昌图战斗中,蔡永再次向刘震请求担任主攻任务,说:"打怀德刚尝到点甜头,为了锻炼17团的作战能力,我们再次请求担任主攻任务。"

刘震先问副司令员吴信泉,又反问蔡永:"有把握吗?"

蔡永立即站起来回答说:"有把握!"

结果,刘震又同意了。他在明确任务时说,5师以两个团从城西北突破沿小河北向东发展,6师18团、17团从东南突破沿小河以南向西发展,18团在右,17团在左,总攻时间6月1日晚20时,炮火准备后,延伸射击时发起总攻。

蔡永回到团部后,把营长、连长全召集起来说:"这次任务是再次请求来的,仗只能打好,不能打坏,如果打坏了,那就辜负了刘司令的期望和重托。"为慎重起见,他这一次布置兵力和任务时,反反复复地进行考虑,然后才分配下去。总攻开始,炮火延伸,尖刀连迅速突破了敌人城防,顺利向纵深发展,团指进到城内指挥,这次17团所有部队全参战,战斗由于布置得当,打得比上次还顺利,最后,各个连队都笑哈哈的,说:"俘虏兵太多了!"而尖刀1连就活捉敌总指挥、副师长邹麟以下400多人。

这次昌图攻坚战,17团打得很好,实现了打翻身仗的决心,全团上下缴获的武器装备很多,全是美械化。

以后,在配合1纵攻打四平时,17团在泉关担负阵地防御,第一日,敌52军集中四五个营,在飞机、大炮、坦克掩护下连续五次向17团冲击,均被击退,弃尸500余具,毁坦克八辆。第二日,敌再次集中约两个团兵力,在飞机,大炮,坦克的掩护下向17团进攻,先后三次均被击退,弃尸300余具,毁坦克三辆,晚上才奉命转移。这次防御战,他们又打得很好,4连还获得了纵队授予的"沉着顽强"军旗奖。

在夏季攻势四仗中,17团打了三仗。战后,刘震看见蔡永,说:"17团这次打出来了。"从此,17团也成为主力团,在解放战争和抗美援朝战争中,它打了不少的硬仗,成为该师的王牌团。而全团越打越强后,上下都说:

"我们是刘司令亲自打造出来,军政全能!"

(2)派团长指挥副师长

1949年1月,解放天津的战役打响了,38军和由2纵改编的39军担任主攻。在这次战斗中,军长刘震又来了一次奇怪的指挥。

14日深夜,颜文斌率115师的345团连续攻克了天津城内的三个敌据点,又包围了寿丰面粉公司。此时敌师长梁铁豹率一个师部和两个团龟缩在一座五层大楼内负隅顽抗,345团连攻了两次都没拿下来,并且由于连续激战,伤亡较重,因此团长颜文斌打电话向师部请求增援。不料,接电话的却是刘震。他问:"你是颜文斌吗?你有什么事跟我说吧。"

待颜文斌一说明情况,他指示道:"你不要着急,先把敌人包围起来,我马上给你派一个团去。"

谁知一会儿 152 师一位副师长率领一个团跑步赶来了。他还带来了刘震写给颜文斌的一封亲笔信。颜团长打开一看,上面写着:

"颜团长,我派 152 师副师长带一个团到你处,归你指挥。"

颜文斌不由得一怔,心想,人家是副师长,自己是团长,怎么能指挥人家?于是打电话给刘震:

"首长,从来就没团长指挥师长的,你还是叫副师长统一指挥,我保证服从。"

然而,刘震口气很果断地说:"我叫你指挥,你就指挥。就这么定了!"说罢,他没容颜文斌再说什么,就撂下了电话。这时,副师长在一旁说:

"颜团长,刘军长的条子已经写得很清楚了,你根本就没必要打电话。你放心大胆地指挥吧,我保证服从命令。"

结果,上下级就颠倒了,颜文斌团长指挥副师长,他说:"副师长,我命令你率团插向东南,狙歼从面粉公司逃窜之敌。"

"是。"副师长应声而去。

副师长受命而去,颜文斌又下令 345 团集中全团炸药,爆破面粉公司大楼。结果,副师长在侧面阻敌,345 团在正面炸,在凌晨 1 点钟时爆破成功,面粉公司五层大楼被炸塌。惊慌失措的残敌纷纷向东南方向逃窜,被副师长率部堵住,生俘敌师长以下三四千人。345 团也俘虏敌两三千人,两个团共俘敌 7000 余人。

这场战斗打得干净利落,而刘军长破常规做决断,不拘一格用人的做法又在全军传为佳话。战后,四野总参谋长刘亚楼听说此事后,批评说:"你让团长指挥副师长,影响不太好吧。"

刘震笑着说:"我这样安排是有考虑的。第一,颜文斌是位老团长有指挥经验;第二,他已在天津打了三个据点,情况熟悉;第三,这个部队是一支新部队,需要有指挥经验又熟悉情况的指挥员指挥,因此,从战役全局考虑,我决定由他指挥。"

"这还差不多。"刘亚楼说。

8. "洋司令"

刘震在军中有"潇洒将军"的美誉,这除了他身材高大,风度翩翩外,还与他爱打扮、爱新奇、敬爱妻子分不开。在东北战场上,钟伟有"好战分子"的绰号,韩先楚有"旋风司令"的绰号,而刘震因为这"三爱"得了个"洋司令"的绰号。

(1)

刘震人长得高大,英俊伟岸,又风度翩翩。他在东北部队中有"洋司令"的美名,很大程度上是源于他"爱打扮",他平时穿着时髦,"洋里洋气"。

在东北征战几年中,只要不打仗,刘震不是西装革履,就是穿着洋气的夹克衣,有时还穿着自制的笔挺的吊带裤,出现在大庭广众之下。因此,有人说,刘震是东北各纵队青年将领中领风气之先的时髦人物。

刘震常常这么一副洋打扮,不知情的人还都以为他是什么老华侨,或者至少是从苏联留学回来的布尔什维克呢!可是,人们一打听,他却既不是什么华侨,也没留过学,就连国境线什么样都没见过,他的老家在湖北孝感一个叫刘家嘴的穷山沟里,他不仅出身贫寒,而且种过田,放过牛,当过雇工,学过木匠,砍过柴卖。一个"穷小子出身"的刘震,怎么会有副洋派头呢?

这说起来渊源很长。

1931年秋天,刘震在老家参加红军后,不久就在鄂东北道委特务 4

大队当特务员。4大队干的是专门"抓案子"的事儿。所谓"抓案子",就是绑票、抓地主做人质,然后要求他们的家眷拿金银财宝来赎人,以此他们打得财物上缴部队做后勤经费。因为他们打的都是大地主、大资本家。因此除了金银外,还缴获过来自法国巴黎的礼帽、美国华盛顿的胶鞋、英国的"红雪"牌香烟,"什么世面都见过"。由此,这穷小子也养成了对"名牌"的嗜好。1937年,他在八路军688团当政委的,一天,竟然请假去太原,回来时几乎是满载而归,带回手表一只、钢笔一支、日本相机一个。旅长徐海东听说此事后勃然大怒,曾指着他的鼻子骂:"刘震!你乱花钱,大手大脚!"

4大队后来改编为红25军手枪团。虽然当特务员的不止刘震一人,为什么偏偏他成为了"好打扮一族"呢?

刘震身为一员战将,这爱打扮的嗜好源自于他长征路上的一次遭遇。长征出发前,全连战士好赖都穿上了棉衣,唯独当连指导员他还是单衣单裤的,后来实在冷得不行了,他才把一件谁也不愿穿的"财主颇"的花缎棉袄穿上,因为紧巴巴地实在难看,他又找来一件灰布长衫罩在外面,以防同志们取笑。然而,这个难以遮掩的秘密还是被人识破,在行军路上,大家都挤眉弄眼,把这当作活跃情绪的笑料,每当军领导走了过来,就有人猛不防地把他那件灰布长衫往上起一撩,露出红艳艳的花棉袄,结果引起一阵阵哄笑。这弄得他面红耳赤的,急不得也恼不得,有心脱去又挨冻,实在是无可奈何。后来,好不容易遇到一户人家,他索性脱给这户穷得难以出门的农家大嫂,换得一块纳着补丁的"口袋片儿",披在肩头御寒。从此,才结束了那么一种开心不尽的玩笑。

谁知这一路上的玩笑却养成他爱打扮的习惯,以后,戎马倥偬,他从来不穿破衣衫,生怕别人笑话他。就是在那没吃没喝的艰苦岁月,他对穿着打扮仍是一点也不含糊,补丁衣服洗得干干净净,折得一点褶皱都没有,凡是有补丁的地方,都缝得方方正正。当条件好起来后,他更讲究穿着了。

到达东北后,哈尔滨是我军驻守的第一大城市,刚刚30岁的他也

"神气"起来了,戴手表,穿西装,住在大洋楼里,甚至居然还学着外国人的样子吃起了西餐。他打仗上前线个把半个月后一回哈尔滨开会,只要有空,就西装革履,跳舞、打猎、照相样样都来。因此,终于赢得了一个"洋司令"的绰号。

（2）

刘震"潇洒将军"的得名还有个原因,就是敬爱妻子,用湖北话说就是"爱老婆,舍不得老婆"。

刘震的妻子叫李玲,也和他一样高高大大的,人长得很漂亮,也是个"老革命"了。他们于1939年在344旅时认识。当时李玲刚从延安女子大学毕业,先是分配到八路军总部工作,后经过刘少奇的争取,几十名女大学生调往新四军,可在途经冀鲁豫时与344旅相遇,被杨得志"强行截留"了几个,其中李玲就是一个。此时,刘震是344旅独立团当团长,344旅改编为冀鲁豫支队后,李玲到支队随营学校任文化教员,于是和任1大队大队长的刘震相识了。在整训、行军的间隙,他们一起聊天、谈话,渐渐,李玲就爱了年轻英俊又善战的刘震。打仗分开后,刘震也展纸拿笔给李玲写信,一来二往,两年后经组织批准于1941年4月结婚了。

刘震从小就失去了母亲,参加革命后长期忙于行军作战,戎马倥偬,基本上是没有过什么异性的关爱。婚后,李玲在生活上关心他、体贴他,刘震感到从未有过的安宁和幸福。一次,李玲把自己由老家投奔延安时带来的一件旧毛衣拆了,给他织了一件新毛衣,他穿上后非常高兴,逢人就说:"嘿!看看!"

"看什么?"对方奇怪地问。

"这是我老婆给我织的毛衣。"他满脸都是幸福地从脖子处翻开衣服,硬是给人看一个究竟。

李玲怀孕后,他只要有空,在晚饭后就陪她散步。一次,他有事了,李玲一个人出去随便走走,不一会儿,天下起了小雨,结果,他的警卫员竟然给她送来了雨具。

原来是他安排的。

此时正是抗战最艰苦的时期,由于日军"围剿"、"扫荡",部队行动频繁,并常常是夜间行动。李玲怀了孕,在夜行军中,刘震则暗暗对警卫员说:"把大红马拉去。"警卫员会意把大红马拉了去。可没多久,那匹大红马又空着被牵了回来。原来,好强的李玲坚持自己走。

长期的战斗生涯使得这对年轻的夫妻还是因为革命工作分离两地。

在新四军 4 师时,一次,6 旅旅长谭友林被选为中共七大代表,在临赴延安前,他专程去 10 旅看望老战友刘震。两人彻夜长谈,广论抗日战事,充满了抗战必胜的信心。鸡叫三遍了,谈兴仍浓。刘震又沏了一杯新茶递给他,在室内度了两圈,突然微笑着说:"老谭,我还忘了,我俩还是老乡呢。"

谭友林说:"你的老家孝感出麻糖,丝烟也有名,是个好地方。我的老家江陵呢,也是鱼米之乡,等抗战胜利了,我请你的客,到我们江陵去吃鱼,保证让你吃个够,走时还带几条大鱼。哈哈,不过你也不要忘记请我吃你家乡的麻糖啊!"

说得两人都大笑起来。片刻,刘震说:

"这都是在精神会餐,不谈了不谈了,我有点个人的事,想托托你这位老乡,不知能出力否?"

谭友林说:"老乡见老乡,何况又是老战友,岂有不出力之理?"

"那好,那好,我得先感谢你喽!"刘震幽默地说着。

谭友林望着这位"颇有几分文采"的老战友,究竟有何事相托呢?转弯抹角的,于是赶紧说:"老刘,有啥事,痛快点说吧。"

经谭友林这么一"将",刘震才说:"我的爱人李玲同志,在地方党组工作,就是吴芝圃同志领导的地方党组织。如今,你们旅的政委由吴芝圃同志兼任嘛,你和吴研究一下,能否把李玲调到我们旅来工作?"

"嗨,这好办,公私兼顾,合情合理。"谭友林说。

不久,李玲就回到了刘震身边。

平津战役结束后,谭友林被中央军委任命为刘震任军长的 39 军副

军长,两人又走到一起了,从此朝夕相处,南下宜沙战役结束后,部队暂时喘息几日。一天晚饭,两人一起在户外散步,谭友林问道:

"南下一路,只顾打仗了,你为啥不给李玲同志写封信?她一个人留在天津太不合适。"

刘震听谭友林这么一说,连声说:"是,是,是!"

就在这天晚上,他展纸磨墨,给李玲写信,一口气写了好几页,可又觉得没充分表达满腹要说的那些话,撕掉重写,就这样一次又一次,忙了个通宵。

结果,没有不透风的墙,这件事传开了,到处传说:

"刘军长给老婆写了一夜的信,一张纸不成又重来,废纸就撕了一纸篓。"

刘震感情特别丰富,因此爱老婆也出名了。

(3)

刘震的"洋司令"的美名还与他的坐骑有关。

在红军和抗战时期,他是骑马的。他的坐骑,也不一般。

那是一匹黄膘马,腿长臂圆,浑身一根杂毛也没有,而且毛光亮泽,一尘不染。但谁也不知它的来历,只是传说这匹马很神的!尤其奇怪的是,它和他的主人一样"特爱干净"、"讲卫生",谁要是往它身上扔个草叶什么的,它就是和谁急,要是朝它身上吐口唾沫,它立刻就翻脸。一次,一位新战士对此半信半疑,转到它一侧,朝它吐了口口水。可没等口水落到它身上,它就暴跳如雷,后蹄腾空向他踢来,新战士躲闪不及,被它踢了个"狗吃屎"。

刘震当时才20几岁,战士们常常看见他从马夫手里接过马缰绳,飞身上了马。这马也真神,当主人刚一踏蹬,就箭一般地穿了出去,转眼就跑得好远了。他们那潇洒的身影,被战士们羡慕极了,称为"虎将英姿"。

但是,"虎将英姿"也有栽了的时候。1940年夏,刘震率部挺进华中。

在越过陇海线时,他戴一顶越南式的草帽,在身后,警卫员就拉着他的这匹枣红色的大马。它长长的红鬃毛,刘震高大身材,他们的"倩影"一路上引来战士们的赞叹,有人干脆说:"三国演义里的关羽和赤兔马也不过就是如此!"刘震为此也是得意洋洋,干脆称它"赤兔马"。可就在他们过了黄河后,一日,在行军途中,突然狂风大作,黄沙铺天盖地而来,战士们睁不开眼,那"赤兔马"都睁不开眼睛,常常碰到树上。结果,这黄沙把旅长的越南草帽刮飞了,把他和那爱干净的"赤兔马"弄得满身沙土,"平时潇洒全没了","狼狈不堪"。政委康志强平时则不讲究这些,见状则指着他们哈哈大笑,说:"哈哈,都栽了,都栽了!"

尽管如此,过了黄沙区,他们又"神气"起来了。在淮海的几年,大红马一直跟刘震在一起。1945年去东北时,刘震还特意带了他的这匹"赤兔马",但是几战之后,好新爱赶时髦的他就把它"扔"了。原来,他已经爱上了吉普车。

辽沈战役结束后,东北大军出关,打下天津之后,刘震等人亲率39军南下。一路上,39军凯歌行进,破关斩将,从北打到南,刘震早就学会了开车,他亲自开着吉普车,载上副军长吴信泉和政治部主任李雪三等人,日夜兼程随大军前进。革命几十年,胜利进军。刘震亲驾着吉普,好不威风,一路上边风驰电掣,边与众人大开玩笑:"革命胜利了,鸟枪换大炮!"

行军路上,战士们常常见到军长潇洒驾车飞驰而过。

一日,吉普车行到了湘西的雪峰山。雪峰山海拔1500多米,并且山道弯弯,山沟很深,山陡路险,刘震等人仍然是有说有笑,开着吉普向大山挺进。一上山,他就故意吓唬大家说:

"这下你们的小命全掌握在我刘某人手中了,我想要一起活就一起活,想要一起光荣就一起光荣!"

可是,众人仍如同他以前吓唬他们一样,嘴上硬着说:"你不怕死,就我们怕死呀!放心吧,大胆往前冲。"

然而,这一次,玩笑差点成了真。车疾驰到半山腰时,山高路险,但刘震照样飞驰,可在一个拐弯爬坡处,他一换挡,不知怎的,这辆缴获的吉普车突然熄火,瞬间,车子往后滑,后面就是百丈深渊,一掉下去,人车都要粉身碎骨。正在大家惊叫之时,吉普车倏然停住了。大家惊魂未定,转头一看,原来车轮被后面路边一块巨石拦住了!这才没使车子掉入百丈深渊。

此时,刘震已吓得脸色大变,缓过神后,拱手作揖连声说:"救命石头,石头大哥,石头大哥!"

众人下车后,再也不敢"坐军长开的车"了。大家边走,边编出了一个顺口溜:

> 刘军长,技术高,
>
> 开着车子往后跑,
>
> 不是石头大哥保,
>
> 百丈崖下全报销。

从此,刘震也再不敢握方向盘了,就是他想开车,也没人敢坐。结果,39军在向贵州、广西进军时,一路上山高林密,人烟稀少,道路崎岖狭窄,又加上连日阴雨连绵,道路崎岖泥泞,连马都经常掉进大山沟里。因此有马也不能骑,也不敢骑,弄不好会人带马坠入山涧。结果,刘震带着吴信泉、谭友林、李雪三这些军长、副军长们,每个人都是左手擎着一把破油纸伞,一手拄着一根大棍子,在这崇山峻岭里艰难地跋涉着时,战士们有的不知道"石头大哥把命保"的故事,说:"很奇怪呀!原来军长们开着吉普车一路飞驰,多潇洒呀,现在怎么成了这副样子呀?"

"是呀,他们怎么越胜利越这么寒碜呢?"

结果,就在他们一手擎着把破油纸伞,一手拄着大棍子经过身边时,几位战士向他们提意见了:"军长,我们觉得你们现在这副样子有损我军的形象!"

刘震军长一听,也实在是的,于是把破油纸伞一扔,淋着雨拄着棍子走。结果,他们每天都是天一亮出发,中午稍稍休息一下,一直走到黄昏才能宿营,然后洗脚、吃饭、收阅处理各师的来电,本来这之后可以休息了,可是刘军长因为走了一天,累地得神经衰弱,长时间不能入睡。翻越了苗岭后,他们几个军领导分路迅速南下,39军在广西纵横驰骋,破关斩将,先后解放了罗城、柳州、南宁,最后一直打到了中越边境的镇南关,自此,39军就留在镇南关一带剿匪。到达南宁后,除了一路上的战斗和胜利不说,几个军长、副军长哈哈大笑:

"先坐车后拄着棍子走路,一下子退到长征时候去了!"

9.空军司令员的空中惊险记

1949年,毛泽东决定组建人民空军这支新型的部队,任命第14兵团刘亚楼为司令员,刘震为副司令员兼39军军长。1950年,刘震为东北军区空军司令员并兼任志愿军空军司令员。他和刘亚楼一起指挥了著名的朝鲜空战。

在新中国空军组建之初,由于飞机和技术等原因,经常出现险情,刘震作为空军司令员也有过两次"空中惊险记"。

1952年12月8日,苏联空军廊日杜布英雄师在配合志愿军空军作战后在安东奉命准备回国。刘震在沈阳突然接到司令员刘亚楼打来的电话,说:"今晚8时在安东设宴欢送友军,此事本应由上级派人代表毛主席宴请并授奖,但因北京正下鹅毛大雪,飞机不能起飞,经请示主席批准,由你代表他主持欢送宴会,并给该师授奖。"

此时已是下午4时,离宴会时间只有四个小时,无论乘火车或汽车都不能赶到安东,于是他决定坐飞机去。

此时沈阳也正在下着鹅毛大雪,按飞行员的技术条件不能飞行,有人担心他的安全问题,刘震说:"事关重大,非准时到达安东不可,因此也只有这一条办法可行。"

刘震立即驱车去飞机场,对机组人员说:"先通知安东浪头机场把导航台打开,起飞后对准导航台直飞浪头机场,可不可以?"

机长说:"可以,只要着陆场天气好,是没有问题的。"

就这样,飞机冒着大雪强行起飞了。这是一架里-2运输机,预计一个小时就可飞达安东。飞机起飞时,因为还飘着鹅毛大雪,能见度很低,云也很低,升高到100多米,就进入了浓密的云层。飞机在有强烈颠簸的云中飞着,摇摆着,抖动着。刘震胆大艺高,说:"再往上。"

可飞机升到300米高度时,能见度更差,什么也看不见了。机长说:"司令员!现在天气变坏,没有把握,怎么办?"

他说:"你们飞到辽阳上空再看看。"

到那里后,他们果然从云隙中看清了地面,刘震又对机长说:"进山看看,但你们的飞行高度要高于山头500米,不要撞了山。"

就这样,他们飞了整整一个小时,可还没有到安东,刘震怀疑地说:"是不是迷了航?"

可机长也说不准,飞机只好又往前飞了半个小时,仍未到安东,这次刘司令员说:"肯定是迷航了,不能再往前飞。"

此时飞机已经飞到了图们江上,从云隙中,刘司令员看见了图们江大铁桥,立即问领航员:"怎么,没法复航?"

领航员说:"我们一直没搜到安东导航台的频率,无法定向,无线电也联络不通,无法精确判断飞机现在的位置。现在不知道飞机在什么位置,没法复航。"

这时,刘震着急了,连忙来到副驾驶的位置上,说:"千万不能飞到敌我空战空域,那是很大的危险,怎么办呢?"突然,他脑子里产生了一念头,说:"要是来一个右转弯,不就飞到朝鲜西海岸了吗?"

机长说:"我在耳机里收听到,有讲英语的,有讲俄语的,有讲汉语的,可能那里正在打空战。"

刘震说:"不管它!你按右转弯向西海岸飞,但不要飞出云层和雪外。"

为了预防万一,机长和飞行员商量把自己携带的降落伞让给首长,并事先给他讲讲使用的方法。机长刚把这个意思对司令员说了几句,他哈哈大笑,说:"你想干什么?要我当伞兵?真的到了那一步,你们应该跳下去,回去还可以驾飞机打仗。我下去干什么?叫人家当笑话说?"

幸好没有到那一步。飞机飞到朝鲜西海岸时,就看到了地标,刘震说:"如果在云层和雪飘中隐蔽,再来个右转弯向北飞,不就正好对准鸭绿江了吗?"谁知他和机长都大意了,前面的拉古哨是禁区,任何飞机一进入禁区,地面防空部队就要开炮的。

果然,他们飞入了拉古哨禁区,地面高炮防空部队见南边来了大飞机,说:"准是美国佬的轰炸机,立即做好一等准备。"幸好,高炮部队的团长指挥比较慎重,立即向志愿军空军司令部报告情况,请示处置,作战值班人员当即答复:"那架飞机是刘震司令员乘坐的运输机,由沈阳起飞后迷航了,你们千万不能打。"

就这样,他们又避免了危险。

飞行员由迷航到复航,心情比较兴奋。当刘震向机长指出前面就是鸭绿江大桥时,天色已快黑了,但找到鸭绿江口,安东机场也就在眼前了。他对机长说:"按正常情况绕场一周再落地,现在要对准浪头机场直接着陆。"

可是,飞行员因为太兴奋了,当飞机下滑到跑道头 100 多米高度时,还没把起落架放下,真是危险!幸好,空 4 师的机场信号员发觉,迅速打出红色信号弹,经过复飞处置后,这架运输机才安全着陆。

飞机落地后,苏军一位军长和师长廓日杜布迎上前来,同刘震热烈拥抱后,苏军军长说:"司令员同志,这次太冒险了!"

刘震说:"我奉命代表毛主席来欢送你们归国并授奖,冒险飞行很有意义呀!"

这次空中历险后,刘震还有一次乘机也是惊心动魄的。

1953 年的六七月间,东北军区空军的航空部队在郑家屯靶场搞一次实弹射击演习。刘震和军区空军苏联顾问切尔多夫将军去现场视察。这一次,他们坐苏制雅克-12飞机去。

雅克-12是一种小型的螺旋桨式的运输机,飞行速度很小,高度也飞不高。为了安全起见,空3师9团副团长林虎建议他们还是坐火车去,但刘震说:"火车太慢,耽误时间,还是乘飞机去。"

谁知这小飞机起飞时,他们还超载了一个人,除了刘震、顾问和秘书外,还带上了一名翻译。开始,飞行一切正常,刘震和顾问一面观赏风景,一面谈话,游兴颇浓。但好景不长,就在要飞越铁岭到四平之间的山区时,驾机的林虎突然发现发动机的汽缸头和滑油温度表在缓慢地上升,很快升到了最大的允许限度。他没别的办法,只好收小油门,使飞机转入小角度下滑,使发动机降温。当温度略有降低后,他又赶紧把飞机改作平飞,还企图用小角度恢复一点高度。因为下方就是千米的高山,可他维持了不久,温度又高了,他又得下降,高度越来越低了,距山头也越来越近了。苏联顾问是内行,很快发现了这个情况,有点沉不住气了。他用俄文、中文不断向林虎喊叫、指点,给他出主意。

可他又能有什么好主意呢?只能使林虎更加紧张,心里更乱,刘震立即通过翻译对顾问说:"林虎是个优秀的飞行员,我们相信他,让他自己处理吧,一切都会好的,你放心吧。"

这几句话使顾问不再喊叫了,林虎的头脑也清醒多了。于是他决定不沿直线航线飞行,而是避开山头,顺着大辽河河谷采用阶梯式下滑的方法,十分艰难地向前飞去,很快消耗完了原有的两千公尺高度,飞机被迫超低空飞行。最后关头到了,正在林虎盘算着迫降时,万幸的是,他看见了郑家屯靶场的简易机场,结果,当飞机一安全落地,发动机也关闭了。

飞机安全地着陆了,林虎一摸衣衫全汗湿了,全身无力,而洋顾问却在使劲地欢呼"呜啦"!刘震拍着林虎的肩膀,紧握着他的手说:"谢谢你啊,胜利总是我们的。"

就在这样的历险中,新中国空军不断成长,终于成为了空中雄鹰。

10.与吴法宪的恩怨

刘震是人民军队一员杰出的战将,可谓是战功累累。谁知他在"文化大革命"中却"栽"在"老战友"吴法宪的手下,受了好几年的冤屈。

刘震与吴法宪是多年的战友,据说还交情不错。

早在冀鲁豫支队时,刘震是1大队队长,吴法宪是支队政委。

1946年,新四军3师各部先后进驻东北后,东北民主联军总部命令副师长刘震和政治部主任吴法宪组建第2纵队,刘震为司令员,吴法宪为政委。当时东总和西满军区的意见,都是要刘震当司令员兼任党委书记。但是,刘震考虑,按我军传统,政委兼任党委书记比较顺理成章;同时,2纵团以上的领导骨干大都是原鄂豫皖、陕北的老红军。刘震是来自鄂豫皖的,政委吴法宪是来自中央苏区的。因此,他建议由吴兼任党委书记,说:"这样有利于把各方面的干部都团结起来。"

最后,东总和西满军区同意了他的意见。

在2纵和39军时,刘震和吴法宪两人共事多年。

刘震是一员猛将,打仗很有一套,在部队中威信非常高,但他对政委吴法宪很尊重。在纵队开干部会议时,他作报告后,总要征求政委意见,请他讲一讲。对于政委分管的政治工作,他也大力支持,因此在部下的眼中,司令员和政委,不论工作关系、同志感情都非常融洽。

但是,这并不是说刘震和吴法宪就是一团和气的。

在一些原则问题上,刘震和他还是"有斗争"的。1948年,2纵在黑土地上连续打了好几个大胜仗。钟伟率领的5师因战功突出,纪律有所松弛,一次他对军部要求上缴战利品——主要是武器装备,硬是拖着不上缴,要"留着自己用"。而吴法宪身为政委,对此无原则迁就。刘震打仗对钟伟很放手,对此违反纪律的事却并不放纵,对此大为生气,对吴法宪严肃批评后,亲自出面处理此事,派参谋朱鸿去5师说:"你去传达军党委的意见:要么上缴战利品,要么就地免职!"这下钟伟不敢了,问题较顺利地解决了。

随后,在新式整军运动中,刘震在纵队党委常委会上,首先对自己做了检查和自我批评。接着,他坦诚指出吴法宪原则性差,说:"对干部的错误,政委不是从政治上帮助,而是姑息迁就,采取讨好于人的做法。"结果,吴法宪在口头上作了检讨,表示要改正。在随后召开的纵队党委扩大会议上,党委书记吴法宪作报告,批评了抗拒上调缴获品的钟伟,也作了自我批评。

这场风波并没影响司令员和政委的关系,相反,此后据说他们的关系更加融洽。

全国解放后,他们一起来到了空军,吴法宪为空军政委,刘震为副司令员。孰不知此时吴法宪已成为了野心家林彪的手下大将,两人关系开始恶化。

1959年在庐山会议上,黄克诚因为彭德怀说了几句公道话也被打倒,在"反右倾"斗争中,吴法宪秉承林彪的意志,以刘震在新四军3师时是黄克诚的部下为名,以"彭黄死党"的罪名,说他是"贯彻彭黄打烂仗的思想"。此后,刘震虽是空军副司令员,却长期被排挤在空军党委之外。

1966年6月,吴法宪主持召开的空军党委三届十一次全会。会上,刘震和副司令员成钧等揭批吴法宪的错误,吴法宪立即以他们"在空军搞罢官夺权"的罪名以空军党委的名义上报。

9月12日,经国防部部长林彪批准,吴法宪令刘震、成钧停职反省。

1967年1月13日,江青根据林彪的意图,召集空军直属机关和空军院校万人大会,公开点名指使揪斗刘震和成钧。9月21日,吴法宪把持的空军党委常委会对刘震"罢官夺权"设立专案组,于是,批斗成了刘震的家常便饭。批斗后回到家时,他常常是鼻青脸肿,浑身泥巴。在一次批斗中,他两根肋骨被打断,并造成终身残疾。1969 年 10 月,刘震被押送河北藁城航校农场监督劳动。

1971 年九一三事件后,吴法宪作为林彪反革命集团主要分子因谋害毛泽东被逮捕,周恩来开始纠正"左"倾错误,落实干部政策。1972 年 4 月,周恩来陪同斯里兰卡总理西里玛沃到大连参观访问,他在大连棒锤岛一号楼会议室接见旅大市委常委和驻军领导。陪同接见的有沈阳军区司令员陈锡联等人。周恩来按着名单一个个询问情况,当问到空 3 军副政委彤剑时,他问道:"你了解不了解刘震同志?"

彤剑回答说:"我在下边工作,不大了解。"

这时,陈锡联指着杜博说:"问杜博,他是 39 军的,刘震的老部下。"

杜博立即站了起来,周恩来望着杜博说:"你谈谈刘震同志怎么样?"

杜博立即回答:"刘震司令能打仗,作战勇敢,指挥好,从东北解放战争到入关、渡江,解放广西,一直指挥 39 军作战。他每次战斗都深入到第一线营、团,甚至到一线连去了解敌情、地形;经常听取下级意见,关心下级;在军里威信很高,给下级作了表率,我们向他学习了很多东西……"

周恩来又问杜博:"你那时干什么工作?"

杜博说:"当炮兵营长。"

周恩来听罢,说:"刘震是个战将,中央要重新审理刘震同志的问题。"

接着,他问杜博了解不了解成钧,杜博回答不了解。陈锡联说:"我了解成钧,也是个战将,他给我当过纵队副司令。林彪不用这两位能打仗的人,叫吴法宪当空军司令,当然人们不服气嘛!"

周恩来在棒锤岛一番谈话后,刘震于 6 月回京治病,并随后出席了八一建军节招待会。《人民日报》公布此消息后,39 军上下奔走相告。不久,刘震恢复工作,到沈阳军区任副司令。

1979 年,刘震"罢官夺权"罪名得到了平反,而吴法宪被判了重刑。此时,有人以为刘震会"狠狠反击",然而,他却表现出高度的原则性和豁达的胸怀。

1981年秋,他的老部下王佐邦在鞍山汤岗子疗养,正巧刘震也在那里。一天傍晚两人散步时,王佐邦说:"老首长,30年前,华南分局书记兼中南军区政治部主任的陶铸对39军有一次评价,不知您知道不知道?"

刘震表示不知道。他说:"1951年冬,陶铸赴粤东视察,我随从也去了。在旅途中,陶铸说:论战功,数39军大,但它的名声没有另一个部队高。什么原因?主要是部队纪律不好。"

刘震听了后,说:"陶铸同志的批评非常中肯,今天仍有现实意义。为什么纪律不好?主要是因为部队骄傲,而在这个问题上,我这个军长没有带好头。"

让老部下王佐邦奇怪的是,他只字未提政委吴法宪的责任以及1948年夏他们那场斗争。

此时,正值平反冤假错案期间,个别在2纵受了处分的老部下找上门来,说自己是受了吴法宪的迫害,说吴是老反革命,是草包政委。刘震听了后,严肃地说:

"吴法宪反革命是后来的事,在2纵当政委时是革命的;也不能说他是草包政委,草包怎么能保证部队打胜仗!说党任命一个草包当政委,这不是给党脸上抹黑吗!"

刘震不以个人恩怨论是非的凛然正气,并且为吴说了公道话,深深感动了听者。

11.你一定要来送我到八宝山去

1992年4月,39军的老军长、刘震的老战友吴信泉去世。

39军的战友们在北京八宝山沉痛地送走了吴信泉。随后,众人回到了在公主坟的新兴宾馆会议厅里,刘震笑着对老部下杜博说:

"杜博,你还年轻,等我死了的时候,你要来北京送我到八宝山去。"

杜博马上站起来回答说:"老司令,你身体挺好,哪能走呢?真有那一天,我一定来看你。"

这时,在座的人都哈哈大笑起来。可是谁也没曾料到,仅仅过了四个月后,8月20日,战功赫赫的刘震竟然与世长辞了。

杜博怀着极其沉痛的心情,从大连乘飞机赶到北京,参加了悼念仪式活动。

中将皮定均

1.看见牛养得不好就发脾气

皮定均出生于大别山下的金寨县五乡。皮家祖祖辈辈都是老实的穷苦农民，他生下来后，不到六个月，父亲就一病而去，家里一贫如洗。为了糊口，他的爷爷要把年轻的寡妇母亲卖掉，结果，在一个黑夜，母亲流着泪弃子离家，逃到几十里之外的古碑镇，被小石桥村一个姓邬的男人收留，两人就住在一起成了个家。小小的皮定均没爹没娘，靠奶奶抚养，在他八岁时金寨县发生大饥荒，奶奶也饿死。从此，皮家只剩下他和爷爷，还有一个比他长两岁的哥哥，祖孙三人相依为命，苦度时光。但是，祸不单行。不久，大他两岁的哥哥也活活饿死，偌大的皮家六口人只剩下他和爷爷两人，艰难苦度岁月。

皮定均没有饿死，就是因为在祖母死了后，爷爷把他送去为地主放牛，才活下一条命。久而久之，他成为了当地放牛"高手"，他放牛很有一套方法，他在小棍头上拴段麻绳，绳头绑个石子，用力一甩，牛要是跑去偷吃庄稼，一听这甩响，就会乖乖地缩回脚来，并且，再凶悍的大犍牛到了他的手上，也会变得乖乖的。在放牛时，他想去偷偷地和孩子们玩一会儿，就把牛聚在一起，赶到水塘里，大热天，牛一进水塘就像娃娃进了浴盆，恋着不走。他便和顽童们一起下塘摸虾糊口，他个头小，别人劝他小心，可他偏要往深水里跑，玩够了，他才吆喝着黄牛回牛棚。皮定均自小生性好强,凡事都有一股不服输的倔劲,他个子不高,由于消瘦,颧骨显得很高,并且嘴唇向外翘着,这倒与他那副好斗、要强的性格很匹配。

他是大别山下众多穷苦孩子中的一个,一直没有人注意过他,皮定均他到底几岁,出生于何年,别人不知道,他自己也不知道。他参加革命时,只是依稀记得爷爷说过自己属蛇,才约摸推算出个年龄。

皮定均自小孤苦伶仃,几乎就是在牛棚里长大,白天和黄牛在一起,冬夜和小牛相偎取暖,因此,他对牛有着一般人所没有的特殊感情。全国解放后,他当了军区的司令员,每当到部队农场视察,看到牛养得不够好时,他就怒火三丈,总要大发雷霆。

2.让他"混"进红军的少林团长之谜

皮定均虽然后来成为我军的大司令员,但他参军并不"很光彩"的,竟然是在一位少林和尚出身的红军团长眼皮底下"混"进的。

1929年2月,他当上金寨县五乡童子团中队长。不久,调到英山县当县童子团团长,领导上千名红小鬼,站岗、放哨、检查坏人。后来他说:"我这就相当于是带兵的预备期。"

不久,红军扩编,皮定均立即报名参军。

在县苏维埃召开群众大会的广场上,报名入伍的青年站成一长列。入伍的条件非常简单,能够经得住红军团长的一拳头就算验上录取了。这位团长参加红军以前是少林寺的和尚,练出了一身好武功,他那一拳打出去足足有二三百斤重,入伍的青年必须不能倒地。他一个挨一个地当胸一拳,不少人向后倒下落选了。皮定均从小忍饥挨饿,身材矮小单薄,哪经得起他这一重拳?但是机灵的他有办法,快要轮到他的时候,他把两边的大块头一拉,向后一闪,往前挪了个位置。这居然没被和尚团长发现。就这样,他就"验"上了,参加了红军。

全国解放后,他回忆自己参加革命经历时说起了这个故事,"老领导"刘伯承哈哈大笑:

"那和尚团长是不是许世友啊?居然让你'混'进了红军队伍!"

但是,皮定均对此笑而不言。

后来,他的妻子张烽再次追问这件事,他还是笑而不答,只是含含糊糊地说了句:"反正是位少林和尚,拳头很重的。"并且脸红红的,好像很不光彩似的。

老家也是大别山下的并且在少林寺习武八年的许世友上将听说此事后,也不说出当事人是不是自己,说:"少林和尚怎么的呀?如果没让他'混'进来,我军还少了位将军呢!"

3.年纪小、个子矮耽误了提拔

皮定均个子不高。

1929 年,他参加红军时,只有十多岁,人又小又瘦,个子更是矮矮的。

皮定均参加红军后,班长交给他一支枪,严肃地说:"这是支新枪,你要用它多打几个胜仗!"

这是支"奉天造",皮定均人还没枪高,随即,他把大枪往肩上一扛,压得他顿时把脖子一缩:"这枪不轻呀!"但他摸着蓝荧荧的枪身,说:"班长,我会像驯服大悍牛牸一样驯服它!"

皮定均是全班最小的战士,同志们称他为"小伙"。

随即,他随红四方面军主力撤出鄂豫皖苏区转移去四川,开始了长征。

一路上,他扛着沉重的"奉天造",渡汉水,翻大巴山,长途行军,就在行军中,他学会了打仗。每次战斗一打响,小小年纪又小个子他变便跟着副班长,迎着发出尖利呼啸的子弹,向着硝烟弥漫的阵地冲过去。尽管前后左右,子弹"噗噗"作响,身边的战友不时倒下,但他仍义无反顾,勇往直前。在打通江县城一仗中,他赢得了"作战勇敢"的奖励。

在每次战斗中,部队都要付出很大的牺牲,他所在班、排、连从干部到战士,不断地牺牲,不断地更换,他的班长、副班长、班里的许多战士相继在他身边倒下去,但他只负过伤,没倒下过。在宜汉战役中,他负了伤,硬是不离队,捂住伤口跟着行军,结果,在行军路上,他竟然把伤口捂着捂着"养"好了。后来他回顾自己当红军之初的情形时说:"当时红军,只要不怕死、能冲锋、作战勇敢走路跟得上,就是好战士。"

而事实上,他就是这种战士,快到陕北时,一下从排长升为连长、营长、团长,像春夜竹笋拔节一样"呼呼"地连提了好几级。对此,他的上级领导说:"以前你个子太矮,年纪又小,人没枪高当个连长营长的,像个乳臭未干的小孩子,哪能带兵打仗?现在人矮,年纪来了,不提你这样打仗勇敢的,那提拔谁呀?"

皮定均开玩笑说:"嗨,没想到因为这个子矮,还耽误了我提拔好几年。"

4.两次当教官"臭名远扬"

皮定均是一位杰出的战将,他的才华是在浴血奋战的疆场上体现出来的,但偏偏他有过两次当教官的经过,他说:"我两次当教官,两次臭名远扬,一次比一次名气大,简直丢死人了。"

他说的此话不假,丢人之事也名副其实。

（1）演习演砸了

皮定均本来是打仗出身的，没什么文化，可以说是斗大的字儿认识他，他却不认识。谁知 1936 年 1 月，他偏偏被提拔到了红军大学某分校任教导师 2 团团长，当起了培育指挥员的红军教官。

接到任命时，他开始还有点担心："我能当好这教官么？"可随后一想，这有什么大了不起的，总比打仗要脑袋容易些吧，结果，他虽在军事技术训练上还不在行，也不太懂，但却很自信地上任了。

不久，他就要主持夜间团进攻演习了。演习前，主任军事教员阎捷三问他：

"今天这个演习，怎么个搞法？"

他回答说："你别管，这个咱在行！"

主任军事教员阎捷三来自中央红军大学，在瑞金时就任教多年，还当过师参谋长，在理论上和实践上均颇见长，见他如此自信，便也没有多问。

结果，皮定均的这次演习一塌糊涂！

演习前，他既没教案，也没去看地形，只是心里大概地"有个谱"，并且他的这个"谱"就是人海战术，冲锋号一吹带着战士们"呼啦啦"地往前冲。演习开始了，他把队伍带到山坡上，对着山坡下面的洼地，然后指着洼地后边的山头，说："就冲上那个山头！"接着下令吹冲锋号，发起了冲锋。结果，冲锋号吹得很响，山鸣谷应。可是队伍冲到洼地就怎么也冲不动了。原来洼地上有薄冰，薄冰下全是烂泥，几百人全滚了一身泥，好不容易才退回来，一个个冻得直哆嗦，全团上下都成了"泥军"。部队也没冲上去，但皮定均把队伍集合起来，还是嘴上挺硬地说：

"记住，就是要这样搞！"

可是回到驻地后，教官阎捷三来了，他婉转地说："皮团长，如果预先看看地形，把道路搞好，那不是更好吗？"

这时他才恍然大悟,说:"对对,难怪部队没冲上去呢!以后再搞,一定要侦察,先了解情况。"

尽管如此,教导 2 团演习成了"泥团"的事还是传了出去。

皮定均与阎捷三相处只有几个月。不久,皮定均调到前方,阎捷三留在学校。他们一别数十载,音信断绝。"文化大革命"中,阎捷三从后勤学院政委的岗位上被"拉"下来"发配"到关中。他的儿子阎步兵在农村插队,想去参军。阎捷三给山西一位政委写信,叫妻子带上信领上儿子迢迢去太原,信传进去了,但人被挡在传达室,吃了闭门羹。接着,阎捷三又一口气写了三封信给一起进军两广在一个纵队的三个"老伙计",谁知这三封信全都被三位身居要职的"老伙计"退回来。他不敢再贸然写信了,脑子里一一搜索、回忆一起共过事的人,忽然想起当年在红军大学共过事的皮定均,又兴冲冲地要妻子揣上书信领上儿子,乘车去兰州。这回阎步兵没有失望,并且当了汽车兵,皮定均还请他们母子俩吃了顿饭。多少年后,阎捷三还说起这件事:"那些人是要升官的,皮定均不是。很少有这样正直的人。"

但是,皮定均听到此言后,说:"我这是'走后门',其他人没什么错的。"

这是皮定均与阎捷三的后话。

这次演习演"砸"了后,在红军大学,皮定均"臭名远扬",几个月都不好意思见人,于是,他开始了识字学文化,说:"没有文化,光知道死打硬拼不行。"

(2)"过筛子"

全面抗战爆发后,1937 年底到 1938 年底,皮定均又被调到刘伯承 129 师随营学校任 1 营营长。谁知他在随营学校又出了名——他训练学员跳木马,推了一巴掌,把一个学员的睾丸"卡"碎了。

随营学校设在太行山南麓一个乡村,下设 1、2、3、4 营。学校继承了

"红大"的传统,经常进行政治、军事、文化、体育各项竞赛。皮定均是个不甘落后一步的人,每项比赛必争第一,倘若某一项优胜红旗被兄弟营扛走了,他会从天灵盖上蹿火苗子。但那幸运的光环并不总照到他的头上,一次体育比赛,优胜红旗被2营扛走了,皮定均1营输掉的原因是木马拉了成绩。

就在开授旗大会的那天晚上,皮定均把全营带到大操场,在月光下开始训话:

"我们有些同志不怕和鬼子拼刺刀,就是怕那么一截子木马,木马有什么可怕?它不咬人,不翘蹶子。胆小鬼!我先给同志们做个示范动作——"

随即,几位战士把木马抬到队前。这个木马没有软垫,但有个沙坑。弹跳板是用板子做的,没多少弹性,踏上去动静倒是蛮大。皮定均走到离木马十几步远的位置,起步、助跑、腾空双手一点,一个燕子展翅,双腿一收,稳稳当当利利索索地落在沙坑里。

队伍里发出赞叹声。

"今天是人人过关,非跳过去不可!"皮定均做了示范后,发出了命令。

过关"筛"练开始了。教练员就是皮定均自己。他站在木马旁边,下着口令。

在这月夜,夺得优胜红旗的2营营长、教导员也没睡觉,知道对手实力不可忽视,皮定均一动,他们也悄悄跟出来,结果,远远地站在一棵杨树下,注意着1营的举动,2营长风趣地说:"皮老驴今天是豁出去了。"

皮定均带着全营几百人,不厌其烦地一个一个地过"筛"。操场上,不时响着皮营长的口令和学员们的助跑声,偶尔还夹杂着"啪"地一声响——那是他在畏缩不前的学员们屁股上猛推一掌发出的响声。开始时,附近山头上还有练拔音的号兵用悠扬的号声为他们伴奏,渐渐,远远近近的号音都没了,夜深人静,只有漳河流水格外地响。1营"过关"的队伍在缩短,过了关的便松口气,回营房睡觉去了。到半夜时,还剩下一个班,又过了一会,就剩下几个学员了。2营的两个"头头"在树阴下站了大半宿,都接连地打哈欠,教导员朱玉学说了声:"凉了一身露水。算了,回去睡觉吧。"便和营长一起绕着操场回宿舍。

操场上,皮定均最后"筛"下来的几个学员确实有些"笨",小小的木马横竖是跳不过去,特别是其中的一个叫"胖墩"的战士,从踏板上一跳起来就摔个屁股朝天,一次,他身子躬成个虾,再助跑,再跳起,看起来步骤、架势都对了,还是从空中"啪嗒"一声落在了木马中央。

"再来——"皮定均说。

再来还是过不去,并且步骤、架势越来越乱了。

皮定均心里憋着火,当"胖墩"又一次从踏板上跳起来,屁股稍稍往外一撅时,他照着屁股蛋着着实实地推了一掌。这一掌挺灵,"胖墩"没往上蹿,倒是朝前去了,谁知他在空中突然把身子收住,"啪"地一声,不偏不倚,他胯档卡在木马头上了。这木马是硬木做的,不像制式器材包裹着软皮,只听他"唉哟"一声,双手捂着胯裆就滚落到沙坑里,额头顿时冒出一片汗珠子,痛苦不堪。

但皮定均并没因为一个学员卡着而改变决心,说:"把他送到卫生所去。"然后,继续对剩下的学员"下小灶"。直到启明星从东面的将军岭上升起来,他才终于把最后几个"笨兵"推过去了,然后,拍拍手,说:"跳木马这玩意儿,只要跳过去一次,也就摸到了要领。"

兵走了,他却没回宿舍,而是直接去卫生所,看望卡伤了的学员。可是他一到卫生所,却吓了一大跳,护士告诉他说,那个学员的右边睾丸卡碎了,已经送往师医院。他一下子愣住了:要是"断"了他根,自己可是大罪人啊!幸好这位"胖墩"战士不久痊愈出院,一点事儿都没有。

"好么,为了跳木马,争红旗,皮定均同志一巴掌把学员的睾丸卡碎了,这真是咱们八路军的特大新闻!"刘伯承师长在全师机关干部和团以上干部大会上这样点了皮定均的名。

整个会场哄堂大笑。

结果,这条新闻传遍了太行山南麓的角角落落。

不管怎么说,最终那体育竞赛的优胜红旗还是被皮定均扛走了。不久,经慧眼识才的刘伯承提名,皮定均擢升为129师特务团团长。

5.要枪毙警卫连长

皮定均上任特务团长不久,就向刘伯承师长提出一项特别申报:要枪毙他的警卫连长。

原来是警卫连长在战斗中"怕死"。

一次,皮定均从情报中得知,一个日军"扫荡"中队进山要从某山谷里通过。为了这场伏击,他硬是把自己关在屋子里整整一天没出门,伏在地图上绞尽脑汁,然后想出了个"口袋阵"。山谷两个前后相连是山头,相距200米。他在后山头布置团指挥所,前山头布置为警卫连阵地,警卫连前面是一条沟,两侧山脊背后则埋伏着团主力。他的具体战术是:日军钻进山谷,警卫连迎头阻击,两侧伏兵听到警卫连的枪声立即投入战斗,一个连队迅速截断山谷的出口。这个为日军设下的"伏击阵"如果没大意外,可以说是"万无一失"的。

结果,日军也如他想象的,如期进了山谷。战斗就要打响了,他在指挥所等待着,准备临场指挥。谁知侦察员突然报告:

"团长,鬼子上来了!"

"好呀!叫警卫连准备战斗!"皮定均发出了命令。

"团长,他们已越过警卫连阵地,朝我们指挥所来了,你看,到眼前了!"侦察员着急地说。

皮定均大感奇怪,枪声未响,敌人怎么出现在指挥所面前呢?他抬头一看,日军举着膏药旗,军官挥动着军刀,果然已越过警卫连的阻击阵地,气势汹汹地朝指挥所压来。警卫连到哪里去了?为什么没有开火?

他已经顾不了多想,果断地下了命令:

"撤!"

部队没有伤亡,集结起来了,当然也包括擅自撤离战场的警卫连长。

原来这位警卫连长是前不久从北平来到太行山的。他过去从事地下斗争,是几个连长中唯一的大学生,但他以前没打过仗,当日军出现在他面前时,一紧张,全乱套了,结果他本想说"打"却在嘴上说成了"撤",带着队伍鞋底抹油般地溜了。等他清醒过来时,才知道闯了大祸。皮定均弄清楚是怎么回事后,说:"临阵脱逃,枪毙!"

随即,他把枪毙他的报告呈报到了师部。师长刘伯承一看,把报告放在桌上,说:"你要枪毙这个连长?"

"是呀! 他怕死,临阵脱逃。"

但刘伯承没有表示首肯,也没有表示反对,问道:"你参军几年了?"

"十年。"

"你一当兵就会打仗么?"

他没有马上回答。停了一阵,说道:

"他这是怕死。"

"话不能这么说。"刘伯承站起来,"头一回打仗,这种心理是可以理解的,不能就说是怕死,也不能说是临阵脱逃,打上两仗就好了。一个知识分子从北平、从上海经历千辛万苦,穿过封锁线,来到我们这里,怎么轻易说人家怕死呢? 我听徐向前副师长说,当初他初到大别山,组织起头一个农军师时,也是伏击敌人,敌人的枪炮一响,农军拖着枪全跑光了,阵地上只剩下他一个人。后来大别山的儿女成了胜利之师。头一仗就是这样一仗呀。那些逃跑的农军神智清醒过来,重新集结,再也没有发生过类似情形。这就是发生在你的家乡的事啊。这有什么奇怪呢? 从一个学生到一个指挥员,比从一个农友到一个指挥员,更有一番艰苦的历程。我们需要知识分子。我们需要成百上千的知识分子。"

说罢,刘伯承把桌子上的那份报告还给他:"回去吧。"

皮定均的气消了,回去后对参谋长高体乾说:"我看到了自己作为一个指挥员在思想水平上巨大的差距。"

6.《新华日报》预留版面报道皮定均

1939 年 7 月初,日军重兵侵犯太行山南段抗日根据地,占领涉县、黎城等县城,企图打通邯长大道,把 129 师"挤"出去。在强敌咄咄逼人的锋芒前,刘伯承率领 129 师主力跳到外线,在根据地只留下了皮定均和特务团,保卫根据地的千钧重担落在皮定均双肩上。他第一次承担起具有全局性质的任务。

结果,他面对 30 倍于己的强敌,进行了持续五个月之久的战斗。

(1)

日军侵占涉县城后的第五天,即 1939 年 7 月 12 日,皮定均打响了头一仗。

这一天大雨滂沱,皮定均率领特务团 1 营经过一天强行军,黄昏时分到达了涉县城西北的岭后村,准备宿营。队伍正要解散时,侦察排长跑来报告说:"300 多名鬼子从涉县城渡过清漳河,驻在河南店。"

皮定均灵机一动,问道:"是不是下雨河水暴涨,把他们与涉县城的主力隔开了呀?"

"应该是的,不然他们是没这么大胆子!"

"好!"皮定均立即下决心,"消灭这支孤军。"

可他这个决心是实在过于大胆的。论兵力,敌人是 300 人,他仅有一个营。双方旗鼓相当。而日军战斗力是很强的,好枪好子弹,还有威力无穷的小钢炮。这可是一场硬仗。但他认为这股敌兵背靠清漳河,县城之敌无法增援,天下大雨,又是黑夜,眼下是消灭这股敌人的最好机会。艺高胆大的他立即把三个连长召集起来,说:"要是等雨停了,河水一落,仗就打不成了。我们马上来个突然袭击。"

随即,他命令1营长率领3连消灭日军在河南店村头土地庙里的排哨,3连长率3排贴着清漳河"卡"住河南店两头。而他自己率领1连2连直扑住在骡马大店里的日军主力。听说要打仗,从河南店逃出来的难民主动带路。瓢泼大雨中,他们一溜下坡,就神不知鬼不觉地摸到了河南店背后。

1营长偷袭土地庙日军排哨,一上去就摸掉了站岗的哨兵,架上机枪对准庙门,然后营长握着驳壳枪伏在机枪旁。3连长在村南村北贴着河边也布好阵势。他们都等待着团长发起战斗的枪声。

皮定均打起仗来很少用手枪,总是用一支马枪,他嫌驳壳枪不能拼刺刀,而他那支马枪声音特别清脆,离几里地都能听到。可这一次营长、3连长伏在泥水里,那枪声却迟迟不来,结果急得他们握着枪的手都出汗了。

原来,皮团长遇到了难题。

此刻,他伏在骡马大店墙头上,前面一间屋里亮着灯,灯影里一个日军军官和两个伪军头目醉在八仙桌上,桌面上狼藉着残酒剩菜。八仙桌旁一个中年妇女被捆在凳子上,窗外的一棵大槐树下还有五个难民被捆在树干上垂着头。这几个老乡使皮定均为难起来。要救他们,就可能被日军发觉,突袭战就不成了。此刻他们兵力是一比一,不搞突袭,就十分危险。因为日军的战斗力很强,只要他们一清醒过来反扑,皮定均不仅可能消灭不了他们,反而可能会造成被动。但是,他还是没有举起马枪,发出进攻的信号。

皮定均决心救出难民。他悄悄命令侦察排长先摸到那间屋门外,说:"枪一响就冲进去,救出妇女。"

"是!"

侦察排长正要走,又被他拉住说:"不准向亮灯的屋子投掷手榴弹,别伤着五个受难的同胞。"

侦察排长摸到了门边,这时皮定均瞄着伏在八仙桌上的日军军官的天灵盖扣动了扳机,"砰——"一声清脆的枪响冲破夜空,随即,手榴弹的爆炸声就像山区磨子雷似的在河南店滚动起来,机枪声、步枪声、冲锋的喊杀声四处响起。

在突然袭击中,300多名日军兵一半在梦中糊里糊涂地见"天皇"去了,剩下的立即向着没有响枪的河滩撤退。可他们一爬上河堤,万万没想到的是,河滩上突然落下了迫击炮弹和机枪子弹——迫击炮是对岸的"自己人"打过来的,机枪,有对岸打的,也有皮定均布置的1营和3连长侧射来的。关于此时的情景,几天以后《新华日报》发表的一篇通讯中,有这样的描述:

> ……(皮团长)做了周密灵巧的部署,企图把敌人压到河边让涉县敌人的机枪来扫射他们自己。结果目的达到了。在那天晚上,敌人死在我们的枪弹和机关枪下的有140人之多。

其余的敌人也并没有逃脱,他们根本不知道,山洪暴发的清漳河是无法泅渡的。洪水消退以后,日军暴尸百里。踞守在河南店的300多日军兵被全部歼灭,企图打通邯长线的敌人遭到当头一棒。

皮定均出手不凡,首战即胜。

(2)

日军也不是吃素的,很快摸清了与他们周旋的是只有1000多人的皮定均特务团。于是,发疯似地开始了追击和"围剿"。

这时正是夏秋之际,老天爷不知怎么的,天天不断下雨,道路泥泞,结果,皮定均和特务团食不果腹,没有鞋穿,还得在暴雨中日夜移动,一次他们在大山里转了五天五夜,被追得只能在雨中合一下眼,然后又走。

但他们用这种办法躲过敌人劈面打来的重拳后，又开始了频繁出击，与日军较起了劲。

结果，特务团上《新华日报》报道的就有好几仗：

9月2日夜，在涉县偏店镇，皮定均指挥两个连摸上鬼子住的小学校的房顶。因战士们天天吃野菜、黑豆，老是放屁，而且声音很大。战斗打响前，一个战士突然放了个响屁，结果被鬼子发觉了，仓促间，鬼子用热水往上泼，皮定均一声喊："扔手榴弹！"他们一连打出64颗手榴弹，结果打死20多个鬼子，还毁了四辆汽车。

9月5日，特务团从涉县移兵黎城县，发动游击战，弄得鬼子追着跑，结果，特务团活捉十名鬼子。

9月18日，七八百鬼子向特务团某连进攻，该连打死40多个鬼子，跳出包围圈。不久，另一连又与1800名准备进攻西井的鬼子相遇，激战了一天，这场意外之战使得鬼子进攻西井的计划夭折。

在根据地活动的五个月中，皮定均率领特务团与30倍于己的日军作战110次，自身伤亡很小。日军伤亡726名，消耗炮弹5000发、子弹50万发，特务团缴获汽车17辆、机枪一挺、步枪39支、骡马16匹、电线7000斤、电杆150根。日军重兵侵犯太行山南段抗日根据地，最后只占据黎城县一座空城。

12月23日，皮定均又一举收复了黎城。

(3)

收复黎城胜利的消息传出后，当天，刘伯承打电话给师政治部，说："给你们布置一篇特别的通讯写作任务。"

"写什么？"政治部主任问。

"就写特务团的皮定均,限定一周交卷。"

交代完政治部后,刘伯承又亲自打电话给《新华日报》太行版社长说:"你们要留出充裕的版面。下周一,上皮定均的事迹。"

七天后,一篇洋洋万言的《皮定均和黎城群众》刊登在《新华日报》太行版最显赫的版面上。报纸到了特务团后,皮定均"嘿嘿"一笑,说:

"这次登报总算把以前当教官的坏影响抵消了些。"

这次皮定均在根据地内部牵制敌人的成功,为在1947年刘伯承中原突围再次留他守根据地埋下了伏笔。1940年2月,皮定均到太行山五分区走马上任,担任司令员的职务。

7.皮老驴、皮猴子、皮老虎

皮定均一生有许多绰号,其中三个最出名,一个是"皮老驴",一个是"皮猴子",还一个是"皮老虎"。这三个绰号都传得很远,可以说尽人皆知,并且这三个绰号都有来历。

(1)

"皮老驴"这个绰号,是在红军时战友们送给皮定均的,主要是他性格像老驴那样犟,认准了道儿从不会拐弯的,因此得此"美名"。

这"美名"是伴随着皮定均"会打仗"的事迹一起传扬的。因此传得已经够广的,可他满不在乎,谁叫都应,也不生气,结果,在红军中没有不知道他这"皮老驴"美名的。

可是,后来,他在129师当了团长后,按照规定可以配备坐骑了,谁知他竟然战马不要,而偏偏要了匹老驴子,有事没事的,外出时总是骑着它,好像有意要验证"皮老驴"这个绰号似的,结果,连太行山区的老百姓都知道了八路军中有个外号叫"皮老驴"的团长。熟悉他的一些年长的人干脆不叫他什么团长,随口就叫"皮老驴",甚至还有的"皮"字都不带了,"老驴""老驴"地叫。

对此,这位才二十四五岁的团长也不计较。

(2)

谁知皮定均在太行山五分区走马上任、担任司令员后,又得了个绰号——"皮猴子"。

这个名字的来由,是有个故事的。

百团大战前夕,一天,刘伯承师长给了五分区一项任务,把武安城里的兵力、火力部署摸清楚,准备打武安。皮定均一接受任务,就要亲自化装进城去侦察。金传华是他的老部下,以前在特务团时当过连长、营长,当时是五分区34团1营营长,他十分了解这位年轻的"老上级"的脾气,心想他已经是"分区司令"了,怎么还动不动就亲自到第一线呢?立即从驻地跑到司令部见司令员。

"你怎么跑来了?"皮定均问。

"听说要打武安,师部要情况要得紧,你是不是自己要去侦察?"

皮定均笑了。

"你不能去。你是个司令员,出了问题怎么办呢?"

皮定均仍没表态。

金传华见自己的劝阻没生效,立即跑到34团团部向团长求援。团长笑道:"你跟他这么久了,还不了解他呀!"

金传华说:"我当然了解他,他是头'老驴'。"

但他还是不甘心,觉得司令员进城去捉俘房太冒险了,也不符合组织规定,于是又打电话给分区司令部的值班参谋,希望他们劝阻,并扬言:"如果分区司令部不劝阻,我就给师部打电话。"

值班参谋说:"来不及了,皮司令已经走了。不要给师部打电话了。"

此刻,皮定均化装成老百姓,正骑着头毛驴向县城缓缓而去,进入了城门了。

金传华急了,心想皮司令在附近十多个县里名气很大,许多人认识他,他还是当特务团长时就在日军那里"挂了号"的,现在单枪匹马地进城,万一被人认出来问题就大了!他也顾不了许多,立即喊上几个侦察员化装,跑到城东门外准备接应,又对几个侦察员说:"你们进城去暗中保护司令员。"

然后,他自己带上一个班,在东门外的山上用望远镜观察动静。结果,他足足举了一个多钟头的望远镜,才看到司令员从城里出来了:他骑着毛驴,前面还有个牵牲口的,不慌不忙,不紧不慢地从城门外的哨兵身边走过。不大工夫,他离城几百米远了。金传华放下心来,刚要放下望远镜,忽见一队日军冲出东门。

此刻,金传华派在东门外负责接应的侦察员立即行动,突然放了一枪,日军立即转头追赶侦察员,双方捉起了迷藏,但很快发现上当了,日军少佐拿着望远镜搜索,发现驴背骑士优哉优哉已经到了半山腰,随即,又拐进了山凹。

皮定均骑着老驴翻上山梁,一抬头,看见了埋伏在此的金传华和侦察员们,有些诧异,问道:

"你在这里干什么?"

"我在这里看你。"金传华怒气冲冲地大声回答。

"你怎么知道了?"

"我怎么不知道呢!"金传华仍然怒气不减。可当他再认真看一眼司令员时,禁不住被他那一身滑稽打扮逗得"嘿嘿嘿"地大笑起来了。

原来,此刻皮定均身着黑缎子长袍,手拿罗汉珠文明棍,鼻梁上架着金丝边眼镜,完全是乡绅打扮,还正骑在那头老驴子上一闪一闪的,就这么瘦小的他,把这头破老驴子还压得"呼哧呼哧"地喘着气儿,一副快要

"压死"的样子。

这副样子完全和西班牙名著《堂·吉诃德》中的背着长矛的瘦弱老头堂吉诃德和他那匹"驽子难得"破老驴差不了多少!

金传华一笑,他手下的那些战士也忍俊不禁跟着笑得腰都直不起来了。

谁知皮定均顺利完成了任务后正感到得意之时,此事被刘伯承听说了,他很恼火,把皮定均叫去,严厉地说:

"你一个分区司令员,单枪匹马钻到敌人窝里去,这是冒险,这是失职,这是出风头!"

这次他把皮定均骂了个狗血淋头。

可是在百团大战中,师部又叫五分区抓个日军"舌头"上送师部。皮定均又痒痒了,他带上侦察队长和两个侦察兵,化了装,翻过老爷山,到铁路线上摸了半夜,抓回一个日本兵,送到师部。事后,刘伯承又打电话给皮定均:

"'舌头'是你亲自抓回来的?"

"嗯,师长……"

"抓'舌头'这是侦察兵的事,你是个司令员,交给你的是一个分区,不是叫你当个好侦察兵!你这个皮猴子!"

"咔哒"一声,那边电话撂了,定均拿着话筒里愣在那里,里面只剩下丝丝的电流声。

自这以后,"皮猴子"这个绰号又传开了。

这是他一生中第二个绰号。他这个绰号能够流传,除了这件抓"舌头"的事情外,还因与他"有着猴子的特性"有关,一是他办事有着猴子般的灵活性;二是好动,"静不下来",常常亲临第一线;三是他人比较单瘦,像个"瘦猴子"。

(3)

"皮老虎"是他第三个绰号。

这绰号来源于他的"老虎脾气"。

皮定均是员虎将,脾气也大,他一发脾气,常常使人害怕。

1945年王山突围后,皮定均率部急转南下,夜行50里直插荟萃山,突然,他又一个回马枪,疾行百里,出现在箕山脚下,围住了国民党登封县党部杨香亭自卫团占据的重镇——关湾寨。此时"扫荡"的日军、顽军都已撤回各县,他一到城下就立即进行强攻。杨香亭是当地的大土匪,他手下的自卫团一下子闹不明白众多的八路军是从天上掉下来的还是从地下钻出来的,枪声一响,寨墙上就挂出了一面白旗摇动着。

有战士喊:"摇白旗了,要投降了。"

皮定均也看到了白旗,下令:"停止进攻。"

随即,5连连长屈中怀从阵地上站了起来,准备进寨接受守敌的投降。可是,寨墙上突然"哒哒哒"响起枪声。屈中怀当即被击中,倒在了地上!

原来,敌人是诈降。

皮定均一下子被激怒了:

"架炮,给我打!我一个兵也不扩了。"

原来他还想把这批自卫团收编为八路军呢,这下他什么也不要了,三门迫击炮被他亲自带头推着对准小寨子就是一阵猛轰,十多发炮弹飞出,一批着地爆炸,一批又冲出炮膛,平时珍贵得不得了的炮弹,被皮定均像扔废铁似的打出。关湾寨被浓烟吞噬了,浓烟中闪烁着爆炸的火光。当硝烟消散时,寨子不见了,房子倒坍了,残存的墙壁上到处都是血。

此刻部队从上到下都红了眼。

停止炮击后,排长谭邹东带领战士冲进去,端着机枪对企图逃跑的敌兵横扫。地下党员郑梦彪举着两手,对向他冲过来的一个战士大喊:"我是地下党员!"那战士才猛醒,那离郑梦彪的心窝只有几厘米的刺刀缩了回来。

战斗结束后,只捉了两个俘虏,一个是分队长,一个是书记官。郑梦彪向皮定均讲情说：

"皮司令,这个面子得给我,俘虏不要杀。"

"他们诈降,这是为公法所不容的,一个不留毙了！"

这种情形,在皮定均的征战史上是头一次,也是最后一次。结果,他"皮老虎"的名字就传出去了。

皮定均不讲情面,在解放后又有了"新传"。

一次他到某师看战士演出队演出,时间定在晚8点开演。8点到了,演出却因某领导来晚了还没开幕。皮定均站起身, 对陪他看戏的师长说:"你们是战士演出队,给战士演出,叫战士遵守时间,你们不遵守时间,不看了！"说完就走了,把几个师领导晾在那里。

第二天,师里再请皮定均看演出,准8点开幕,一分钟不差。

8.反"五一大扫荡"

1942 年 5 月 1 日,日军对华北各抗日根据地发动空前规模的大"扫荡",出动兵力之多,"扫荡"时间之长,手段之残暴,都是空前的。在这次反"五一大扫荡"中,皮定均又担当反"扫荡"的先锋和主角。

(1)

1942 年 6 月初,129 师机关和师直属队在黄岩村陷入 15000 名日军合围,一天黑夜,刘伯承率师机关从地图上没有标示的一个牧羊道突出了重围,但师直属队仍落在合击圈里,师参谋长李达只身返回合击圈内寻找直属队。第二天早上,他打电话给皮定均,说:

"我准备向五分区所在地西达城靠拢,请你在原地等我们。"

谁知皮定均此刻面临着另一场合围。

北面,一股敌军沿大路逼近;南面,日军已从对面的大山上压来;西面,半山腰上都可以看见戴着钢盔的鬼子兵了;东面,敌军的前锋接近了沿河平地。合击圈就要合拢了。在合击圈欲合未合之时必须跳出去。此时,皮定均身边只有分区机关和警卫连,共200人,一旦陷入合围,后果也是不堪设想的。

"怎么办?"分区参谋长高体乾问。

"等!"皮定均只有一个字。

他们从7点等到8点,从8点等到9点,望眼欲穿,却就是迟迟不见李达的身影。侦察员不断报告敌人移动的位置,再不撤退,必遭重大伤亡。最后,皮定均对高体乾说:"你带人先走。给我留下一个班。"

"这怎么行?"

"李参谋长叫等,要是他来了受了损失,不得掉脑袋呀,就这样决定了。"

高体乾怀着沉重的心情,带着队伍走了。皮定均把一个班兵分四股,在村里村外布下地雷,准备和日军展开一场地雷战,他自己坐镇中央,长长的筒子院里只剩下他和他的马夫"老八子",还有一匹青骡子。

"老八子"名叫段修德,但大名鲜为人知,大家都叫他"老八子",他的右手只长了两个指头,支棱着像个"八"字,因此得此名。四周枪声像爆豆似的响起了,"老八子"虽然身经百战,但也没遇到此种情形,心里也不免有些紧张。

黑云压城城欲摧!

而皮定均竟然临起帖来了。他把一张大麻纸铺在桌上,缓缓地磨墨,磨了一阵,握笔端坐,一笔一笔地写起来。"老八子"目不识丁,只是围着他转,当他写了半张麻纸时,北面的地雷先响了,接着西面、东面、南面都响了,爆炸声和枪声立即大作。可皮定均在砚台里蘸了蘸笔,又接着写下去。当他快要写满一张麻纸时,地雷已在村落边缘炸响。

警卫员刘忠英冲了进去,有些急了:"首长,撤吧!"

"不慌,再坚持一阵。"

皮定均说着,在砚池里蘸了蘸笔,接着写他的大字。

有趣的是,皮定均磨墨大练毛笔字,这个班没伤亡一兵一卒,竟然与日军周旋了两个小时之久。突然,皮定均自言自语地说:"李参谋长早就该到了。现在还没来,应该是来不了。"话音一落,他把那毛笔往地上一扔,顺手把尽是拳头大的毛笔字的麻纸一搓,说:"通知四个小组把电话机就地掩埋起来,向北山转移。"然后,走出院子,和"老八子"骑上青骡子,在敌人的望远镜里,左拐右拐,消逝在老爷山的丛林里了。

后来,皮定均才知道李达找到直属队后与敌人相遇发生鏖战,结果,他们在激战中突围出去了,因情况紧急而来不及通知他。突围后,马夫"老八子"问:

"司令,你那个时候练毛笔字,写的是些什么字呀?"

"全是骂鬼子的话。"皮定均回答。

"难怪你写了这么多呢!""老八子"说。

(2)

皮定均反"扫荡"的一个绝招,就是日军大部队来了,就带着部队往大山里跑,与他们"打游击"。

在反"扫荡"中,冀南军区 16 团撤到路西,暂归皮定均指挥了。可这16 团与其他部队不一样,从团长到战士,全是在一望无际的平原上长大的,多数人连山都没见过,别说日军追来了就爬山躲了。一次日军追得急,皮定均带着部队就往深山老林跑,结果,其他团健如小老虎,爬山比在平地上还迅捷,可他们爬了半个山,脚发软,加上日军追得急,跑得快,一个个连摔带爬,头昏眼眩,事后有的还说:"我就是倒着走,爬上山的。"

这样爬山觉得是"倒着走"的战士们,当然谈不上山地作战了。

为了避免损失,皮定均尽量把他们放在太行山腹地,把分区主力 34

团放在首当其冲的位置上。但由于日军"扫荡"波及整个根据地,完全避其锋芒是不可能的。在一次遭遇战中,16团还是与日军撞上了,一个团竟被一支小股日本兵搅了个稀里哗啦,这对士气影响很大。因此,皮定均下决心让他们熟悉山地作战。熟悉的方法,自然是他当年当教官的那一套:先示范。

他找到老部队34团7连,对连长支庆云说:"平原的同志称你们是爬山虎,你们打一个典型的山地战,给16团示范示范。"

"没有问题,天天往山里跑,我们也正好想教训一下鬼子呢!"支庆云说。

然后,皮定均把16团连以上干部和7连连长支庆云、指导员斌超一起来到了日军的中心据点——猛虎村外的一个山头上,先叫大家先观察地形和了解敌情。

猛虎村,怪吓人的!这是个几百户人家的大村子,位于武安到涉县的公路上,驻扎一大队日军、两个团伪军,是日军控制武涉公路的重要据点。据点外面有个山头,上面有三个哨栅,山顶上插着一面膏药旗,一小队日军和一中队伪军在上面担任警戒。

"看清了吗?"皮定均指着敌情和地形问。

"看清了。"

"好!7连长——"

7连长支庆云大声地:"有!"

"7连有没有把握消灭它?"皮定均大声地问,好让16团的干部们领略一下7连"山地作战"的勇气。

谁知他的大声音却"卡壳"了。支庆云半晌却没有回答。原来他心里一掂量,自己三个排,和山顶上警戒的日军和伪军兵力相等,武器只有三挺机枪、三个掷弹筒,剩下的都是老套筒,有些枪还没刺刀,又是仰攻,日军的武器更好,要消灭它,太难了。可他当着这么多人又不能说消灭不了,只好做"闷葫芦"了。谁知皮定均更大声喝道起来了:

"支庆云,有没有把握?"

"有!"支庆云不得不硬着头皮回答。

"好！走。今夜就看你的了！"

支庆云本来以为"示范"只是小打小闹一场，没想到被司令员硬逼着去以小拼大、硬碰硬。他喊出"有把握"的"有"字，接受了任务，脑袋就有些大，但还是没办法，回去后只好和指导员研究了又研究，最后确定组织两支突击队，一人带一支。支庆云率领的，在夜色掩护下往上摸，靠近敌兵后用手榴弹发起突然进攻；指导员则指挥机枪和掷弹筒，在山下掩护突击队行功。

这天晚上没有月亮。皮定均领着16团连以上干部再次登上山头，只见敌兵的哨棚里亮着灯，哨棚门口晃动着岗哨，猛虎村里一片死寂。他说："不要慌，等着手榴弹的爆炸声。"

可众人等了一个多钟头，没有动静。16团有的人担心起来了。

突然，山顶上发出三八式的枪声，不是"手榴弹的爆炸声"。

原来敌哨兵开枪了。这就意味着支庆云的偷袭变成了强攻。

观战的人群一片肃静，都为7连担着心。皮司令员却仍和原来一样，脖子上挂着望远镜，两腿叉开、两手叉腰地站在那里。接着，山上一挺机枪响起来，随即，机枪声被两排手榴弹的爆炸声和冲杀声淹没。借助手榴弹的闪光，观战的人们隐隐约约地看到两支冲锋队伍拥上山顶，接着，中央哨棚燃起大火，把山头照得亮如白昼。火光里，敌人炸了营，四处乱窜，完全失却指挥，争先恐后地向猛虎村逃窜。随后，火光熄灭，枪声、手榴弹的爆炸声骤然而止。

皮定均说："看，山上的敌人被肃清了。"

"这场往上打的攻坚战真麻利！"16团的观战干部发出赞叹。"轰！轰！"这种乐观情绪马上被炮弹的爆炸声震到九霄云外去了，刚结束战斗的山头被密集的炮弹覆盖，腾起一个个巨大的烟团。原来日军在猛虎村的炮兵阵地开始对山头炮击了。敌炮兵射击的速度和精度是一流的，从枪声停止到炮弹爆炸不到一分钟，7连能撤下来吗？皮定均看了看表，就像裁判员在球赛即将结束时所表现的那样。一刻钟以后，7连长支庆云气喘吁吁地跑上山。说道：

"报告司令员,打死敌人七名,缴获步枪七支,旗帜一面。剩下的敌人跑了!"

"怎么叫敌人跑了?"

"一个同志的刺刀没用布包好,碰到了石头,被敌人发现了。"

"有没有伤亡!"

"没有阵亡,跟着我们一起行动的分区王参谋屁股给打了个眼。"

"哦,你们回去吧!"

原来支庆云估计到敌人按照惯例会马上对山头开炮,拿下山头就下令:"撤走!"结果,前脚一走,炮弹就后脚跟上来了。但7连完成了一次非常吃力的战斗,却只一人负伤。支庆云本来希望听到司令员惯常对打了胜仗的部队的最高嘉勉:"放两天假,吃点好的。"但这次没有,大概是让敌兵跑了,他对此次战斗不甚满意。不过,这一仗在16团看来却是个英雄的壮举,上山下山,折冲腾挪,是那样得心应手、行动敏捷。有人赞叹:"爬山虎——名不虚传!"

(3)

打完仗,皮定均去看望那倒霉的王参谋。

这位参谋是个学生兵,为了锻炼他,所以皮定均叫他参加了7连的夜袭。皮定均看了看伤口:一发三八子弹从屁股蛋上斜穿过去,没伤着骨头,娃娃参谋头次负伤,咧着嘴直"哎哟哎哟",皮定均安慰说:

"没事。你在屁股上穿个窟窿,多光荣!"

"还光荣,以后没法坐凳子了。"王参谋担心地说。

"那你直着站一辈子?"

皮定均把参谋说得笑了。

在这个参谋养伤期间,皮定均叫人送去一头奶羊,说:"叫他天天吃上羊奶。"后来他出院了,分区宣传科科长刘光和组织科科长刘赞平因病住院,他把这头奶羊转给二刘,他们住了几个月医院,羊奶从没间断过,他们走后,又把羊转给其他战士。

奇怪的是,吃过这羊奶的伤兵们个个伤愈很快,并且以后从没负伤过,全国解放后,他们汇聚在一起都说:"在那物质非常缺乏的岁月,一碗甜丝丝的羊奶比和平盛世的老山参汤还要宝贵!"

9.皮定均的三次败仗

皮定均是常胜将军,他打仗既有计谋,又有强攻猛打,是位软硬强将。尽管他叫敌人闻风丧胆,但也有"马失蹄"的时候,在他的战功簿上有三次败仗记录。

这三次败仗,无一不是因马虎和大意导致的。

(1)

1942 年秋,在一次反"扫荡"中,五分区的几个领导各带一支小部队,与敌人转山头、打游击。这天黄昏时分,皮定均带着百十人的队伍来到了老爷山,当夜就宿营在山上的大庙里。拂晓时,侦察员突然报告:"一队鬼子大摇大摆的向老爷山开来了。"

"大摇大摆的?"皮定均警觉地问。

"是呀,好像没有什么防备迹象。"

敌人没发现自己。皮定均当机立断,决定利用地形打它一个伏击!立即带领部队下山趁将要退尽的夜色设下了一个口袋阵,等待着敌人的到来。

早饭后,二三百日本兵拉成长长的队伍走进了皮定均的伏击圈。日军虽然人多,武器也精良,但丝毫没防备,枪扛在肩上,由一面膏药旗引路,慢吞吞地往山上爬。突然,"劈里啪啦"机枪、手榴弹全响起来了,日军猝不及防,顿时大乱,死的死,逃的逃,来不及逃的当了俘虏。这一仗打得干脆利索。前后不到 30 分钟。

打了胜仗,皮定均十分高兴。他叫战士们押着俘虏,带上缴获的武器走在前面,自己则和警卫员刘忠英在后缓缓跟进,心中完全放松,陶醉在路上的山色和美景中。

山坡上长满了野杏树,杏子已熟透,一串一串泛着诱人的金黄。其实,这些野杏又酸又涩,老百姓是不吃的。他一时兴起,说:"小刘,咱俩摘杏子吃。"

"好啊!"警卫员刘忠英和司令员一样贪玩,正求之不得呢。

树太高,人太矮,皮定均蹲在一棵树下,说:"刘忠英踩着肩头上。"

打仗时,皮定均是司令员,玩起来可是普通一兵,平时晚饭后他和战士摔跤,扳手腕,什么都干。因此,此刻搭人梯,警卫员却并不觉得有什么不恭。当刘忠英颤悠悠地踩上他的瘦骨嶙峋的肩上时,他缓缓地站起来。刘忠英拉下两个缀满杏子的枝条。然后,一人扛着一个杏枝,一边走一边摘着吃。皮定均边吃还边说:"小刘,孙悟空在花果山吃桃子,我们在老爷山吃杏子。"

话音才落,突然,前面枪声大作!

皮定均万万没料到,被他冲垮的日军在收拢起来后,悄悄地跟踪而来,然后,来了个照葫芦画瓢,在他们返回的路上也设下个埋伏。结果,皮定均和战士们毫无准备,距离又近,根本无法组织反击,一下就被日军冲垮,日军端着刺刀扑下来,嗷嗷叫着。皮定均见无计可施,拉了一下警卫员:"快跑!"

两人像猴子似的一连跳过几道梯田。可越是着急越出事,急跑中,皮定均插在腰里的手枪掉在田埂下,他捡起手枪,斜着向山上跑。刘忠英把皮包都跑丢了。但日军兵也撒着劲使劲地追,始终离他们只隔几个田埂。两人慌不择路,跑上了一个山头,可再跑,一下子就傻了:前面是百米悬崖。后有追兵,前无进路!两人原地打了几个转,幸好刘忠英眼尖,说："下面有个石缝。"

"快,躲到石缝里去!"

两人一前一后扯着藤蔓向下滑,钻进石缝,用草盖上,日军就出现在顶头上,叽里哇啦地叫着。他们俩把枪口对着山上,如被敌人发现,就准备一枪一个,一起拼了。可是,日军哇哇叫了一通,却并没发现他们,以为他们跳崖了,也没离开,在他们顶头上架上机枪,然后朝下扫射,子弹从他们头顶上"嗖嗖"飞过,竟然没伤着他们。结果,日军从上午10点折腾到下午3点,才撤走了。

当两人从石缝里钻出来时,才发现彼此脸、手都划出了血口子。

"这回可好,成了光杆司令了。"刘忠英嘟囔着。

皮定均倒并不沮丧,说:"咱们一前一后,你当前卫,我当后卫,遇到鬼子,咱们就打,打了就走,咱们还是打游击战。"

刘忠英说:"一个光杆司令,一个警卫员,还前卫后卫呢。"

但是,两人还是真的一前一后地上路了。艰难地奔走了两天,才找到了主力部队。这次皮定均"得意忘形"被刘伯承在边区会议上狠狠地"剋"了一顿:

"常胜将军皮定均打了次败仗,败得很惨啦,剩他一个光杆司令外加警卫员刘忠英。"

(2)

1945年初,皮定均率领豫西支队接连几个奔袭,又连着取得几个大胜利。谁知大胜后,他又一次轻敌,打了次败仗。

春节前,两个刚从龙尾跑来投诚的士兵,称:"在龙尾镇有个工兵团,是伪军孙良诚部,他们原来驻在山东,新近才调防龙尾,这些士兵都是山东人,个个想家想得不得了,孙良诚对他们又是打又是骂,很多人想脱离苦海,投奔八路军。"

皮定均正需要补充兵力,听到这个消息,连声搓着手说:"这太叫人振奋了!"

自从来到豫西后,他虽建立了几个县独立团,但主力减员大,把一个工兵团端过来,支队一下子就可以"吃胖"。他也不管什么春节过年了,马上下令在附近 3 团、35 团和特务连立刻行动。一夜急行军,翻山越岭,凌晨 4 点,到达了龙尾附近的北官庄。

这时皮定均如果冷静些,就会想到现在开战天亮前解决不了战斗,不如埋伏起来晚上再行动。可猎物已到嘴边,他哪里等得住?立即下令发动攻击。

结果,特务连扑进了镇子,抓到了俘虏。可没等主力全部展开,天就大亮了。结果,龙尾镇枪响成一片,皮定均在一马平川上激战着,而左、右后方的敌军据点却毫无动静。突然,皮定均感觉到了潜在的危险!立即下令:

"撤出战斗!"

他的这个判断挽救了一场灭顶之灾。

原来,战斗打响后,狡猾的日军集合队伍,故意按兵不动,有意造成不敢增援的假象,使皮定均迷恋于口中之物,结果,等着他的部队全部粘在龙尾镇后,他们突然出动,从两侧包抄过来。幸好皮定均意识到危险后,战士们立刻退出战斗,但两边的日军已经包抄过来了。皮定均率领 3 团冲了出去,但 35 团和特务连被包在了里面。混战中,35 团被全部打散,"放了羊"。特务连则冲了出来。

第二天黄昏,35 团部分突围出来的战士三三两两地回来了,皮定均收拢了 600 多人,损失还不算大,35 团团长也回来了,但他是光着脑袋回到团部的,帽子被子弹打落在战场上。此战后,皮定均说:"打仗要冷静,盲动就要吃亏。"

(3)

1946 年皮定均初到华中时,已是誉满双肩的善战之将。可他又一次也是最后一次犯了轻敌的毛病。这次他所"轻"的,是国民党军中赫赫有名的王牌整编 74 师。

在苏中战役煞尾时,华中首府淮阴形势吃紧。皮定均奉命率部急趋淮阴。

皮定均全旅分三个梯次前进,2团为先头团,1团居中,3团断后。2团赶到淮阴,华中野战军副政委谭震林问团长钟发生:

"你们是哪个部队的?"

"皮定均部队的。我是2团团长钟发生。"

"情况是这样:整编74师、整编25师企图进攻淮阴。你们的任务,在淮阴西南沿运河东岸组织防御。9纵在宿县一带节节抗击,敌人大概四五天以后才能到淮阴。1师、6师三天内赶到,准备在淮阴外围歼灭整编74师。你们打过正规战没有?"

"没有。"

"学习学习。"

2团急行军18里,到运河东岸杨庄一带布防。可敌人并不是"四五天以后才到",第二天中午就到了。9纵没能阻住74师。9纵一部退过河,接过2团占领的一个渡口。敌人先头团也脚跟脚地渡过运河,夺走渡口。下午,皮定均随着1团赶到淮阴时,渡口已经掌握在敌军手里了。

在华中局办公大院,他见到了谭震林。谭震林强调了坚守淮阴的重大意义,叫他统一指挥淮阴保卫战。谈完话,他驱车奔杨庄2团指挥所。当天,他在日记中写道:"在这天的行动中,我是最高兴的。我们得到新任务,觉得党看得起我们。由于高兴,我的一切疲劳都丢开了。"党把保卫华中首府的任务交给他。他有些飘飘然了。当他听完团长钟发生的敌情报告,不假思索地说:

"整编74师又算得了什么! 今天晚上,把突过来的一个团敌人消灭掉,你们三个团各拿出两个营,比赛! 看谁打得好!"

他的口气很大。

可钟发生不敢苟同。他已和74师交过手,深知眼前的敌人非同凡响,是从没遇到过的劲敌。他说:

"1团中午到,看了地形。3团天黑才到,没看地形,不了解情况。我的意见,我们2团和1团打,3团做预备队。"

"不,一定要比赛!"

钟发生是皮定均的老部下,深知"皮老驴"的脾气,但还是坚持自己的看法,说:"我提过意见了。你实在这样做,我执行。"他的这句话是很重的,但没能阻止住想到华中"露一手"的皮定均。

但"比赛"一开始,战局就没按皮定均所预期的奇迹出现。全旅对突过运河东岸的滩头之敌,进行反复地冲杀,冲了九次!打得很英勇,敌我伤亡都很大。后来他在《染红了的运河》为题目的日记中说:"特别是我们有很多的优秀的抗日战士被国民党惨无人道的屠杀。他们是抗日有功的英雄!"日记里没记下伤亡数字,但这个数字,钟发生没齿难忘:600。

600!就是整整一个营,皮旅还没有这样惨痛的伤亡记录。结果,皮定均终于被74师打痛了,也掂量出74师的斤两。幸好这次74师师长张灵甫桥头堡后因伤亡太大,没能"迅猛扩大战果",使得皮定均争得十分宝贵的半天喘息时间。当夜,新四军5旅赶到淮阴城下,皮定均才不再是孤军了。第二日,张灵甫再次进攻。结果,在皮旅面前碰了个大钉子!

随后,整整两天,王牌师寸土未进。张灵甫被激怒了!但他不愧是名将,碰了钉子后改硬攻为巧取,借夜色掩护,派两个团从皮旅和5旅结合部锲入,占领了淮阴。

皮定均被迫撤退了。此战之仇,他直到担任6纵副司令员时在孟良崮一战才报得,张灵甫被6纵的战士击毙。

10.最善于打突围战

在我军中战将如云,有的善于攻打山头,有的善于防守阵地,有的善于搞奇袭,而皮定均则以"善于突围"闻名军中,在他的战斗生涯中,打过不少的突围战,几乎是没有不成功的。对此,刘伯承说:"打突围战,皮猴子数第一。"

(1)

皮定均打过无数的突围战,1944年的白栗坪突围战最奇险。

当时,他率领豫西支队刚刚挺进豫西,日、伪、顽合伙想趁豫西支队立脚未稳,来个"毁灭性"打击。一天,1000多日、伪军率先向他们驻守的东白栗坪发动突然进攻,幸好支队副政委郭林祥察觉,立即率部转移,三股合围之敌的"四面合围"落了空。可是,敌人的网并没有收,大批兵马躲在四周,张开网就等着还不知情的皮定均从外地回来呢!

结果,皮定均回来了,他仅带着机关、电台、特务连两个排,主力3团留在嵩山。当他一夜急行军大清早到达东白栗坪旁的库庄时,就"扑进"了这张网。

库庄街头上冷冷清清,皮定均有些奇怪,还没问清情况,外面枪就响了!

他立即招呼政委徐子荣,带上机关、电台,登上特务连已经控制的小山腿。

小山腿三面是开阔地,背后是一座山峰。皮定均登上小山腿,四下一望,背后是国民党特务武装,西面是梁敏之的土顽,东面、东南面是徐子犹的土顽。几股敌兵已把"网口"合拢,正在"收网"。

尽管皮定均只有一个特务连,而敌兵1000多人,但战斗还是打响了,土顽首先"冲锋",特务连的机枪"咯咯"叫,土顽像冬瓜似的滚到沟底,摔得血肉模糊,土顽冲了两次死伤惨重,不敢动了。很快,他们又在匪首的驱赶下"哇哇"叫着又冲上来了,可再一打,皮定均的机枪就"卡壳"了!他们把冲在最前面的敌兵撂倒后,跟上来的,全是拿着红缨枪、大刀、锄头、扁担、五齿耙子等各种武器、衣衫褴褛的老百姓!

原来,土顽在前面打头阵,日军在后面督阵,中间夹着当地的老百姓也被他们欺骗着"上阵"来了。哪有八路军打老百姓的?皮定均只好命令:"只许打鬼子和土顽,不能伤害农民兄弟!"

战士们也立即火线喊话,机枪班的班长声音最响,像只大喇叭,不断喊着:"老乡们,咱们是一家人,敌人是日本鬼子和汉奸卖国贼呀!"

这一喊还真有效,老百姓再也不前冲了,但日军和土顽们不答应。特务连枪口来回移动,一次又一次地校正瞄准点,对准日军和土顽的脑袋"啪,啪"地打。因为怕打歪了,误伤了老乡,效果开始不明显。土顽们气焰又嚣张起来了,有的居然直起腰,挥舞着胳膊,大喊大叫:"冲呀!杀啊!"

"这些不怕死的!"皮定均抄起他的那支小马枪,瞄都没瞄,"啪,啪,啪",一连三枪,三个冲在最前面的土顽栽着筋斗倒在地上了,这下又把土顽吓住了,有的原地卧倒,有的回头就跑,老百姓立即趁势后退。这一退,后面的日军也堵不住,只好自己上了,他们急奔而来,刺刀在斜阳里闪闪发光,这下没顾虑了,战士们架起机枪"哒哒哒"地打,皮定均没有什么畏惧的,日军和土顽上来就打,战斗持续到天黑。

天一黑,山上的树丛一片漆黑,皮定均悄悄撤出战斗,在两敌结合部的一条山谷胜利突出了重围。

事后,他们才知道顽匪杨香亭、梁敏之为了消灭皮定均的豫西支队曾向当地的老百姓下了"八杀戒令":"让八路进屋者,杀!给八路进粮送饭者,杀!向八路通风报信者,杀!……一有号令,必须出动作战,一人不到,全家抄斩;一家违抗不听,全村烧光杀绝!"但最后老百姓不再进攻了,他们也没办法,"八杀"一杀都不敢。

这次战斗,特务连伤亡六个人,老百姓一个也没死。

皮定均跳出重围后,一天夜里,率领 35 团包围梁敏之,一场激战,把梁敏之手下 100 多人全部消灭,梁敏之只身潜逃,在全国解放后,他被揪出来镇压了。

(2)

1945 年 2 月的王山突围,也是皮定均的一个杰作。

王山是一个小山,虽然只有400多米高,但是豫西箕山的群山之首,群众叫它王山。一月里几场大雪把箕山群山的沟沟岔岔、山山岭岭全给封了,寒风料峭,银装素裹。此时,豫西七个县7000多的日本兵和土顽突然围着箕山拉开了"扫荡"大网,合击皮定均。

这张网里开始仅有皮定均率领的支队部和特务连,总共才200人,但他并不急于"跳出去",说:"当敌人刚把网张开时,你跳出去,它很容易变化。得叫它收,收到把'扫荡'的给养耗得差不多了,人也快挤成个坨坨了,我们再往外跳,叫它收一个空网。这样,它想再织一张新包围网,没吃没喝的,就完全不可能了。"

话是这么说,但等敌人把自己"快挤成个坨坨了"再往外跳,却并不是件轻松事,弄不好就会被敌人合在网里"捞鱼"。但皮定均是胆大包天,我行我素。结果,1月19日,敌人完成了合围,共五层,头一层是日军,后四层是伪军。合围,一般意味着被围之军的覆灭。但皮定均竟然在敌完成合围前一天反而把在外面活动的35团"召回"了网里。此时,双方兵力对比悬殊。35团也仅有400人,皮定均的总兵力只有600,而围敌的兵力是7000,11:1。皮定均被"合"到了山上,战士们从山上往下看,敌人的阵容一目了然,许多人都担着心这次被"合死"。但皮定均仍下令:"继续后撤!"

"再往后便是王山山顶啦!"特务连指导员张静波说。

"撤!跳出包围网,既不能早,也不能晚,要恰到时候。"

他还要连与敌周旋。这一夜,他们撤离到了离王山山顶只有一里远的王保庄,这样再也没处退了,山背面就是逼近而来的合围重兵。眼看敌人就要收网了,但皮定均带着大家还是在这个小得可怜的村庄住了一天一夜。20日早上,到山那边执行侦察任务的侦察员孙化永回到了王保庄,一见部队,就急着说:

"皮司令呢?我要报告敌情。"

他一见皮定均就说:"情况紧急。"

谁知皮定均却摆了摆手:"跑了一夜,先去休息一下吧!"

孙化永一看他,司令员好像还没睡醒似的,只好自己"先去休息一下",可一到床边,左想右想,还是有些害怕,来找司令员要报告敌情紧急,谁知司令员却已经出去,并且他好像知道他会来似的还给他留了句话:"好好睡觉,要汇报时我叫人来找。"

孙化永躺在床上哪里睡得着?在木板床上磨了一个半小时,才呼噜呼噜进入了梦乡。谁知他一夜去侦察没睡觉,这一觉醒过来时,抬头看看天边的太阳,吓得一下蹦了起来!太阳只剩下一点儿余晖了,他们走了也没叫醒自己?!正在他恼火时,皮定均的警卫员刘忠英进来了,说:"快起来吧,司令员叫你去汇报呢。"

原来他们都还没走!他一去汇报,皮定均说:"和我估计的差不多,那就今晚突围吧!"

夜幕降临后,出发前,政委徐子荣做动员就一句话:"要突破五层包围圈,就是要从敌人眼皮底下通过,稍有不慎,就会全军覆没,因此,一定要听从指挥。"

600 人出发了,向着敌人密若繁星的篝火而去。皮定均带着孙化永等几个侦察员走在队伍前面。而为他们带路的,却是一位牛倌。

为什么请了一位牛倌呢?

他在警卫连笑着说:"1942 年夏季反'扫荡',刘师长被重兵包围在太行山香炉峰前面,一位牧羊人指出一条在地图上没标出的羊肠小道,刘师长说:'俄军统帅苏沃洛夫有一句名言:凡是鹿能走的地方,人就能通过。'结果,他就借助一位羊倌,跳出了合击圈。刘师长就是我们的榜样,所以我们今晚请牛倌指路。"

这次牛倌领着他们走的突围路线,确实是一条捷径,它不是在隐蔽的山沟里,而是贴着山脊。贴近山脊,一旦发生情况就好处理,大队人马不会被压在山沟里;由于贴近山脊,而不是走在山脊上,又能使队伍的身影不致空而暴露。但突围路上还是险象环生,就在部队走到离得最近一堆篝火的一个哨所时,路离哨所只有十步远。皮定均带着人走在前面,被敌哨兵发现了,发话问:"你们是干啥的?"

牛倌应着:"买煤的。"

"过来个人,"皮司令悄悄说,"去,把他换下来。"

那个特务连排长"呼"地上去,一把抓住敌哨兵就蛮横地往下"拉",他被一拉下,"哨兵"就立刻换了人。大队人马随即从哨位旁边快步走过……就这样,皮定均率着600人的队伍一枪未放,通过了五道防线。

天亮后,日军和土顽们开始"合围",爬了一个上午山坡,结果在山顶上只"合"到皮定均的那匹青骡子留下的几堆骡子粪。

王山突围后,皮定均说:"要突围其实不难,一要选好时机,二要选好路线,三要巧妙,不要让敌人发现。有了这三条,什么包围都能突破。"

(3)

皮定均最出名的突围战不是前几次,而是1946年的中原突围。

1946年6月,为了挑起全面内战,蒋介石决定以30万大军于26日向中原解放区发动总攻。党中央决定中原野战军主力突围到陕甘宁边区,留下定均的1旅为掩护。

24日,皮定均和政委徐子荣被召集到纵队司令部。中原野战军1纵司令员王树声说:"主力今晚就要行动,你们的任务是要拖住、迷惑敌人,使他们在三天内找不到我们的主要行动方向。这是党中央点你们的名。等主力越过平汉铁路,任务就算完成了。"

皮定均问:"完成任务后,1旅怎么办呢?"

"由你们自行选择。你们可以按实际情况决定,突围、分散打游击,向西去追主力,回太行、豫西,向南渡长江,东出苏皖,都行。"王司令员说。

皮定均和政委一听此话心中一沉。王司令员说:"这个决定不是轻率做出的,国民党军26个师,实在是太强大了,这是党中央的决定。"

但是,整个中原野战军都被迫要撤走,更何况于皮定均小小的一个旅呢?他们能够与30万大军抗衡吗?皮定均尽管没底儿,但还是说:"不管情况如何紧急,我们保证完成掩护任务。"

就在王司令员向他们交代任务时,军区后勤部已把拨给1旅的几箩筐银元分别放在几匹马上了。皮定均和徐子荣接受任务后立即返回1旅去。可才出门,政委戴季英又追出来,交代说:"你们几个旅干部,每人准备一套便衣。"

王司令员也跟着出来,没对他们说什么,却拉住皮定均警卫员的手,严肃地说:"小鬼,你们要好好保护好你们的首长啊!"

尽管谁也没有明说什么,但皮定均和政委徐子荣明白了此次"打掩护"1旅完全是豁出去了。在回去的路上,两人谈起了便衣的事。

"我不准备什么便衣。"皮定均说,"打了一辈子仗,就是死,也值得。"

"我也要和同志们在一起。"徐子荣回答。

一回到旅部,他们就召开会议研究如何拦住敌人三天,然后又如何脱身。拖住敌人三天,这对于1旅来说,拼死血战不难做到,关键是三天后如何行动的问题。东西南北,向哪个方向走?在会上,向哪个方向走都有人提出,但细细再一研究,向哪走都难行得通。分散逃命,更没有一个人赞同。结果,讨论了一个下午和一个晚上都没结果。最后,皮定均说:

"我想来想去,还是向东走,与主力背道而驰,这样,把追兵吸引向东,就减轻主力向西面的压力。"

这是一个更"豁出去"的战法,虽然可以更好完成任务,几乎是把自己置于死地,立即有人意识到这一点,说:

"东面有敌人四个军,还有反共老手顾敬之的反动武装……"

突然,整个下午和晚上一直没说话的徐政委说话了:"这个办法好!我们来个回马枪,向东全线出击,完成三天掩护任务后,再一收,在哪儿藏起来,等敌人出击,他追过去,我们再往西插。"

"到哪藏?一个旅防守20多里宽,又怎么收?向前一个佯攻,这个好办,可你紧跟着'哗'地收下来,在敌人眼皮底下,这谈何容易?"有人还是提出了疑问。

"对,先找个可以藏身的地方,躲起来会合,藏身的地方到时再说。"

藏身之地,皮定均没找到,怎么把部队收拢过来更是个难题。最后,皮定均说:"只有一个办法:一批打掩护,一批撤。"

但撤出阵地时,倘若被追敌粘住,就十分危险了。这个问题和藏身之处都没来得及解决,因为已是午夜12点,大家必须马上回部队,只好决定了突围的方案,就匆匆结束了会议。

天一亮,皮定均就率先把战斗打响了。

中原军区主力于24日夜开始向西突围,在随后的两天里,东面的十几万国民党军按兵不动,他们完全被皮定均向东突围的"示形"迷惑住了。皮定均把战斗打响后,夜间又把部队撤了下来,天明后大摇大摆地向东运动,同时派出一股股的侦察兵化装到敌前看工事,到敌后看地形,还向老百姓打听东进大别山的道路,这样一弄,那些在包围圈里搞情报的特务们正好一一看到,立即又把"情报"送出去,结果,所有的迹象都"表明"中原军区的主力要向东突围。

谁知中原军区真的主力就在他们这恍惚中全部向西突围出去了!情况报上来,围歼之敌还不相信那是主力,说:"共军鬼得很,那是佯动。各部要严阵以待,防止共军主力向东突围。"

结果,就在他们在东部"严阵以待"中,为皮定均兵不血刃而争取了两天宝贵的时间。阻击三天任务就剩下最后一天一夜了,于是,皮定均动真格了:猛打一阵,引发敌军的大合围,他们则趁机突围而去。

26日,1旅自余集至沙窝20里长的阵地上发起了猛烈的攻击,整个上午炮声隆隆,杀声震天。当敌人进攻的队形像潮水一般冲上来时,山包上的机枪就"咯咯"地吼叫着,手榴弹铺天盖地扔来,"潮水"退了下去,一浪退下去,一浪又涌上来。最后,皮定均一声令下,战士们冒雨扑下山,敌兵向后退一截子。可当反击后一撤,敌兵又脚跟脚地粘了上来,他们三次出击,三次都是这样。敌兵似乎也下了决心要消灭这支孤军。

"敌人盯得这么紧,怎么把部队一下子收回来?"皮定均浓浓的一字眉拧成一个疙瘩。

正在他无计可施时,中午突然出现了转机。原来忽紧忽慢的阵雨骤然之间变成多日不见的狂风暴雨,顿时雷鸣电闪,一片混沌,几米之外不见人影,天地间成了一片水。结果,这场大雨却把皮定均救活了。

"出击!把敌人赶得远一点,撤下来,前面留下一个营。"他想了想,"留1团3营!"

随即,响起了冲锋号,机枪声、步枪声更猛烈了,已经淋成落汤鸡的敌兵退了下去,再也没有涌上来。不久,枪声减弱,半个钟头的样子便沉寂了,只有风雨在狂虐地呼啸。就在这大雨中,1旅"哗"地收下来,撤离了阵地。

他们冒着狂风暴雨顿然退了下来,随即在旅长皮定均的率领下向东急进,顺着大路,几路纵队急急而去。将近黎明时,皮定均才收住了脚。一夜强行军,少说也有80里,终于到了目的地——刘家冲。这是很小很小的一个村庄,只有六户人家,就在白雀园的鼻子底下!原来,他们转了一夜,差几里路就回到原地了。就在昨天下午,刘家冲还被敌兵控制着,大概他们觉得这么一个小村庄,山又很低很小,又靠近两条大公路:东距几里地是潢麻公路,南面的商经公路也不过千米远,这样一个兔子不拉屎的地方,就连敌兵也"看不起"了,在黄昏前撤离了。谁知皮定均在激战中,已经派出多名侦察员暗中寻找藏身之地,敌兵一撤,情报就报上来了,结果,皮定均大部队就在此隐藏起来了。

第二天一大早,一轮朝阳照着刘家冲东面、南面两条大公路。国民党军十几万人、几百门大炮、上千辆汽车隆隆向西紧追去。可是再往前追,谁知皮定均这个大魔术师把一支队伍——7000人的大部队一下子变没了!

别说追敌不知皮定均藏在眼前,就连跟他转了一夜的战士们身在"庐山"也不知"庐山真面目",对这个平常可能日日经过路过的刘家冲却不认识了:"这地方怎么与我们在白雀园的那个刘家冲这么相像啊!"

大部队安顿下来了,但皮定均担心着担负阻击、掩护全旅撤离的1团3营的命运。

强将手下无弱兵。3营那点点兵力与十几万敌军相比实在是可怜巴巴的,但他们手里还控制着反击的拳头,只拿出一个7连在阵地上,主阵地上放了一个排，一般阵地上仅放一个班，"乒乒啪啪"打了一个下午，直到半夜，7连还守着那些叫敌人头痛的支撑点。十个小时的阻击任务完成了，从后面跑来了一位使者——司令部的一个作战参谋——来带领他们撤离。在作战参谋到来之前，营长还不知完成任务后的行动路线，现在来了领路的，可他还不想马上离开，说："还多揍敌人一下。"

于是，8连迂回到敌后，过了一会儿，7连、9连从正面出击，大雨、黑夜，一时间前后都响枪，把敌人前沿部队突然之间给打懵了，闹不清究竟有多大兵力，死伤一大片，丢下阵地从斜刺里往后跑。他们揍了敌兵一顿，然后才撤离。但这个营没去刘家冲，也没在大雨中沿公路西进。而由作战参谋领着朝南走，从2团已撤离的背后穿过去，爬上潢麻公路西边的一座山。这座山上，已经挖好了工事。它在2团防御线的背后，"还没用过"呢。

这是皮定均派作战科科长许德厚到这座山上看了地形，叫2团修下的。为什么要这样做？当时他没有交代。后来，许德厚回忆这段插曲时恍然大悟，说："皮旅长早就留下了一条逃跑的路，万一敌兵发现了刘家冲，守住这座山，全旅往哪跑都行。"

但是，敌兵没有发现皮定均藏兵刘家冲，大军过后，皮定均五天五夜平原飞兵，完全跳出了重兵包围圈，8月4日，延安《解放日报》发表头条新闻，题目是：

"突破蒋军包围追击，中原东进我军一部胜利抵达苏皖边区"。

皮定均的中原突围震惊了许多人，也成为了突围战最动人的一曲。全国解放后，1955年授衔时，皮定均原来定的是少将，但是授衔名单送到毛泽东那里时，他说了著名的一句话："皮有功，少晋中。"毛泽东对皮定均的评价，也是与此次突围战有着关系。

21年后，1967年元月一天晚上，周恩来在人民大会堂接见来自各地的党政军负责人，当他从名单上看到皮定均的名字时，高兴地问："皮定均同志来了吗？在哪里？"

当皮定均起身回答时，他说："你就是皮定均同志？你过去带领的那个皮旅打仗真行啊！中原突围，你虽然只是一个旅，起的作用比一个方面军还大呀！"

皮定均回答说："那是党中央、中央军委的正确领导和全体指战员英勇战斗的结果。谢谢总理的关怀！"

周恩来说："那次我们是做了最坏的打算啊，没想到你比我们想像得还厉害！"

11."皮氏作风"

皮定均是一员虎将，他不管是在战斗之中，还是军旅之余，以他自己的作风带兵、行事，许多"皮氏风格"的故事被人们传说着。

（1）

皮定均是一位有个性的战将，他发火或者批评人时有着独特的"皮氏风格"。

1946 年 7 月，皮定均率领 1 旅在突出重围后与纵队和军区失去了联络。一个几千人的队伍后面被十几万追兵撵着，又与上级联系不上，是十分危险的。因此，他焦躁不安，火气很大。

一天，他无端地向电台台长顾玉平发了一顿脾气。脾气之大，以致几十年后人们还记得。

这天夜里，他和政委徐子荣来到电台住的小院子，准备与电台台长顾玉平商量与上级联络的事情。

谁知顾玉平由于连日行军，宿营后还要频频试图与上级联络，累得很，困倦得很，见到旅长和政委进来，难免有点懒散，随口说了一句："旅长,你们还没睡？"

谁知皮定均答非所问,突然大声地喝问道:"你家里种几亩地？"

"两三亩。"顾玉平一下丈二和尚摸不到头脑,怯怯地回答。

"雇了几个长工？"

"我家是贫农。"

"雇了几个？"旅长仍然硬逼着他"说出"家里一定雇了几个长工。

顾玉平想辩驳,政委徐子荣制止了他:"情况这么严重,你又不是不晓得……"

"你雇了几个长工？"皮定均依然不屈不挠地问。

"我跟你一样,是穷人出身!"顾台长也火了。

"我看你像个地主!"

徐子荣推着顾玉平:"上机子,上机子!"

累得筋疲力尽的电台台长上了发报机,左手调频,右手按动电键。但是,还是联系不上纵队和军区,皮定均在一旁使劲地喊着:"联系延安总部。"结果也是没回音。"呸!"皮定均怒气冲冲地走了。可就在休整的第三天,他这句"联系延安总部"的提示起了作用,1旅的红色电波传来了党中央、毛泽东的指示,这个指示简单得只有两个字,但重复地出现了好几遍:

"快走!快走!快走!快走!"

"联系上了,我们和延安联系上了!"消息传开,旅部一片欢腾。皮定均高兴地说:

"快走!这就是党中央给1旅的指示,是党中央对7000子弟兵的关怀,党中央在一片迷雾中为我们点燃起的一盏导航的明灯。快走,快走,抛开重兵追击,去苏中解放区与兄弟部队会师。"

可就在出发时,他又对供给部部长发起了脾气。

1旅驻地有一座吴氏宗祠,被国民党军变成了粮食仓库,它原来供应着方圆百里前来"围剿"的大军。结果,被皮定均突围后"接收"下来了,里面粮食堆积如山,现在部队要走了,哪里带得走那么多?

"分给周围村庄的群众。"皮定均对供给部部长说,"动员群众去背。"

可附近的老百姓怕蒋军回来"倒算"吃罪不起,没人敢去背。

"没人背?就派战士送!"皮定均说。

于是,战士们开始挨家挨户"送粮",结果,他们大包小包送去,有的老乡还不敢接,又得做一番工作,最后他们还得把粮食从军用麻袋包里倒出来,老百姓才敢要,说:"没了袋子,就是国军来了倒算,也好说些。"可这样靠战士送粮上门,能送多少?一直到部队快出发了,仓库只是动了一个角。供给部部长只好叫几个战士拿上蘸了油的火把准备去把粮仓烧了。

就在战士们举着火把赶往仓库时,被皮定均撞上了。

"不准放火!"

他一声猛喝,几个战士立即把火把往地上一丢。供给部部长见旅长发这么大的火,有些莫名其妙。不给敌人留下军粮,切断敌人的运粮道,这是兵家常识。皮旅长他平时也喜欢和身边的参谋、战士们谈什么"三国",讲类似"烧粮断敌"的故事,还说即使"自己吃不成,也不留给敌军吃。这就是诸葛亮的高明之处!"之类的话语。可是这一次,他怎么啦?供给部部长还没说话,就被旅长狠狠地问了起来,问话又完全是"皮定均式"的:

"这是谁的粮食?"

"敌人的军粮。"供给部部长答。

"落到谁手里了?"

"我们手里。"

"那你怎么说是敌人的?"

"那你说粮食是谁的?"

"敌人会生产粮食?"

"事实上,它是缴获物资。"供给部部长总算道出事实的本质。但是,皮定均还是不饶地问:

"缴获物资你就烧?你看到没有,群众在饿肚子。"

"群众饿,也吃不上,烧了它,才能不落到敌人手里。"

"敌人来了吃什么?"

"我管不着!"

"我说敌人没吃的怎么办?"

"他想怎么办,就怎么办。"

"敌人没吃的,还不是抢老百姓的,剥削群众?"

"呵,你把这一堆粮食留下,群众就不受剥削啦?"

"你今天干了一件最不得人心的事。"

"我把粮食烧掉,让敌人来重新弄饭吃好了。免得吃了现成饭去追我们,让他搞饭吃,我们早走远了。"

"你这样就战胜啦?"

"总给他搞点小麻烦吧!"

皮定均再也忍不住了,大声喝道:"一支脱离群众的部队是不能打胜仗的。"

结果,就在他们"饶舌"时丢在地上的几个火把已烧成灰烬。部队走了,仓库保存下来。那座山凹里孤零零的祠堂几十年后还坐落在那里,但是很少有人知道它得以保存下来的这场"口水战"。

(2)

皮定均火气大,但爱兵如子。

1946 年年底,皮定均率部到达了苏北,6 纵王培成团配属他在涟水城阻击国民党整编 74 师。

王团刚刚打退 74 师的首次进攻,皮定均就来到了涟水城南的古塔下。他正要登上塔楼,被警卫员一把拉住:"旅长,你不能上去!"

皮定均一把甩开了他,登上了古塔。

皮定均上去了,半截身子刚刚出现在顶层,腿还没迈上去,一个满脸络腮胡的机枪班长对他吼了一声:"送水来啦!"

"送水？"

"对,水。"

"我没有带水。"

"没带水你上来干什么？"机枪班长把皮定均当成伙夫了,态度很凶。

"你等一下,我去。"皮定均随即返身下塔。一会儿,他拎着一桶水再次登上塔楼。

机枪班长舀了一碗,"咕咚咕咚"喝下去,用手背抹了一下嘴,说:"这个皮老驴,真是个犟驴,硬把我们塞到这个地方。"

"这个地方好啊!"皮定均说。

"好是好,就是像个大蒸笼。"机枪班长的话音刚落,一群炮弹在塔的前后左右爆炸了。机枪班长满不在乎地用手扇着硝烟,嘟囔道:"这个皮老驴!"

皮定均微微一笑:"你见过皮老驴吗？"

班长道:"进淮阴城时,老远瞄了一眼:矮矮的个子,脾气挺大,不怎么样。"

"我一定把你的意见转告给他。"

"你这个老伙夫,能见着他？"机枪班长对他又瞪着眼睛。

这时,团长登上塔楼,给皮定均敬了个礼,说:"皮旅长,王司令请你去!"

"皮旅长!"机枪班的战士全都愣住了,机枪班长更是愣,随即反应过来,摸着后脑勺子:"嘿嘿,难怪你还能说要转告意见的话呢!"

皮定均做了个随意的手势,说:"等打完仗,我给你们请功!"

然后,就走了。谁知他跑了几丈远,络腮胡班长喊着"等一等"跑过来。

"什么事？"皮定均问。

班长说:"皮旅长,喝了你送的水就行了,功就不要请了。"

（3）

1947 年 1 月，皮定均调华东野战军 6 纵任副司令，6 纵就是后来三野 24 军的前身。

在孟良崮战役中，6 纵击毙了蒋介石的王牌 74 师师长张灵甫。战役结束后，战士们顶着狂风暴雨，押着两万俘虏，浩浩荡荡地返回根据地。在特务团的担架队里，几个战士抬着张灵甫的尸体，走起路来脚板格外有劲，"咚咚"地一口气走了两天，还不觉得累，可到了沂水县一个叫野猪旺的村庄，他们却不得不把担架放下了。

原来，抬了两天，那尸体已有点味了。经请示，有关部门决定把张灵甫就埋在野猪旺村。

这件事由皮定均负责处理。谁知政治部买了一口好棺材，却报告说："找不到国民党的将军服，怎么办？"

"那就给他穿套我们的新军装吧。"皮定均说。

结果张灵甫只好"穿"了件生前敌手解放军的服装。掩埋前，俘虏中，他的几个手下——一个少将旅长和八个上校要求最后看一眼张灵甫。皮定均同意了。

九个将校走到担架旁边，围成半月形，跪下，个个号啕大哭。当他们收住眼泪，站起来时，皮定均说话了：

"这就是你们师长的下场。张灵甫如此下场，是什么原因？"

说到这，他把话稍稍一顿：

"你们的出路有两条：一条是回去，到蒋介石那里，再反共。一条，留在解放区。"

这九个将校，真如他所说，有的走了，有的留下了。但是他们的手下——74 师的士兵，多数被补进了解放军部队。6 纵机关有一个排，就是由 74 师过来的士兵改编的。后来，逐鹿中原时，这个排为农村工作队担任警卫，结果，30 人的小队伍被 800 还乡团包围，他们与 800 亡命徒激

战一天,最终把还乡团打跑了。当这个排归队时,皮定均亲自去看望他们,说:

"以前你们打败仗,就跟错了张灵甫,跟错了蒋介石。在共产党的队伍中,你们别说碰上800还乡团,就是它再来个800,你们30个人也没事儿!"

此话说得战士哄堂大笑。

(4)

1949年2月,皮定均为中国人民解放军第三野战军24军副军长。

1951年,华东军区组织团、师、军三级的学习班,为期三个月,司令员陈毅亲任班长,请苏联顾问讲部队现代化作战、各个兵种性能、协同与指挥。皮定均参加了这次学习班。他说:

"陈老总自己当班长,要求我们好好学习。我们就要好好学。"

皮定均30多岁,岁数算大的了,但学习很刻苦。最后考试共印了500个试题,印好题目和答案,做一周准备,考试方法是学员一个一个进去摸卷子,答题目,由三个顾问打分,学员戏称这个考试法是"三堂会审"。对这一"三堂会审",学员们都很紧张。皮定均却谈笑风生,对人说:

"我们这次学习,陈老总讲的,叫牛吃草,不是一次消化。牛吃草,一口先吃下去,吃到肚子里以后过一段时间再消化,再慢慢消化。考不上五分考四分,考不上四分争取及格么。我也没有什么把握。"

"皮军长,你不会。"

"不能这么说。"

"三堂会审"的结果是,他考了五分,得到了奖品:一双皮鞋、一件衬衣,一个日记本。

(5)

1958年秋,正是"大跃进"期间。时任军区司令员的皮定均决定单独到当年打游击的登封县走一趟。

他到达了登封。自从1945年8月离开这个他称作第二个故乡的地方,已经13年了。13年间,天地间发生了巨变。他又回来了。一到登封县城,墙上贴着"欢迎皮司令"、"欢迎皮青天"的大标语。他看到这种情形,心里很着急,便对县领导干部说:

"你们不把这些标语马上刷掉,我不进城也不参观了,今天就返回郑州去。"

结果,县里手忙脚乱的,马上派人把那些标语统统刷掉,之后,他才进了城。

接着,他来到了当年中原突围战的白栗坪,吃饭时,他对着满桌子的菜,说:"吃这么好干什么?"

一位陪同他的干部说:"现在生活得好了,平时都吃这个。"

他腾地站起来:"什么? 什么? 什么?"

这个干部自知失言,吓坏了。

席间不免有些尴尬。

12.虎将在朝鲜

1952年秋,军长皮定均率领24军到达了朝鲜,参加抗美援朝战争。上甘岭战役后,24军接替15军的防地,开进了上甘岭一带阵地。

上甘岭战役后,敌我双方没有大的战役,皮定均按照毛泽东"零敲橡皮糖"和"抓一把就走"的战术在上甘岭展开了冷枪冷炮运动。

(1)

寒冬到了,上甘岭一片白雪。一天,作战参谋向皮军长报告:

"72 师 214 团 3 营 8 连战士张桃芳,在 32 天内,用 274 发子弹,打死 71 个敌兵。"

不到四发子弹就打死一个敌兵,这是一个了不起的数字。

但皮定均听完报告,对这个歼敌数字不太相信。他沉吟片刻,转身从床底下找出一双皮暖靴,黄黄的牛皮面,1.4 寸高的长筒,靴口露出茸茸的卷羊毛。这是军需部发给他的,这双"高级鞋",他自己都一直没舍得穿。他对作战参谋说:

"把它带上,去 8 连看看那个张桃芳。你要亲眼看他一连消灭三个敌兵。要是真的,把它送给他;要是假的,拿回来。"

在零下三四十度的冰天雪地,狙击手一趴就是老半天,还不能动,最要命的是冻脚。这双皮暖靴当然是最好的奖品了。作战参谋带上皮暖靴,到达了 8 连阵地,见到了张桃芳,说:

"小张同志,我来看看你的射击。"

他没说这是皮定均的意思,更没说要目睹他打死三个敌兵,怕引起他紧张。

张桃芳憨厚地笑了笑:"好吧。"

次日拂晓前,作战参谋跟着张桃芳上狙击阵地。他把作战参谋安置在一个既隐蔽又便于观察的地方,嘱咐他:"千万别动,敌人的狙击手也在盯着我们这里。"然后,他掂着枪,上了一个狙击台。

此刻对面敌军的探照灯还在晃来晃去,大炮发射的闪光偶尔把大地照亮。东方渐渐发白,晨雾渐渐散去,景色渐渐清晰,峰连峰,山连山,中间隔着一道峡谷。朦朦胧胧中,相距 300 米远的一个山头上出现了一个人影,看样子是趁天还不亮到外边拾柴的。张桃芳说了声:"我打了。"枪就响了,枪口冒了一个火星,对面拾柴的人像柴禾捆一样倒下,滚下了山沟。

作战参谋看着表,15 分钟过去了,目标没动。按照规定,目标中弹后 15 分钟不动,就算打死了。紧接着,张桃芳又报告了第二个目标:"一个哨兵,相隔 180 米远。"

他这第二发子弹是个曳光弹,子弹带着弧线,尽头撞到哨兵的胸部。随即,敌狙击手也开枪了,一串机枪子弹落在张桃芳的狙击台前。作战参谋暗叫不好,敌狙击手已经盯上了他,而他却还不知敌狙击手在哪。很快,天大亮了。张桃芳用步枪顶着钢盔露出了半截——诱敌兵射击,但他失败了。于是,只好耐着性子等待。

等了好久,敌兵还是没动静。他猛地窜过一小段空地,刚跳进另一个掩体,一串子弹追过去,他双手一扬,身子一翻,做了个假动作,使敌兵误认为他已中弹。随即,他悄悄地占领了狙击台,等了一会儿,慢慢探出头来,先观察刚射击他的机枪掩体,但没发现目标,再把视线上移,他终于看到两个大石头中间缝隙中露出一个枪筒子,枪筒子后边摇晃着一个脑袋。他迅速瞄准击发,猛地,那个脑袋一偏,脱离了枪口。同一秒钟,对方一串子弹打在沙包上,溅了他一脸沙子,他和敌狙击手是同时开了枪,而他打中了敌兵,但敌兵没打中他,只是在他的帽檐上打了一个洞、衣袖上八个洞。

就这样,作战参谋目睹张桃芳打死三个敌兵。回到阵地后,他搞了一个授靴仪式,说:"这是皮军长奖励你的。"然后,把它挂在张桃芳的脖子上。

这双皮暖靴与张桃芳脚上那双虎头鞋(战士们叫旧棉鞋为虎头鞋)和战士们穿的众多虎头鞋形成鲜明的对照,战士们争着摸着,说:"哟,奖这么高级的靴子啊!"

张桃芳被搞得面红耳赤。

作战参谋回到军指挥所,向皮定均做了汇报,皮定均满意地笑了。以后,他仍然很关注着张桃芳。当张桃芳杀敌数字上升到三位数时,他决心亲自到狙击阵地看看,来到了214团。

张桃芳随即也来到了团指挥所。团长恽前程做了介绍后,皮军长说:"今天我要考考你,天上飞的能不能打?地上跑的能不能打?"

"碰碰看吧。"

皮定均带着张桃芳,由几个人陪着,来到了指挥所后的山坡上。正好,低空飞着一只鸟,皮定均用手一指,枪响鸟落。枪声惊动了一只刺猬,相离40多米,张桃芳又一顺枪,那刺猬叽里咕噜滚下来。皮定均满意地点了点头,说:"鸟能打着,刺球子也能打着,难怪敌兵逃不过你的枪呢。"

1953年共青团召开第二次全国代表大会,邀请张桃芳出席。皮定均通知宣传部,叫张桃芳回国前到他那里去一趟,他要亲自和他谈谈。张桃芳从床头上取下皮暖靴,背在肩上,上路了。从8连到团部是步行,他每走一步,皮暖靴里便"哐唧"响一下,原来里边装的是他打完的子弹壳。他每打死一个敌兵,就把那颗子弹的弹壳装在皮暖靴里。他早就准备,连同弹壳,把皮暖靴送还给军长。就这样,他"一步一响"地到了团部,团长又派车把他送到军部。

当皮定均看到张桃芳时,对他背在肩上的那双皮暖靴很诧异:

"你怎么把它背回来了?"

"你更需要它。"

张桃芳把皮暖靴放在桌子上,发出很大的响声。

"里边装的是什么?"

"子弹壳。"

张桃芳兜着靴底一倒,子弹壳在桌子上倒了大一堆。宣传部部长解释说:"这是他打死敌人的记录。每打死一个敌兵,就把那个弹壳保存起来。"

"一共多少?"

"211个。"

"哈,211个大鼻子,打得不错。可你没打出名堂来。"

张桃芳愣住了。

"你们团的番号是多少?"

"214团。"

"对了。214团。你要打214个敌兵。再打3个,一个也不要多,一个也不要少。"

张桃芳傻呵呵地笑了。

"现在,把你那双鞋脱下来,把这双靴子换上……"

"军长……"

"现在就换!"

张桃芳几下脱掉已绽开花的虎头鞋换上靴子,皮军长兴趣盎然:"走走……挺合适嘛。你现在就回去。我等着你凑齐214个子弹壳。"

张桃芳终于还是穿上了皮暖靴。可惜最冷的时候他没穿,现在时令已转暖,他要穿也穿不了几天了。他回到214团后,团政委派警卫员把他送回了前沿,可途中遇到敌人炮击,那个警卫员的一条腿被打断了。

"这些找死的家伙!"

张桃芳怒不可遏地上了狙击台,只用了一个小时,就打死三个敌兵。当他返回军部,把三个弹壳放在桌子上时,皮定均把三个弹壳拿起来,放在手掌上,抚摸了一会儿,说道:

"在前沿那么紧张、艰苦,你今天就在我这吃饭吧。"

张桃芳吃了那顿饭后就回国了,他再见到皮定均时是20年后,那是皮定均任兰州军区司令组织一次演习,张桃芳为导弹9团司令部副参谋长。在演习总结大会上,皮定均讲话,张桃芳坐在下面,他很想到台上去见见老军长,但被同伴拉住,说:"皮司令那么忙,别去打扰他。"结果没去,事后张桃芳后悔了好几年。这是后话。

(2)

在上甘岭时,军通信科曾发生过一件这样的事,结果,皮定均又得了个"皮傻子"的绰号。

一次,通信员小许去送信。在路上,恰好两头野猪在他前面的树丛里"哄哄"着,他忘了不准乱打枪的规定,"砰!砰!砰!"把两头猪撂倒了。然后,扒开雪,把野猪藏在雪里,去执行任务。返回时,他拦了一辆车,把野猪拉回了军部。

此时,24军从上到下一天到头都是吃罐头,个个胃口都吃得倒酸水了,这一下子从天上掉下来几百斤新鲜的野猪肉,整个机关都轰动了。通信科下面有通值连、无线连,好几百人,众人围上去看野猪,像赶庙会一般。这消息很快传到军长皮定均那里。他非常生气,说:"三令五申,不准乱打枪,偏偏问题发生在军指挥机关。"

随即,他怒不可遏地打电话给通信科科长翁履康,严肃地问:

"为什么发生这件事?怎么发生的?原因是在什么地方?"

军长一串"连珠炮",把翁履康这位1939年参军的老同志给"打"蒙了。

"问题的根子在你身上!你没有管好部队!你放弃职责!你懂不懂?军里发的通报,你看了没有?"

"看了。"

"看了你们为什么不执行?军队的通报、通令,你们看了就算了?"

听军长这么一说,翁履康才感到问题的严重性,他正考虑如何处理小许时,放下电话的皮军长竟然亲自来到了通信科,问翁履康:"你们打的野猪在哪儿?"

翁履康带他去看野猪,一大一小,三发子弹打中三发,大的身上命中两发,小的身上命中一发。皮军长一看,口气却变了:

"不要批评这个战士。说几句就算了。要批评批评你们自己。"

翁履康还没来得及说话,军长又说:"这个战士枪法很好。你们看看,打得多准,不容易。我们就是需要这样的战士。我过去当战士,也喜欢乱打枪。"

翁履康抬头一看,军长不但没板着面孔,而且笑起来了:"嘿!幸亏小许一手好枪法,免了一个大处分。"

军长走后,他悄悄地交代大师傅,割下一条野猪腿,给军部的小伙房送去,叫小伙房的大师傅别作声。谁知小伙房的大师傅看见这么大一块新鲜猪肉,乐得一蹦三尺高,还是把话透给皮军长了。隔一天,皮定均见到翁履康,说:

"好哇,你倒挺有办法。你想封住我的嘴。"

事后,24 军的战士们给皮军长起了一个新的绰号:"皮傻子"。

结果,他到哪个连队,战士们会很快嚷嚷起来:皮傻子来了。他听到也不介意。但是有"精明"的人有了疑问:"这与傻子有什么关系呀?"

"你想想,野猪近在眼前,谁打不着啊?"

(3)

"抓一把就走",是上甘岭冷枪冷炮运动中的另一个战术。

"抓一把就走",说起来轻巧,但实战中这"一把"并不好"抓"。为了这"抓一把",72 师师长何凤山伤透了脑筋,并且挨了皮定均的批评,说:"你看你抓了几把?工作不积极。"

结果,何凤山的老警卫员、215 团的一个排长带着两个战士,一天晚上钻到敌人防御纵深的营地去"抓一把"了。可这一去,三人直到第二日清晨都还没返回。报告上去,皮定均好不恼火,在电话里说何凤山:

"被人家抓去了!要不就是打死了!"

"我不相信,三个兵,300 多发子弹,十多颗手榴弹……"何师长说。

"那为什么没回来?"

"我也讲不清。"

"怎么讲不清?白天,在敌人那里能待得住吗?"

何凤山拿着话筒没词了。那边却话筒"喔嘟"一下,挂断了。

三个兵没回来,逐级向上报后,又逐级向下追,搞得何凤山的脑袋有斗大。按惯例,三五人组成的战斗小组,摸着黑过去,摸着黑返回,或抓俘虏,或消灭一小股敌兵,或炸毁敌人的重要设施,少则几十分钟,多则几个小时。可这回,天大亮了一个也没回来。他的这个老警卫员,他是了解的,是个精豆子。照理,没有回来,要么被打死了,要么被抓去了。但何凤山也是个和军长一样的"老驴",就是不肯认这个账。

他等待着。

谁知就在他绝望了时,第二天半夜,奇迹居然发生了,那个排长带着两个战士押着两个俘虏安全返回了营地。

"你怎么搞的?你躲到哪里去了?大白天,你怎么躲?上面直追我。"何凤山追问当年的警卫员,又是高兴,又是怒火冲天,眼睛瞪得大大的,脸上却是笑容。

谁知那警卫员大大咧咧回答说:"你叫我住在哪里,我都不怕!"

"你吹什么!那不叫住,叫躲,躲藏知不知道!"

"不是吹呀!敌人第一线阵地后面,有许多孤立的小房子,是仓库。我们就住在一间里,有吃有喝的,还可以从那里观察敌兵,结果,两个查线的美国大鼻子,撞进了房子,我们把他们的嘴堵上,再住在里面,等到天黑,就带回来了。"

人回来了,抓回了俘虏。皮定均听完何凤山的汇报后,说:"好好!这个排长要表扬,记功!你们要好好总结经验。"

24军开展冷枪冷炮运动五个月,冷枪毙敌一万,冷炮毙敌4000,把敌人神气活现的劲头全打掉了。美国兵上哨前先祈祷:"上帝啊,不要让中国军队的子弹打穿了脑袋。"敌人称自己的阵地为"伤心岭"。

13.一生两大爱好:坐骑和钓鱼

作为一员虎将,皮定均一生有两大爱好,在战争年代喜欢坐骑,在和平年代爱好钓鱼。

(1)

在皮定均的军旅生涯中,除了在豫西时的小毛驴外,他的青骡子是很出名的。

　　关于这青骡子,有一段来历:红军长征到会宁时,皮定均在红军教导师任2团团长,刘伯承的坐骑生了一头小骡驹。小骡驹长得十分漂亮,皮定均很是喜欢它,老到马厩去看,其喜爱小骡驹之情,不亚于其爱牛犊子。刘伯承见他如此喜欢,便说:"你就把小骡驹牵去吧,免得你天天泡在马厩里。"

　　他果真牵走了。这头小骡驹长成青骡子后,一直是皮定均的代步坐骑。

　　后来,皮定均已是五分区司令了,刘伯承的那匹马又生了驹。刘伯承到五分区视察,小马驹也在后面跟着。爱马成癖的皮定均又到马厩去看,站着看,蹲着看,左边看,右边看,越看靠得越近,边看还边说:"你那哥哥,现在就是俺的坐骑。"

　　可这头小马驹却不卖他是"哥哥坐骑"的账,见他靠这么近,竟狠狠踢了他一脚。

　　这一踢不偏不倚,正好踢在他的眉棱上,结果留下一块"永不消逝的记号"。当刘伯承看到他的伤时,说了句话:

　　"都是分区司令了,还像孩子一样。"

　　小马驹"不懂事",但它那"坐骑哥哥"却是"精得很"的。

　　在1942年皮定均老爷山因"得意忘形"的那次败仗中,当他下山迎敌时,把马夫"老八子"和它就留在大庙里。日军在伏击后,又来占领大庙。青骡子在他们快要接近大庙时,挣脱缰绳跑掉了,这可把"老八子"难住了:这可是皮司令的坐骑呀!跑了青骡子,他却没有跑,就地在草丛里藏了起来,等青骡子。日军一直折腾到黄昏时才撤离大庙。日军一走,他也走了出来,来到原来拴青骡子的树下,只有挣断的缰绳,其他什么也没有,可他决定还是等那"哑巴牲口回来"。结果,整个大庙里各种菩萨青面獠牙,山风吹得外面的林子"哗啦啦"地响,他一个人孤单单地那里等——既阴森恐怖,又胆战心惊,侧耳谛听林子里的动静。

　　夜深了,林子里传来脚步声,青骡子果然出现在他面前。

　　在这一天半宿中,它是怎样躲过日军的视线的,无人知道。而"老八子"这般傻等终于没有白等。

"老八子"牵着它离开大庙,可四下茫茫,部队到哪里去了?他到哪里去找皮司令?"老八子"一片迷茫。可这青骡子却上路了,一直领着他向西北方向,向太行山的腹地走去。

结果,他们路上找了两天。可怜的"老八子"生性木讷,跟在青骡子后面,连找顿饭吃的能力也没有,两天两夜完全饿着肚子,但他却没让青骡子饿着,从老乡的田里掰来鲜嫩的苞谷棒棒,边喂着它,边怀着极大的犯罪感说:"这回咱们违犯纪律了……"就这样,青骡子硬是带着他找到了皮司令和部队。

当他们回来后,皮定均听说了他们的故事,说:"'老八子'通牲性,青骡子通人性。"

这头"通人性"的青骡子一直陪伴着皮定均,随着他从太行山到豫西,再从豫西到华东,一直到解放战争结束,皮定均有了吉普车,才把它送人,说:"别看它是个牲口,不比一个小四轮差。"

(2)

钓鱼,是皮定均一个突出的爱好。他在福州军区担任司令员时,有一段"闻名遐迩"的钓鱼史。

1964年夏季,31军舟桥连在九龙江演练强渡江河,皮定均从福州去漳州,路过此地,他先看了部队,又看了看正在江面捕鱼的渔民,他见渔民捕鱼甚多,勾起了钓鱼的瘾。当晚,他没按照惯例回福州,在漳州交际处住下了,然后叫警卫员张罗鱼食。他的钓竿是"随人走"的,就带在车上。他亲自从车上拿下钓竿,检查了一遍,认真的劲头就像战士出征前检查自己的武器。次日一早,他就出现在九龙江畔,车停在桥头,他坐在一个回水湾的地方,静静地垂钓。可钓了一个上午,鱼没吞钩。中午,舟桥连连长把饭给他送去。

"不吃!"他说。

眼睁睁地看到渔民捕了那么多鱼,但他毫无所获,很恼火。

钓到黄昏,还是空手而归。

第二天一早,他准时从桥头下车,又占领了那个"阵地",结果,又干坐了一天。

舟桥连的官兵们猜,司令员空钓两天,不会再来了。谁知第三天他又来了。又在老地方钓了一天,谢天谢地,黄昏时,他总算从水里拖出一条手指长的小鲤鱼。

他胜利了!第四天,他没有再来。

坐落着一片营房,人称坂头营房,坐落在福州至漳州公路右侧,前临坂头水库,后依几座山丘,营房像花园一样漂亮,可以说,是某军数一数二的好地方。它是皮司令手持钓竿决定下来的。

因为营房原址前是条公路,北通福州,南通广州,过往车辆很多,有些暴露;某军领导看好这片风水宝地,决心在这里盖营房。可是,唯恐皮司令不批。他到了军部,负责营建的副军长陪同他到坂头水库钓鱼。水库养的鱼,当然好钓,不大工夫他就钓了好几条,兴高采烈。副军长看机会到了,说:"首长你看,在这片山上盖个营房怎么样?"

水库处在低处,他手持钓竿,举头仰望,满眼云山雾幛,显得挺隐蔽。他回答说:

"这个地方好!"

拍板了。营房盖好了,一次夜间,他从前面大路上通过,看到一片灯光辉煌,便批评说:"营房太暴露了!"

军领导当然有话等着他,他一挥手:"上了你们的当!"

皮定均有点钓鱼成瘾。后来,在"文化大革命"中,有人整他的材料,其中就有一条批他钓鱼。他拒不接受,说:

"你们打扑克、打桥牌是娱乐,我钓鱼也是娱乐。就兴你们文官打扑克、桥牌,就不准我们武官钓鱼、打猎?"

14.负伤与历险

作为我军的高级将领,皮定均一生英勇善战,战功累累,在他身上也是伤痕累累,有"九死一生将军"之说。但他每次都大难不死。然而,在和平年代,他这员战将不是病倒在床上,而是死于一次飞行事故。

(1)

对于"九死一生将军"之说,皮定均生前说:"没那么多,我只负过三次伤。"

他话说得轻巧巧的,这三次负伤对他来说却是致命的。

第一次负伤,是在红军时期。一次在反"围剿"战斗中,情况危急,他就在那位少林寺出身的和尚团长率领下和敌人拼起了大刀片。结果,由于个子矮小,力气不足,在大刀砍来挥去中,本来他下手比对手还快,一刀砍中了一个大个子的脚,谁知他疼着一跳,在倒地的一瞬间,手中的刀向皮定均飞来,不偏不倚,刀片子的刀刃劈在他后脑正中,幸好大刀片子已经脱离了敌兵的手,不然他的头就要来个"削冬瓜"。结果,敌兵扑地先死,他随即也倒在他身边,血流一地。班长发现他后,才抢救下了火线。

他这次伤留下四指长的刀痕,刀痕在后脑正中,伤口的下缘紧挨颈与后脑中间的那条小沟,倘若敌兵的刀刃再向下劈半指,他也就"见马克思"去了。

他第二次负伤,还是在红军时期。在一次撤退中,他被敌人的子弹击中,一下扑倒在地,机灵的他迅即又爬起,带着伤继续追击部队而去。此次伤在左腿踝关节上,前后对称打穿,最后留下两个凹进去的对称疤,比筷子略粗。因为"伤的不是地方",这对眼伤后来让皮定均整整痛了三个月,才慢慢愈好。

他第三次负伤,是被炸弹炸中的。这是他在担任五分区司令员时,一次在指挥作战中,日军一颗炸弹在他身边爆炸,弹片、石子飞来,他后背上几十处地方"开了花",前面飞进的几颗石子正对着心脏,再稍深一点,"这颗心也就永远停息了。"手术后,他后背上还残留着大大小小的坑坑洼洼,这是用手术刀剜石子、弹片的痕迹。

这后背伤痕折磨了皮定均一生,一睡硬床,背就痛,每到一处,他都要把床垫得软软的才能入睡。

(2)

皮定均身经百战,负伤三次,这在我军将领中不算负伤多的,他一生的历险也不少。最有传奇性的有两次。

一是在太行山南麓打游击时。皮定均与日军拼刺刀,深入虎穴搞侦察,引得日军对他"恨得要死",但是明着干,一是找不到人,二即使偶然撞上了也不是对手,人少了就"寡不敌众",人多了开战过不了多久,别说他本人,就是他手下偌大的队伍也莫名其妙地"失踪"。因此,日军只能派特务深入根据地搞"暗杀"。结果,他睡眠时枕头底下放一把大刀,一次几个特务硬是摸进了村,一打听到他"枕刀而睡",当场就给"镇"住了,悄悄开溜。

中原千里突围,定均率部创造了一个奇迹。但突围后在行路上,他差点送了命。当时,他把青骡子给了伤兵骑,自己和战士们一起行军。走着走着,突然,一颗冒着烟的手榴弹落在他的脚下,生与死之间不容毫发。幸好他的警卫员反应快,飞起一脚把手榴弹踢开,"轰"一手榴弹在空中爆炸。后来查明,是一位战士在行军中不小心弄响了手榴弹。

对此,皮定均说:"不担三分险,难练一身胆。"

在长期的战斗生涯中,皮定均的历险远不止这些。他的老领导刘伯承一次在南京军事学院时讲战术时,就说:"风浪里见好汉,风险里出英雄。皮定均就是这样的一员战将。"

(3)

战争结束了,谁知在和平的年代里,皮定均却在最后的一次历险中丧了命。

1976 年初,中央军委批准了自"文化大革命"以来规模最大的一次军事演习方案。5月,各地的演习部队开进福建前线的东山岛。时任福州军区司令员的皮定均正在医院治疗青光眼,但他挂牵着这次军事演习。而来自东山岛的消息,却使他坐卧不安,焦虑万千。军区工作组报告,这次演习指导思想混乱,政治运动占用训练时间过多。演习场的军区某副司令也几次打电话说,三军捏不在一起,海陆空配合不理想。结果,皮定均在医院待不住了。

7月7日上午,皮定均与军区空军副司令员蒋亭一行到达了漳州机场,他们将转乘直升机去东山岛。

"准备好了没有?准备好了马上就去!"皮定均问前来迎接的空8军李副军长。

"报告首长,一切准备就绪。"李副军长行了一个军礼。

他们正准备登机时,负责飞行的一位副团长报告:"接到气象室报告,前方航线云层底高 4000 米,现在不适合起飞……"

蒋亭望了望,天空阴云密布,说:"皮司令,天气确实不太好,雷区很多。是不是等一等再说?"

皮定均等了半个小时,坐不住了,问李副军长:"能不能绕过雷区?"

"飞机飞得低一些,我看问题不大。"李副军长说。

"只要看得清公路,沿着公路飞就行。"皮定均以他一贯的大胆和不容改变的脾气做下了他自己最后的决定。一行人登上了一架苏制米-8直升机。随即飞机腾空而起,以每小时 240 公里的速度向东飞行。

但 20 分钟后,它和地面的无线电联络突然中断。机场指挥员有了不祥的预感,手握话筒不停地高声呼叫,但对方再也没有了任何回应。标图桌上的航线截止在漳浦的灶山,时间是 11 时 15 分。

再继续呼叫,仍然没有回应。

机场指挥员立即上报。部队和地方的有关部门立即派出人员寻找,终于在海拔 580 米的灶山的 480 米处,找到了米-8直升机的残骸,机上 13 人全部遇难,其中包括皮定均和他的大儿子皮国宏。

原来,由于恶劣的天气,飞机超低飞行,与大山相撞,一声惊雷,结束了皮定均勇武刚烈的一生!

皮定均的牺牲,惊动了正在病中的毛泽东。在皮定均的追悼会上,他送了一生中最后一个悼念花圈。

中将 罗元发

1.放牛、修路和做饭工

罗元发于 1910 年出生在福建省龙岩县五区龙门镇塔前村一个穷苦的家庭。

自小在罗元发的记忆中,全家就没吃没穿的,一家人只是靠父亲给镇上一家小食品店做糕点,挣几个钱过日子。可在各路军阀大叫"民生主义"的呼喊声中,这个店却垮掉了,罗父也失业了,只好在镇上给人做临时工。这临时工哪好做?三天打鱼两天晒网,有一天没一天的,弄得全家一个月有半个月饿得奄奄一息,最后,他"呸"地一声回家种地了。

因为有做糕点的手艺,他种地之余,每逢集日,就做些什么绿豆汤和元宵呀,然后叫上罗元发帮着一起上街去卖。父子俩忙碌一天,赚块把钱,买些米回家。结果,他因为操劳过度,累出了病,贫穷的家庭又买不起药,就这样给病死了。

这时罗元发才 13 岁。此时,他上有两个姐姐,下有一弟一妹。为了活下去,母亲只好将年纪还小的大姐嫁掉了,剩下五口人,她自己靠着给人家做纸炮来养活。可做纸炮,一天挣不到两角钱,全家人都吃不饱,常以地瓜和地瓜叶充饥。一次,家里没米下锅,一家人饿得瘫在地上,这时老天爷帮忙了,突然一场雷阵雨扑面而来,雨过天晴,河边水沟里泥鳅往上爬。罗元发突发灵感,喊道:"弟弟,一起去捉泥鳅!"

两兄弟一到河边,果然抓了不少泥鳅,拿到街上卖了一块多钱,竟然换回了一斗的大米,母亲高兴得直流眼泪,拉着兄弟俩的手说:"你们俩懂事了!"

家里穷得揭不开锅,也没穿没盖的。罗家四兄妹合盖一条破被子,天一冷,就你拉我拽,最后这破被子硬被他们扯成了好几块。实在活不下去了,14岁时,罗元发远离家乡,去修龙门至永定的公路,挣钱糊口了。他年小体弱,修公路全是体力活,工资却少得可怜。为了不给家里增添负担,他咬紧牙坚持干下去,结果,吃了一年苦,除了糊了嘴巴,一分钱也没赚着回了家。

回到家,他在村里给一个姓罗的富农放牛,第一年只管吃,第二年给一套粗布衣裳,第三年给三块钱。每天除放牛外,还要割一大筐草背回来,可还是少不了挨东家的打骂。

放牛只能糊自己的口,帮不了家里。为了给家里挣点钱,罗元发后来又去外乡挑炭、挑纸。一个十四五岁的孩子挑五六十斤担子,往返有百余华里,哪里受得了?以至后来他身上还留有那时落下的伤痕。母亲心痛,说什么也不让他再去挑炭了,于是托本村的熟人罗斗山介绍,将他送到学堂里去做饭。

罗元发上学堂做上了伙夫,每天天不亮,他就起床到一里之外的地方去挑水,回来就赶紧做饭。学生们上课时,他就打扫院子。晚上还要为教书先生干些活。一天从早忙到晚,没有一点休息的时间。为了一家人的生活,他忍着苦累,幸好一年下来,他为家里挣上了几块银元。

就这样,罗元发在学校打工,过日子。

回顾童年,后来罗元发说:"那时福建军阀大喊'民生主义',个个'怀里捞'。我的'民生'就是放牛、修路和当做饭工,吃尽了罪恶社会的苦。"

2.兄弟俩活到了解放后

罗元发是在闽西斗争中参加革命的。

1926 年,罗元发 16 岁的时候,一个叫郭滴人的共产党人来到了龙门村,他组织罗怀顺、罗操等 40 多人成立了农民协会。罗元发和弟弟罗元辉也参加了协会,跟着共产党闹起了革命。

罗元发是本村的罗怀顺带向革命的。罗怀顺上过中学,是村里少有的"秀才"。他经常给罗元发讲许多革命道理。一次他对罗元发说:

"你是雇工的孩子,人也忠厚老实,在农会工作也很积极。我介绍你入团,你愿意吗?"

罗元发毫不犹豫地回答说:"当然愿意!"

他笑了笑,又认真地说:"一个团员不仅要积极工作,严守组织的秘密,而且还要永不背叛组织,并随时准备为理想牺牲。你行吗?"

"行!"罗元发连想都没想,果断地回答。

这次谈话后不久,村农会负责人罗超就找到罗元发,说:"罗怀顺被派到漳州工作了,让我介绍你入团,但一定要保密,不能让别人知道。"

然后,他带罗元发在本村一个房间里宣了誓。

这是 1928 年 3 月间的事情。但罗元发以后再也没见到罗怀顺,据说他到漳州不久,就被国民党反动派抓住杀害了。

1929 年 5 月,毛泽东率领红 4 军来到闽西,随后,红军两打龙岩城。这时罗元发已是村里的农民赤卫队队长,赤卫队有三四十人,十几支枪。龙门村住了红军一个连,他们帮贫困农民干活,又教赤卫队进行操练。几次接触,罗元发决心当红军去。他把自己的决心告诉了母亲,老人虽舍不得儿子走,但知道红军是穷人的救星,默默地烧了一炷高香,求菩萨保佑儿子,就让他走了。

1929 年 8 月,村里的十几名赤卫队员分成两部分,罗元发带了八九名参加了红军第 4 纵队,另外的人参加了龙岩赤卫第 1 团。不久,罗元发被调到县"列宁青年队"任队长,负责站岗放哨,看守犯人等任务。

星火燎原,1930 年初,粤、赣、闽三省形成了一大片赤色根据地。为适应形势的发展,上级决定把闽西各地的自卫大队、游击队、独立团等地方武装合并组织成一支红军部队,5 月成立了福建红 12 军,罗元发所在的龙岩独立团编为红 12 军第 1 团。但随即李立三"左"倾路线在闽西得到贯彻,闽西负责人林一株以肃清"社会民主党"为名大搞"肃反",龙门村与罗元发一同参加红军的 20 多人中,罗超、罗广成、罗天废、罗水河、罗生德、罗云湖、罗大佑、罗生平、罗天禄等十多人被杀害,叶生泉、罗赐发、罗天庆、罗文笃、罗望平、罗金得、罗一了、罗炳太、罗斗山、罗春雷、罗怀盛、罗尖发、罗年旺、罗秋尖、罗春富、罗柏哨、罗文香等在战斗中牺牲,他们都是与罗元发从小一起长大,一起参加秘密农会的,一个个都死掉了。1934 年强渡湘江时,闽西子弟兵 6000 余人壮烈牺牲。无论是龙门村还是闽西籍的战士,多数人都先后牺牲,唯独罗家兄弟到解放后还都活着。

罗元发的弟弟罗元辉是 1931 年参加红军的,先后在独 7 师特务连、红 12 军 103 团当战士,1934 年到红军学校学习,毕业后回原部队当副指导员,1935 年调红一方面军政治部地方工作部任干事,后到皖南苏区独立团任支部书记兼俱乐部主任,解放后,他调到地方工作。

罗元发参加红军后,没有与家人联系,大家都以为他牺牲了。1945 年,毛泽东亲自点将罗元发留守延安,保卫中共中央,他率部历经七天七夜的抗击胡宗南大军,毙伤敌 5000 余众,掩护了中共中央安全转移。可在此期间,国民党报纸却大吹大嘘其"战果",并且为了言之有据,还刊登了一则"击毙共军旅长罗元发"的消息。这时,罗元发在龙岩的家人才知他在延安。

罗氏兄弟历经枪林弹雨还活着,人们都很奇怪,纷纷说:

"罗家葬了好坟地!"

罗元发说:"我们还活着,是因为牺牲的同志太多。我们是革命的幸存者,也是他们的继承者。"

3. 戴上了毛主席发的大斗笠

身为革命的幸存者,罗元发也是历经枪林弹雨,大难不死才活下来的。

罗元发的最初军旅生涯,是红军初创时期,他参加革命后,在红军这所大学校里的成长,有着"二二一"的经历,即"两次学习"、"两次负伤"和"一次快速反应"。这也是他作为我军一员战将初露峥嵘的开始。

罗元发参加红军不久,由于红军扩展很快,急需培养连、排军政干部,闽西苏维埃政府于是在龙岩创办了一所红军学校。罗元发平时很机灵,做事很认真,就被县列宁队推选到红军学校学习,在二区队当班长,班里有 12 名学员。毕业后,罗元发被分配到红 12 军特务连先当副排长,后为排长。1930 年 6 月,红 3 军、红 12 军统一归红 1 军团指挥。党内"左"倾路线提出了"打到南昌、九江去,促成全国大暴动,争取一省军区或数省革命首先胜利"的口号。于是,红军主力被分兵两路,红 1、3 两军团向湘赣方向行进,去打长沙;而红 12 军则单独行动,从永定方向开去,准备打东江。由于敌强我弱,罗元发所在的红 12 军没敢贸然行动,又转回到永定、虎岗一带进行整训。在整训期间,罗元发又被送到闽西特委开办的一所政治训练班中去学习,结业后被调到闽西红 12 军 101 团 3 连担任连政委。

因此,罗元发说:"我很幸运,两次学习,就当上了连级干部。"

此时,闽西只剩下红 12 军和各县地方武装,反动势力开始疯狂反扑,对闽赣根据地进行"围剿"。红 12 军主动撤出了龙岩城。敌人气焰更加嚣张,一直追到小池,到处杀人放火。一天夜里,为了掩护群众转移,罗元发所在101团与追敌在小池交上了火。身为连政委的罗元发带领战士们冲锋陷阵,左小腿负了伤。战斗结束后,他被担架从战场上抬下来。

由于部队缺医少药,又没有手术器具,一时无法做手术。为了不使腿上的伤口感染,医生用煮开的盐水给伤口消毒,结果,剧烈的疼痛使得他多次晕倒。但他硬是坚持挺着,最后被送到一个镇上的小医院,经过治疗后,伤愈又返回了部队。

这是他第一次负伤。

不久,福建红12军与江西来的红12军进行了合编,组建新红12军,罗炳辉任军长,谭震林任政委,直属红一方面军1军团指挥。1931年10月,罗元发被调到了军部特务连担任指导员,连长叫王德贵,是个江西人。不久,特务连在朋口打了一仗,罗元发左手受了伤。但是伤势不重,很快就愈好了。随即,他又参加了攻打连城的战斗。

连城守将罗操是个地头蛇,在连城有很深的根基。红军攻打连城时,他将主力拉进了山里,结果,红12军攻下城,仅消灭和俘虏了百八十人。狡猾的罗操把主力拉进山,却在连城内埋伏了一大批"化军为民"的手下,他们经常暗中向山里报告红军情况。罗操接到情报也率部经常下山对连城内的红军进行突袭,弄得红军防不胜防。一天夜里,在城内之敌的配合下,罗操又带着人马突然"杀"进了城。由于情况非常突然,红12军仓促反击。混乱中,罗元发带着特务连的一部分人马从街上向敌兵正面反冲过去,在街道拐角处,他们突然与一股敌兵相撞,两军都突然撞在对方跟前,几乎拉枪栓的时间都没有,危急时刻,罗元发灵机一动,抡着枪就向敌人砸去,战士纷纷跟着上去。这场短兵相接的战斗打了半个多小时,终于将这股敌人击败。

战后,战士们纷纷说:"这次罗指导员很是反应快呀,一秒钟就砸向了敌人!"

"哈哈,这叫'快速反应',狭路相逢勇者胜啊!"罗元发憨厚地笑着说。

1931 年 11 月,中央苏维埃临时政府成立了。红 12 军派出了代表参加了庆祝大会。会上组织了隆重的授旗仪式,红军还进行了有史以来的第一次大阅兵。会上,毛泽东当选为全国苏维埃政府主席,随后,他以全国苏维埃工农兵代表大会的名义,给每个红军战士发了一顶斗笠,罗元发第一次戴上了统一的、印有大红五星的斗笠,真有说不出的高兴。后来,他回忆说:

"我真正觉得红军是正规军的感觉,就是戴了毛主席发的大斗笠的时候,上面还有个大红五星,是用红漆印的。"

4.神威大刀队

罗元发是学堂伙夫出身,没习过武,用菜刀切菜拿手,不会耍大刀。但是,他早年率领的大刀队让敌军闻风丧胆,被称为"神威大刀队"。

这与他在红 5 军团的战斗经历有关。

红 5 军团,严格来说,并不是红军的部队,用彭德怀的话说"是蒋介石送的"。

1930 年至 1931 年,蒋介石集中 40 万大军对中央红军进行三次"围剿"。由于受到红军反"围剿"胜利的影响和全国抗日反蒋浪潮的推动,并因要求到北方抗日而遭到蒋介石拒绝,曾经奉命参加"围剿"红军行动的 1.7 万多人的国民党 26 路军,由赵博生、董振堂和季振同等人率领,12 月在江西宁都起义,全部参加红军,随后被改编为红 5 军团,下辖 13、14、15 三个军。为了加强红 5 军团的领导,毛泽东决定抽调一批军政素质过硬的干部到红 5 军团去,把这支部队改造成为真正的红军劲旅。一批红军干部调任红 5 军团,罗元发也调到了红 5 军团 13 军 38 师 1 团机炮连任连指导员。

红5军团在共产党的领导下在战斗中成长为一支能打硬仗的红军队伍。不久，蒋介石又发起了第四次"围剿"。红5军团与红3军团一起组成西路军，34师配合红3军团主力，迎击进犯的湘、赣之敌。

1932年7月，红5军团首先在水口圩上游500米处渡河迎战国民党粤军的三个师。

战斗打响之时，天下暴雨，河水猛涨，水深流急，罗元发率领战士跑步投入战斗，可河水挡住了去路，罗元发不会游泳，带头冲下河去，走到河中间，水就到了肩上，结果，他在急流中像旱鸭子似的"扑通扑通"，喝了好几口河水，差一点淹死。当他像个落汤鸡似的"呼哧呼哧"爬上对岸后，前方的战斗已经打响了。他和战士们拼命跑向指定地点参加战斗，与敌第4师交上了火，并击溃了敌人的两个团。但因南雄之敌六个团的兵力赶到了水口圩，他们不得不撤出战斗。

第一次水口圩之战，打了个不输不赢的战斗，罗元发差点被河水冲走，侥幸逃了一命。

不久，38师与红3军团和江西军区独立师一起对水口圩之敌发起了攻击。由于兄弟部队没能及时赶到，没有全歼该敌。当水口圩之敌向红军发起反攻时，战斗十分激烈，师政治部主任刘型对罗元发说："你到前面去，随部队行动参加战斗。"

罗元发一到前面，便随部队从侧翼向敌人发起了进攻。在他的带领下，战士们都脱光了上衣，先是用枪打，子弹打光了，他们就扔手榴弹，手榴弹扔光了，眼看敌人涌上来了，罗元发大喊：

"拼大刀！"

大刀是西北军特有的武器。陕甘一带比较贫困，很难供养一支部队，当年西北军建军时就遇到枪械、刺刀等武器奇缺的问题，冯玉祥出于无可奈何，打制了一批大刀装备部队，以补充步枪、刺刀数量的不足。中原大战后，西北军的军备、军费更是被蒋介石"卡"死了，但仗又要打，26军只好搬出了冷兵器——大刀，从军长到士兵，人人背上插着把锃亮亮的大刀，子弹打没了就拼刀。他们改编为红5军团后，红军也面临弹药不足的问题,因此,梭镖、大刀仍然是他们与强敌较量的武器。这次罗元发一喊,战士们纷纷抄家伙,举着大刀向敌人冲过去。

这是一场真正的肉搏战,伴随着"嘿!嘿!"的喊声和刀枪碰撞的"乒乓乓乓"的声响,战士越杀越勇。敌兵一个个被大刀砍得鲜血淋漓,断手瘸腿,瞬间不死就变成残废,但两军已经缠在一起了,谁也退不出来,只好硬着头皮打,血淋淋的场面阴森恐怖,几个敌兵实在是挺不住了,转身逃跑,可是不跑还能挺几下,一跑大刀就从背后追了上来,人头飞快地被削落地了。结果,这场血拼打了几个小时后,几百具敌人的尸体横七竖八地倒在地上,大小河沟里的水也被血染红了。余敌惊恐万状,最后"集体"溃退逃命,跑得快的才逃得了一命。

这是自红5军团成立以来打得最艰苦最英勇的一仗,红军也伤亡了300多人。罗元发带着凯旋的部队从师部门口走过时,参谋长赵博生亲自出来了,握住他的手说:"这一仗,打出了大刀队的威风,希望你们再接再厉。"

14师师长程子华见着罗元发,问道:"罗元发,你是闽西人,什么时候学过大刀?"

"没学过。"

"那你怎么舞得这么好,还没伤自己呢?"

"报告师长,打急眼了,就无师自通了,要不我舞一段给你看看!"

"好啊!"程子华是黄埔军校毕业的,也是大刀高手,饶有兴趣地说。

结果,罗元发拿上大刀却怎么也"舞"不出来了,最后硬着头皮"舞"了起来,程子华看得哈哈大笑:"你呀,这是什么玩意儿啊?全不对,好像乱刀剁菜似的呀。"

罗元发收回了大刀,回答:"我是临场发挥的,见招拆招。这叫狗急了就跳墙。"

众人哈哈大笑。

大刀队把敌兵给"砍"怕了,后来"围剿"红军的国民党军只要听到红5军团的大刀队来了,就不敢交战,一经接触搏斗时,他们就望风而逃。

1933 年 1 月,罗元发调 38 师 112 团任政治处主任、代团政委,团长姓王。

冬天,粤赣闽边区"剿共"总指挥何应钦又纠集了 30 个师,兵分三路,杀气腾腾地向江西革命根据地发起进攻。结果被毛泽东用"诱敌深入"之计,诱到黄陂一个伏击,两个师被歼灭。随后,红军主动撤回到宁都一带隐蔽集结。结果,蒋介石气得把何应钦"剿共"总指挥的帽子拿下给了陈诚。红军像云中游龙,不见首尾,陈诚一时摸不清去向,最后判断:红军一定转向广昌、宜黄或宁都之间某一区域,便来了个"中间突破",准备先占广昌城,截断红军退路,再以重兵全歼红军。1933 年 3 月上旬,他委任罗卓英为后纵队指挥官,统领 11 师、9 师及 50 师残部,向广昌方向发动进攻,并不断寻找红军主力决战。

3 月 21 日,天阴沉沉的下着小雨,雾也非常大,连周围的山也看不见。112 团随红 5 军团摸向草台岗。走着走着,突然前方不远处响起了激烈的枪炮声。枪声就是命令!罗元发和团长立即率领全团顺着枪声的方向急进。罗元发边跑边喊:"做好战斗准备。"

战士们有的端枪上了刺刀、有的举着大刀,迎着敌人的炮火猛冲过去。原来,孤军深入的敌肖乾 11 师已被红军团团包围了。罗元发一声令下,战士们像猛虎般杀向敌人,在激战中,大刀队再次大显神威。战斗从上午 9 点一直打到中午时分。大雾渐渐散开了,双方的情况尽在眼底。双方一直战斗到下午 5 时,枪声才渐渐平息下来。这场遭遇战中,112 团歼敌千余、俘虏数百。在混战中,敌 11 师师长肖乾也被乱刀砍成了重伤。上司罗卓英带着 9 师赶来增援,总算把他接下火线,重伤的肖乾被抬上了担架。数日之后,被送到了南昌,住进医院只半天时间,就毙命在病床上。

这次战役,红军获得了巨大的胜利,俘敌一万多人,缴获了一万多支枪,彻底粉碎了敌人的第四次"围剿"。罗元发率领的大刀队也立下了大功。当地的老百姓知道红军有一支神勇的大刀队后,纷纷来参观,一个个背起战士们的大刀,说:"嗨!这玩意还真沉啊!难怪白军怕了它!"

兄弟部队也派人来向罗元发请教"拼大刀"的经验,罗元发说:"我哪会呀？想学剁菜切菜,我倒可以教你们几招,不过我也是自学成才的！"

5.三次血的阻击战

罗元发在我军是一员善于打阻击战的战将,他在红军时期就开始出名。

(1)

1933 年 10 月 28 日,中央军委决定组建红 7、9 两个军团。红 5 军团整编,抽调一部分干部到红 9 军团新 14 师。结果,罗元发被调任新 14 师 42 团政委,团长姓李。

1934 年 2 月,"围剿"根据地的敌十个师向西推进,企图由梨川至南丰构成封锁线,从南丰西南向红军发起进攻。14 师配合 1 军团和陈毅部队对敌作战。42 团奉命在鸡公山地区进行防御,阻敌由田村、南半、凤翔峰向南推进。

鸡公山地势险要,坡陡山高,易守难攻,历来为兵家必争之地。控制鸡公山主峰,居高临下,可阻止敌人向西南推进,打乱敌人部署。19 日,42 团占领了鸡公山的最高峰。42 团共五个连,李团长命令 1、2、3 连在鸡公山前面 150 米的两个山头附近筑构工事,4 连和团部机炮排为预备队。团部设在鸡公山主峰前一个山头,罗元发协助指挥作战。

第二日,敌第 5 纵队李树森 94 师为主攻,敌 14 师为助攻,由田村方向向南及由东北向西南方向齐头并进。上午 9 时左右,两个团向 42 团主阵地前沿发动了攻击。敌机不断地轰炸扫射,十几门炮猛烈轰击,在阵地上,1 连和 3 连向敌反击,将敌人打退,敌伤亡七八十人,自己伤亡 20

余人。

第一次进攻,敌兵失败了。战斗一停息下来,罗元发就站在阵地前喊开了:

"各连抓紧加修工事和掩体!敌人马上就会上来!"

果然,才过一个小时,敌军又发起第二次进攻。

这次李树森除正面发起进攻外,还来了个"两侧迂回包围",火力上比上一次更猛,他还怕手下"偷懒",派了一支敢死队督战。本来他已有个纵队督战队,为什么还组织个敢死队去督战呢?原来,他选用的敢死队员,其实就是些"二愣子"和兵痞出身的"老油条",他们督战,一敢冲在前,二杀人更狠,战场上稍有退却,他们就抄起冲锋枪"哒哒哒"地"扫",因此,没人不怕这些"魔王"的。这伙敢死队一上阵督战,接下来的战斗果然十分激烈,敌兵一波一波地冲,经过几次冲击后42团前沿阵地右侧被敌突破。罗元发见状,立即组织4、5连增援1、3连,几次反击,战士们打得险象环生,终于还是把阵地又夺了回来,但伤亡不断增大,1连连长负了伤。李树森不甘心失败,发起了一次又一次的争夺战。42团前沿阵地多次被突破了,4、5连预备队反击,直到团守备部队逐步转移到第二线阵地,因时至中午,敌人才暂时停止进攻,开始吃饭了。

此时,罗元发他们团部和师部都没电话,只能用电台发电报进行联系。师长程子华来电报了:"师各部队在前面,42团继续阻敌,保障主力重新调整部署。"

42团电报又发过去:"战斗很激烈,还要阻敌多久?"

回电:"42团坚持到下午黄昏时再转移阵地。"

罗元发对李树森说:"现在到中午时间,还有半天,战斗会更激烈,能坚持住吗?"

"不怕,我们争取时间加强第二线阵地,固守鸡公山最后一个山峰上的阵地,就可以熬到天黑。"

下午2点左右,李树森集中优势兵力,在飞机大炮的掩护下,继续发起猛攻,42团英勇抗击,经过反冲锋把敌人一次又一次的进攻打垮了。

但由于兵力悬殊，一个小时后，42 团的第二道防线就被敌兵攻破了，李树森和罗元发率兵退守鸡公山最高点，继续抗敌。

鸡公山最高点占地形上的优势，但没坚固的工事，他们边战斗边修工事。伤亡很大。罗元发又命令后勤、警卫、通信和机关的参谋一起上。

4 点多钟，敌一个师的兵力分三路向 42 团阵地强攻了。正面两个多团，其余从两侧发起猛攻，42 团团长、政委一起上，守卫阵地，一次又一次地打退了敌人的进攻。在反击敌人时，他们用手榴弹、刺刀与敌人拼搏，部队又伤亡 170 多人，可就在这关键的时刻，李树森也负了伤。罗元发继续指挥战斗。战斗进入最后的关头，敌军也发了疯似的，罗元发把五个连全部投入了战斗，还是打得险象环生，但是，他们硬是一直坚持到了下午 6 点多钟。

黄昏时分，敌人以三个团的优势兵力由北向南、由东向西两面夹攻，突破了 42 团的最后阵地。罗元发一见阻击任务已完成了，立即命令部队：

"分头撤出鸡公山。"

鸡公山阻击战，双方兵力悬殊，42 团阻击十几倍的敌人，敌伤亡 400 余人，自己伤亡 270 多人，打了一个消耗战。但是，42 团"善于打阻击战"的名气渐渐起来了，而罗元发在最后的几个关键小时担负起了全团的主角，也赢得了"阻击高手"的名誉。

(2)

由于第五次反"围剿"部队伤亡很大，又不能及时补充兵员，红 9 军团又整编，并将 14 师分编到各个部队。第 42 团一部编入红 3 军团 5 师 15 团，罗元发任团政委，团长为白志文。

这是一支广西百色起义后转战到中央根据地的部队。

1934 年 7 月上旬，国民党军步步占领了广昌、建宁、永安、连城后，以 31 个师的兵力，向中央根据地中心区发动全面进攻。博古、李德指挥红军实行六路分兵,全线抵御。

这是长征前反第五次"围剿"最后一次血战。敌人的目标是先夺取高虎垴主阵地及万年亭、黄陂地区,再沿驿前、小松市取石城,夺取瑞金。高虎垴是位于驿前北面、半桥镇东北的一座山头,附近是一些高低不等的小丘,南面环绕着巍峨群山,地势险要,是扼制敌人南进的通道,也是阻敌的前锋。

高虎垴阻击战由红 3 军团军团长彭德怀亲自指挥 4 师和 5 师进行防御。其中,5 师在石城以北的高虎垴、万年亭、驿前、小松市一线担任防御。13 团守高虎垴主阵地,14 团为右翼,15 团为左翼。也就是说,一个师对抗着罗卓英的国民党六个主力师。

8 月初,战斗打响后,开始是 13 团"唱主角",与敌鏖战。敌主力在飞机大炮掩护下向 13 团高虎垴防御主阵地猛烈进攻,13 团在团长黄珍、政委苏振华指挥下沉着应战,予敌以很大杀伤。敌人虽几次发动攻击,仍未前进一步,阵地牢牢掌握在红军手中。接着,敌兵改变策略,转而攻打左翼 15 团的防御阵地。

白志文和罗元发上场了。

一开始,敌人的大炮和飞机就把阵地炸得泥土飞扬,滚滚浓烟。他们躲在防空洞内,阵地上只留几个观察员监视敌人。炮声一停,敌一个团的兵力如同蚂蚁般蜂拥而来。为了节省弹药,罗元发说:"把敌人放近一些再打!"

正面连队只有几个狙击手在一个个地"点"着敌人的"名"。敌军官见状,高喊着:

"红军火力不强,冲上去领赏!"

他叫喊着带头冲了上来,正好踏进了 15 团布设的雷区,随着地雷的爆炸声,他飞到半空中了,紧跟他的手下霎时间也倒下一大片,没死的继续往前冲,又踩上了竹尖,痛得在地上一边滚爬,一边乱喊;个别仗着一股猛劲冲到阵地前,一阵手榴弹扔来,又被炸的死伤一大片。白志文抓住这个时机,喊道:

"部队反冲锋。"

冲锋号一响,隐蔽在阵地里的战士端起刺刀冲向敌群。没多少时间,敌人的第一次冲锋被打退了,伤亡近200人。随后,他们几次进攻又被击退,仍不死心,调来大批预备队向15团阵地发起一次又一次的攻势,并且越打越狡猾,利用河沟凹地,还用一些尸体作掩护,步步逼近,同时部分人马还从侧翼摸进了阵地。15团奋起应战,阵地上枪声、喊声、手榴弹爆炸声响成一片,笼罩在一片浓烟之中,敌我难分,一场血战打了几个小时,敌兵还是退下去了。

15团守住了防御阵地,但伤亡也很大,好几个连只有十几个人坚持着,有的班仅剩下了一二个人,活着的也是身负了重伤,1营3连指导员身上三处负伤,趴在阵地上仍然持战斗。

开始几天,有主阵地13团顶着,15团打得还不算最惨烈,但激战三天后,15团终于由配角转为主角了。第三天黄昏前,团政委罗元发接到师长李天佑的命令,15团立即接替原由红4师和5师负责的全部防御阵地,不能放弃一个山头。这就是说高虎垴阻击的红军"要走了",阵地全交给15团了,也就是说15团一个团要阻击六个师的敌军了。这个任务不可谓不重。为了保证15团完成任务,李天佑说:

"师里给你们加3个补充连,补到各营去。"

罗元发立即把命令告诉白志文,白志文说:"敌人虽然被大量杀伤,但总兵力还是远远超过我们。要完成好任务,仅凭硬拼不行,要想办法灵活些。"

随即,他们又重新调整了部署,白志文率3营守鹅形阵地,罗元发率1营继续守高虎垴并接替13团在高虎垴的阵地,何德全参谋长率2营接替红4师的阵地。

当天夜晚,各部进行了紧张的战斗准备工作。

第二天拂晓,敌人又集中了所有的大炮,在十多架飞机的掩护下,对15团阵地发起了全面的攻击。敌一个师先对3营防守的鹅形阵地开始了轮番攻击。罗元发发现敌人冲入了白团长的3营前阵地,正想带1营前去支援,突然从敌进攻部队侧翼杀出一路人马,一下把他们的进攻秩序打乱了。开始罗元发以为是兄弟部队来了,后来才看清楚,这路人马不是别人,正是由3营营长杨禄华带领的一个加强连。原来,白志文知道现在的兵力不足,如只正面硬拼是坚持不了多久的,于是命令3营长带一个加强连躲在阵地的一侧,正面只留了不足一半的兵力阻敌。当敌人冲进前沿阵地时,这支部队再从侧面杀出来打敌一个措手不及。这一招还真灵,当敌人发现背后突然杀出一路人马时,立即乱了阵脚,狼狈地退了下去了。2、3营不仅守住了阵地,同时还捉了十多名俘虏。罗元发高兴地说:"这位老兄有智谋。"

罗元发带1营坚守的高虎垴阵地是敌进攻的重点。为了突破1营坚守的高虎垴阵地,敌军首先集中炮火轰击,实施了长达一个小时的火力突击后,一个师的兵力分几路冲了上来,企图一举突破他们的防线。罗元发和1营的战士沉着应战,采取了灵活机动的战术,尽可能与敌展开近战和肉搏战,使敌人的炮火使不上劲。敌人一次再次反复冲来,都被15团的手榴弹和刺刀打垮了,死尸遍地。从拂晓一直打到黄昏,高虎垴阵地仍然牢牢地掌握在15团手中。

15团同数倍于己的敌人激战,守住了阵地。到第三天,全团的伤亡人数已超过了三分之一。团长白志文头部负伤,一个牙齿也被子弹打掉了。正在这时,罗元发接到了上级"撤出战斗"的命令,立即率全团转移到万年亭以南的黄土寨、驿前、小松市一线继续阻敌。

这次阻击战如同上次鸡公山阻击战一样,先是团长指挥,罗元发协助;接着团长负伤,罗元发唱主角。后来有位秀才出身的红军战士咬文嚼字地说:"罗元发不是'元发',是后发。"

"此话怎讲?"有人问。

"元者,开始也。他打阻击,是后发制人。"

高虎垴战斗是第五次反"围剿"中一次比较典型的消极防御战,给红军造成了严重的损失,但红5师在高虎垴打垮了敌人主力六个师。战后,彭德怀来到15团看望战士们,说:"这次阻击战打出了红3军团的威风。"

在高虎垴战斗后,红3军团与敌人一直"顶"到石城,前后持续了近两个月时间。尽管红军战士打得英勇顽强,但由于"左"倾冒险主义的错误领导,根据地越打越小,最后竟到了无立足之地的地步,被迫于1934年10月进行史无前例的二万五千里长征。

当红5军团主力上路出发时,红军总参谋长刘伯承才骑上马随后卫部队行进。司令部的人员都很担心他的安全。断后的红5军团长董振堂一再催促他先走,他却非常沉着,很有信心地说:

"你们都先走,罗元发断后。"

(3)

红军离开于都长征,突破敌三道封锁线后,红军分四个纵队从新安、全州之间渡湘江,开始突破敌人第四道封锁线——湘江防线。

敌人集中了几十万大军围追堵截红军。

这是长征开始以来一次最紧张、最激烈的湘江战役。

1934年10月27日,红5师奉军团长彭德怀的命令,抢占湘江渡口,并不惜一切代价,全力坚持三至四天,掩护中央纵队安全渡江。罗元发和团长白志文接到命令后,率15团以急行军迅速赶到新圩附近,防御一条通往灌阳的道路。

这是敌白崇禧部队逼近江岸的必经之路。公路两侧是丘陵,草木丛生,有利于隐蔽。14团在15团左翼,15团1、3营在前面,2营在后,为预备队。罗元发和白志文才部署好部队,敌号称"钢军"广西第7军两个师就逼近而来。白志文从望远镜中看到敌人沿大路急进,说:"5师两个团兵力对付敌'钢军'两个师,要阻敌三至四天,任务确实很艰巨呀。"

罗元发说:"我们也是只铁拳,就用铁拳揍'钢军'吧。"

双方一经接触,战斗就十分激烈。敌炮火打得公路周围满天烟雾,很快就看不清敌我战线了。1营在最前,战斗最激烈,敌一个营的兵力先冲上来了,随即被他们打了下去。随后,"钢军"像发疯似的,整营整团往15团阵地冲击,当他们冲到前沿阵地时,红军炮兵营的大炮突然发怒了,一发发炮弹射向他们,战士们的手榴弹也响成了一片。经过一场激战,敌伤亡惨重,惊慌溃退,一转身,屁股正对着红军,战士们抓住机会,步枪机枪一齐扫射,"钢军"又都伤亡了不少人马。

第一天战斗,15团打垮了"钢军"多次进攻,阵前遍地都是戴着钢盔的"钢军"尸体,15团也伤亡130余人。部队坚持到晚上,边吃饭边加强工事,准备第二天的战斗。

但是,在半夜"钢军"又增加了兵力。第二天拂晓,他们集中兵力发起进攻,战斗更加激烈。1、3营伤亡增加,前沿几个小山包丢失。地形条件很不利于固守,罗元发率领战士们英勇地坚守着阵地,伤亡越来越大,一个个重伤员从团指挥所旁抬过去。战斗到中午,"钢军"又集中兵力发起攻击,妄想夺取整个阵地。这时师长李天佑打来了电话,说:

"你们一定要守住阵地,"

白志文报告说:"三个营长已有两个牺牲,全团伤亡达到200余人。"

"你们一定要坚持住!不然,中央纵队和红军主力渡江就成问题!"

随后,李天佑派人到15团慰问,并告诉他们接到军团通报:中央部队正在渡河,兄弟部队已经大部分过去了。罗元发对白志文说:"部队伤亡再大,我们阵地也要坚守住。如果敌人攻占阵地,新圩渡口被敌人控制,那后果就不堪设想。"

白志文立即又向李天佑表示了全团的战斗决心,同时,说:"我们也表达一点意见,希望中央纵队能快速过河。"

因为中央纵队抬着许多笨重的机器、坛坛罐罐,如果能轻装,行动起来就快得多。中央部队早过河去,他们就放心了,也使部队减少伤亡和损失。李天佑答应:

"我会转达你们的意见。"

战斗仍然打得很激烈,不久,罗元发和白志文都负了伤。白志文伤得很重,已不能动弹。罗元发头部负伤,疼痛难忍,但还能坚持行动,于是,他坚持留下继续指挥战斗。参谋长何德全向师部报告了情况后,师长政委十分着急,当天下午便派师参谋长胡震,来代理团长指挥部队继续战斗。

战斗进行到第三天,部队伤亡更大了。罗元发把 2 营预备队和团部机关的警卫、通信、参谋、干事,凡一切有战斗力的人员,全都投入了战斗,还是难阻敌军的猛烈攻势。在激战中,前来指挥作战的师参谋长胡震也牺牲了,全团干部战士伤亡过半,有的连只剩下十几个人,但是他们在罗元发的率领下仍坚守着阵地,罗元发说:"营长负伤,连长代理,连长伤亡,排长代理!"

这样一旦出现问题,便"层层代理",阻击阵地坚如磐石,矗立在"钢军"面前,像一堵铜墙铁壁。

15 团和兄弟 14 团一直坚持到 12 月 1 日下午 4 时,师部传达军团部命令:阻击任务完成,把防务移交其他兄弟部队。罗元发命令立即把伤员安排好,才迅速过江,率部追赶主力而去。

6.毛泽东"留客"

1945 年 6 月,党的七大胜利闭幕了,会议代表、晋察冀军区一分区政委罗元发正准备回晋察冀时,军区司令员聂荣臻说:

"组织上决定要你留在延安的教 2 旅,接替邓华同志的工作。"

在抗战期间,罗元发先在八路军 115 师独立团任政训处主任,平型关大战后,独立团扩编为独立第 1 师,他先任 1 团政委,后为师政治部主任。1937 年 11 月,罗元发调任晋察冀军区一分区政治部主任,不久为一分区政委,他与分区司令员杨成武先后领导了大龙华之战和击毙日军阿部规秀中将等战斗,一分区成为晋察冀军区的旗帜。这次罗元发光荣地当选为党的七大代表,并参加了会议。

"接替邓华同志的工作?"他有些奇怪。

"对,组织上决定你去担任教2旅政委。"聂荣臻说。

罗元发知道教2旅原是晋察冀四分区的部队,旅长为黄永胜,1944年开赴延安,执行保卫陕甘宁边区和党中央任务的。可是眼看战友们一批批返回了前线,罗元发也耐不住了,说:

"司令员,我还是要求回前线去。"

"在这里保卫党中央,不是前线吗?"

聂司令员虎着脸,扔下一句话就走了。

2天后,罗元发没想到总司令朱德又亲自找他谈话,意思还是一个要他留在延安,保卫党中央。政委出身的罗元发"嘿嘿"一笑:"总司令留人,我还有什么意见?我去教2旅就是啦!"

朱德见他愉快地答应了,点着他的鼻子说:"你这个小鬼呀,我还以为你真的留不住呢!"

6月16日,党的七大闭幕后的第一个星期六,罗元发突然接到通知,下午4点钟到枣园去,毛泽东要和他谈话。罗元发万万没想到毛泽东要见他,激动得心砰砰跳。下午,一辆大卡车开到了门口,直接把他接到了枣园。

他一从卡车上跳下来,毛泽东就从窑洞走出来了。罗元发一敬礼,毛泽东就握住他的手,问道:"你是罗元发?好好!进屋。"

坐下后,毛泽东笑着对罗元发说:

"要你到教2旅去工作,今天特地找你来谈谈。看你还有什么意见。"

罗元发回答说:"本来我想回前线去,朱总司令、聂司令员都给我谈了话,现在思想通了。坚决服从组织的决定,努力做好工作。"

"这样好。其实想回前线去,这想法并不坏。我们边区虽是抗日后方,但也是前线,你看,我不能老唱'空城计'吧。军委决定调几个旅回陕北,是根据当前形势决定的。敌人在磨刀,我们也要磨刀。胡宗南带着几十万大军在磨刀,我们不磨刀是要吃亏的,这叫有备无患。"

罗元发向毛泽东汇报说:"部队中流传着这样一种说法:打败小东洋,回家种地忙;老婆娃儿热炕上,小日子像蜜糖。"

毛泽东听了笑着说,你要过小日子,蒋介石愿不愿意让你过呢?现在他要保存实力,把胡宗南集团的几十万人,摆在延安大门口,这是干什么呢?是帮我们守大门吗?还不是想窜进来捞一把!我看他们是没安好心!因此,你们要加强政治思想工作,一面生产,一面学习,一面训练,提高警惕,防备国民党突然发动军事进攻。我们已经打破了他们的经济封锁,我们还要随时准备打败他们的军事进攻。

罗元发听到这,当即"呼"地站了起来,说:"我一定要按照主席教导带好部队,首先纠正和平麻痹思想,安心留守在陕甘宁边区,保卫陕甘宁边区,保卫党中央。"

毛泽东笑了,说:"这就好,教2旅的工作很重要。"

一个多小时很快就过去了,公务员通知毛泽东吃饭,罗元发才慌忙起身告辞。毛泽东把他按在座位上,说:"今天为你回延安工作接风,顺便吃一顿家常便饭。"

罗元发早就盼望"和毛主席一起吃饭"呢,也不推辞,坐到了桌子旁。桌上摆着四盘菜:黄豆芽、萝卜丝、炒土豆和辣椒炒肉片。这时毛泽东亲自给他盛了一碗大米饭,说:"多吃点,不要客气。"

罗元发大口吃着"主席盛的饭",觉得特别的香,这时毛泽东又从辣椒中拣出几片肉放在他碗里,说:"这些菜都是中央机关自己种的,国民党想在经济上封锁我们,倒使我们找到了'自己动手、丰衣足食'的路。这是蒋委员长的一大'功劳'。王震的359旅在南泥湾大生产中出了大力。你们现在接了他们的防务,也要在南泥湾、金盆湾一带好好生产、训练,做好准备。一旦打起仗来,那里就是保卫延安的主要战场。"

罗元发回答说:"我们也一定打好仗,还种好菜!"

毛泽东点着头,笑着说:"你咽下饭,再表决心。"

吃完饭后,罗元发要告辞了,毛泽东又说:"莫走,晚上和我一起到小礼堂观看文艺演出。"

结果，罗元发"客随主便"，这趟"主席处之行"，"在主席家吃了饭"，又"坐在主席身边"看了戏，直到深夜他才又被大卡车送回到住处。

结果，他躺在床上，激动得还久久不能入睡。

在毛泽东接见后的第三天，罗元发就赶到了教2旅赴任，一见到旅长黄永胜，就说："我一个放牛娃出身，走上了革命的道路。毛主席留下我，我们一定要保卫延安，保卫好他。"

组织上从众多将领中选中罗元发留在延安，一则是因为延安面临的严峻军事形势需要能文能武的军事将领，二则是因为未来的延安战斗主要是保卫战，即阻击战。罗元发军政皆优，又善于打阻击战，所以留在了延安。

7.延安保卫战

1946年3月，在延安的教1旅和教2旅合编成教导旅，罗元发旅长、政委"一肩挑"。

1947年年初，正当边区人民欢度春节时，蒋介石调集23万人马34个旅，准备从南、西、北三面向陕甘宁边区进犯。国民党西安绥靖公署主任胡宗南好大喜功，为了赶在国民党三中全会前"向南京、向全国、向全世界告捷"，亲自在洛川召开会议，限令各部三天占领延安。战争像搭在满弓上的箭，一触即发。

但是，延安不是那么容易拿下的，3月3日，他就派出部分主力在陇东一带作"战略佯动"，企图把延安主力引向边区西部，然后来个"大乘虚而入"，攻占延安。毛泽东当下就识破了他的诡计，巧妙地叫上边区野战集团军司令员张宗逊面授一计，结果，胡宗南的"佯动主力"刚进到西华池一带，立即遭到迎头痛击，3000多人被歼，连旅长何奇都被击毙。胡宗南当头挨了一棒!

胡宗南向延安的大举进攻在即,罗元发教导旅和警 7 团、延属分区第 3 团奉命组成防御兵团,在东西百余华里宽的正面、纵深七八十里的山地设防,准备抗击胡宗南的右兵团第 1 军董钊部的进攻。战前,彭德怀问罗元发:

"你们教导旅能坚守几天?"

罗元发谨慎地说:"可以抗击五天!"

彭德怀坚定而有力地说:"你们要想尽一切办法,争取抗击一星期。你们多防守一些时间,要像钉子一样。这样中央机关和延安人民就有充裕的时间转移。"

罗元发当即表示:"坚决完成党中央、毛主席交给我们抗击七天的光荣任务!"

3 月 12 日拂晓,突然几十架敌机一批又一批地窜犯延安,像一群乌鸦转向教导旅防御的麻洞川、金盆湾、南泥湾以南的驻地轰炸,把金盆湾盖的大礼堂都掀掉了房盖。战斗就这样打响了。胡宗南几十万大军分左右两路发起了大规模的进攻。在进攻前,胡宗南发话了:先入延安者,必获巨款。

3 月 13 日 8 时许,董钊第 1 军属下的师长王应尊率领的整编 27 师首先与罗元发教导旅 2 团主力展开了激战;敌师长罗列率第 1 师向南泥湾东侧,代师长陈武率领 90 师向金盆湾以南的 1 团阵地也采取了"集团进攻",其中最激烈的是 90 师与防守金盆湾的罗元发教导旅 1 团。这是因为 90 师代师长陈武因为同路的两个师长前都没这个"代"字,这个"代"字就像他癞子头上还长个疤,让他自觉低人一等,提起就脸红,但他"朝中"又无硬后台,走关系近期搬掉这个"代"字几乎不可能,只好一心"以战功"来"消""代"字;另外,他还想顺便得到胡宗南许诺的"先入延安"的那笔巨款奖金,夺个"双奖"。因此,他这次打得最疯。

但是,偏偏他运气不佳,遇上了罗元发的手下大将——1 团团长罗少伟。这个罗少伟也是位硬将。他是陕南人,出身苦,当上八路后就是个

"愣头青",能打敢拼。一次他被派到冀鲁豫军区军区补习文化,发生战事,他和十几人不幸被日军抓住,做了俘虏。关进牢房后才过一夜,第二天深夜,他带头和七八个人硬是用手挖开墙壁,打死看守,逃了出来,然后摸过鬼子岗哨,闯过封锁线,奇迹般地回到了部队。后来,他当上了副团长,讨伐顽固派李仙洲,打得他落花流水,因此,1943年杨得志率部赴陕北保卫党中央时,特地带上了他。结果,部队在陕北全是开荒种地,他又在大生产中年年是先进。这次,他率部坚守阵地,部队子弹太少,平均每人只有十发。但是,他带着一个团英勇反击陈武一个师,打到黄昏时,陈武不得不败阵而退。

第二日,志在夺取"双奖"的陈武改变了战术,凌晨2时,就率部又发起了进攻。这次他接受了昨日的教训,改"集团进击"为"分进合击",即手下两个旅分成左右"两路打",谁知他又忽视了一点,罗元发率领教导旅早在阵地前埋设了地雷,有铁制的,还有石制的,全是飞起就削脑瓜皮的锐利之物,他的士兵抹黑一冲上来,就遍地开花,连人带枪一下子全抛到半空中,那些没挨炸的赶紧找些什么塄坎、山包躲藏,可埋雷的人好像未卜先知,知道他们要往这里躲避,这里也早埋上了"要命铁蛋",结果到处是地雷爆炸,吓得许多士兵只能"原地立定",谁知爆炸声早就"叫醒"了教导旅,1团的子弹却不饶过他们,劈里啪啦地飞来,最后冲锋队伍变成了像川道里遇到了卷着泥沙而来的洪水,一下就退了下来。陈武起了个大早,见在1团阵地前没什么油水可捞,只好"树挪死人挪活",转攻2团阵地。

可是他挪到2团前,也还是"扳"不动。2团昨日就把十发子弹和十几颗手榴弹打光了,他们一上来,对方便拼起了刺刀,进行白刃格斗,2团的战士们个个不怕死,刺刀拥弯了,折断了,就用枪托砸,枪托砸断了,就扑上来抱住滚下山崖。陈武的手下哪里见过这等的阵势,上来一批倒下一批,最后冲上来一见前方白刃格斗,折转身就往回跑,就是督战队也拦不住,陈武纵使如何统兵有方也没办法了,何况他的师长前还有个"代"字,并不是位如何高明的战将呢?!

胡宗南的"三天"是从 12 日算起的，就是多打点折扣，如果 15 日前拿不下延安，他就要"出丑"，堂堂国军上将成为"牛皮大王"了。结果，在他的一再强令下，各路人马一再拼死搏杀，反复争夺，付出了很大代价，还是被阻于西吊庄、临镇和南泥湾以南地区第一线。最后，胡宗南急得暴跳如雷，下达死命令：不惜一切代价，攻击前进。于是，左右两路大军以"肉蛋"换枪弹，用督战队驱使士兵冲锋，天空飞机也一批接一批地配合狂轰。炮声隆隆。罗元发在指挥所用望远镜向外一看，数十里战线的各个阵地上，翻腾着浓烟烈火，教导旅在血战着。

当陈武在 1、2 团主阵地进攻失败后，突然以整营整团的兵力，向 1、2 团阵地接合部——标台、油房台、小林坪方向发起了猛攻。

这下他寻到罗元发的"空档"了。

战前，由于罗元发认为敌人大兵团作战，在大梢林中重火器及辎重，行动有困难，不大可能从漫无人烟而长满狼牙刺的荆棘的地带进攻，所以，主力多设防于临镇至金盆湾一带，在木瓜嶙岘、牛家塬一带，他只放了 1 团 8 连、2 团侦察排和旅直属 5 连，兵力比较薄弱。结果，陈武这一突然"猛攻"，由于兵力悬殊，他从中间"突破"了。这直接影响罗元发的第一线阻击阵地，威胁两翼的 1、2 团主力的安全，他立即命令：

"旅直特务营增援。"

特务营冲上去，一阵对打，这才挡住了整编 90 师的攻势。

过了一阵，陈武又动用了约三个团的兵力，在督战队的威逼下反扑。前沿阵地战士子弹快打光了，后方的弹药不能及时补充，只好用手榴弹向敌人集中投掷，用刺刀和敌人搏斗，因敌人继续发起猛攻，阵地十分危险，电话又不通。罗元发只好连派几个参谋去传达命令。接到命令后，警卫营副营长雷华堂"嚓"地一声上了刺刀，大喊一声：

"同志们，跟我来！"

战士们端起刺刀，猛虎般地跃出工事，趁手榴弹的烟雾，同敌人展开白刃搏斗。最后敌人抛下 200 多具尸体，狼狈地退出了阵地。

天渐渐黑起来，国军全是正规军，这些正规军"正规"得从不打夜战，这样胡宗南"三天占领延安"的牛皮破了,南京《中央日报》准备向三中全会"献厚礼"的"三日战绩"为题目的社论只好从预定第一版上撤了下来,"版主"一听要撤版,脸拉得老长:"要上也是你们,要撤又是你们,好像我们工作不要钱似的,这么瞎折腾。"结果上下都骂胡宗南。

在茫茫夜色里,罗元发和其他旅领导正在研究下一步防御要点。这时毛泽东亲自派人送来了命令,大意为胡宗南12个旅约八万人进攻延安,经三天猛烈攻击,已突破我第一线阵地,各兵团必须在三十里铺松树岭线以南、南泥湾、金盆湾地区,再抗击十天至两星期(16日至29日)才能取得外线配合,"教导旅、2纵队(王震部)为左兵团,归王震、罗元发指挥,在王震未到前,归罗元发指挥。教导旅在南泥湾、金盆湾、临镇、松树岭地区组织防御战斗。上述地区至少坚持七天"。

把保卫延安的左兵团交给罗元发指挥,这是毛泽东对罗元发极大的信任。

罗元发接到命令后,立即又调整了部署,加强了火力。半夜里,陕北的初春还天寒地冻,胡宗南的部队露宿在山头,抵不住寒冷,烧起篝火驱寒。这又为罗元发派出的小分队打了信号,小分队又是偷弹药,又是打冷枪,惹得一夜山头上枪声不断。

第二天一大早,一夜没睡好的陈武命令炮兵把重炮架上山头,准备用重火力"削平""共军"守着的山头,以解夜间骚扰之恨。谁知山路崎岖,大炮又重,炮车一开动,陕北的黄土疏松得不得了,现代化的汽车哪开得上去?只好套上牛车拉,牛拉不上劲,结果折腾到太阳老高了,还上不去,最后只好让士兵抬。结果,他那些手下骂翻了天:"为了得巨额悬赏,抬炮上山,天下奇闻!"

这天已是16日了,第1军军长董钊为了激励士气,有意透露了一下胡宗南的悬赏数字,在作战分工会议上,他说:"胜利在此一举,我给你们先吹吹风,攻下延安可能是这个数字。"然后,举起右手伸出食指。

"100万?"

"不,1000万!"

重赏之下"勇夫"很多,敌我双方一场激烈的战斗开始了。胡宗南又把董钊"天下第 1 军"的 36 师和 27 师也都拿出来,以几路轮番进攻,一路在 1 团阵地上冲破一道缺口。2 营营长张顺国带领部队像一把尖刀直戳敌人侧背。为了打垮 2 营,敌整编第 1 师不惜血本,连续攻了十几次。在敌炮火下,前方防守的战壕被炸干了,工事也炸塌了,敌师长罗列认为只要把前沿山坡阵地攻下来,就可以顺着金盆湾伸向西北的山沟,占领松树岭,直奔延安。另一路敌人陈武整编 90 师也猛攻 2 团阵地,扑向金盆湾。陈武此举意在必得,以密集的队形发起了最疯狂的攻击。然而,罗元发的防御阵地就像有了魔法似的,像道道铜墙铁壁,任凭他们怎么攻打,就是横堵在他们进犯的路上,怎么也过不了。

这一仗一直打到第二天下午。

罗元发教导旅和警 7 团面对的是董钊三个整编师共六个旅,兵力是一比十四。激战中,1 团参谋长冯配岳身负重伤,2 营营长任书田身负重伤,1 营营长连承先身负重伤,3 营营长赵林饮弹身亡。

激战继续,翌日陈武进展比较快,先攻下几个山头,紧接着,在比较关键的西北高地得手。苦战了五天五夜之后,罗元发率部主动撤离到了松树岭一带防御。下午,彭德怀给他打来电话:

"毛主席说,你们打得很好,打得英勇顽强,给敌人很大的杀伤,为中央和延安人民的转移赢得了时间。"

罗元发回答:"请彭总转告毛主席,还有两天,我们坚决完成抗击敌人七昼夜的任务。"

第五天夜晚,陈武越级向胡宗南报告战况。胡宗南问道:

"你们离延安还有多少里?"

陈武抑制不住内心的惊喜,嗓子微微发颤地回答:"尚有 15 里。"

罗元发主动转移新阵地后,判断敌兵自恃强大,明天可能就要重点攻第三道防线,松树岭附近定会有一场恶战;于是将旅机关人员和预备队都派到各团加修工事,支援部队,并将各团的火炮移至西北高地,准备迎接新的战斗。第二日晨,果然,敌人在猛烈的炮火和十多架飞机的掩护下,兵分几路向教导旅阵地攻进,并从两翼猛攻新 4 旅九股山阵地和 2 团金盆湾以北阵地,企图集中优势兵力突破 1 团的松树岭及东南阵地。战斗打响后,头上的飞机,大口径的各种火炮,把炸弹、炮弹如雨点一样倾泻在东西各个阵地上,呼啸的弹片像乱飞的蝗虫在腾起的烟雾中嘶嘶乱叫。从前沿到纵深,整个主阵地上燃成了一片火海。2 团 2 营和 1 团 1 营并肩抗击,以白刃搏斗,连续击退了敌两个团的轮番冲锋。敌人伤亡惨重,恼羞成怒,再次以重炮狂轰滥炸。有的阵地山头都削去好大一截子,继而又扑上来。

中午,松树岭以南的磨盘山阵地也陷落了。1 团防御阵地失掉了支撑点,受到严重的威胁。如不及时把敌人反击下去,敌人就有可能断其侧背,迂回包围,然后畅通无阻地翻过山峁,沿着大道,迅速逼近延安。此时,团长罗少伟在电话里向罗元发提出:

"把 1 营拉上去。"

罗元发算了一下时间,估量了一下距离,告诉他:

"可以!"

此时 1 营营长连承先已负伤离队了,教导员章零立即率部前进。一股敌人已越过嵝岘,直向 1 团阵地冲去。当他们眼看就要冲上 1 团阵地时,突然一阵手榴弹从天上掉下来,炸得死的死伤的伤,结果,这只伸出来的乌龟头又缩了回去。陈武唯恐失掉这块已得阵地,拼命地用火力封锁道路,并不断地从磨盘山投下手榴弹,1 团反攻部队很难接近。罗元发喊:

"调炮火支援!"

1 团报告说:"部队炮弹已经打光了。"

警卫连 3 班长张俊才,是旅里有名的"花机关",罗元发立即命令警卫连副连长王克臣:"叫'花机关'上,配合 1 团,把磨盘山上的那群敌兵坚决干掉!"

张俊才趴在地上,操着一挺轻机枪,只听"哒哒哒"峭壁上的几个敌兵应声而倒。接着,他把衣袖一撸,"我叫你顽固!"打得敌人抬不起头来。1营3连战士李国玉趁势扔出两颗手榴弹,借着炸起的烟雾,像壁虎一样紧紧贴着陡峭的山崖,呼呼地直往上爬。在接近山顶时,又猛地向上扔一颗手榴弹。以迅雷不及掩耳之势,跃上山岗猛扑向敌人的机关枪。他飞起一脚,踢翻了射手,操起机枪,"哗"地一声来了个"大扫除"。敌人还没弄清楚是怎么回事,后边的战士就跟了上来,一阵手榴弹,死尸咕碌碌地往山坡下翻滚。一个躲在阵地工事后的敌军官举枪瞄准李国玉,6班副手疾眼快,抢先一步,"嗨"地一枪刺,那家伙"哇"地栽到山沟里去了。此刻,阵地东北角还有一挺敌机枪在响,李国玉绕到山石后,侧身向前,趁敌不防,一梭子结果了两个机枪射手,跳上去捡起那支还在冒烟的美式机枪:

"副班长,给!"

激战至18日,由于敌人以重兵连续攻击,防御部队伤亡增大。下午,罗元发把旅部机关的参谋、干事等凡是能上阵的,全都派上了战场。陈武手下整编61旅旅长邓钟梅企图创造一个奇迹,亲自上前督战,结果刚刚爬上教导旅退守的狗梢岭,还没站稳脚跟,教导旅一个反击,把他带来的一个营打垮了,他立即慌了手脚,急调预备队增援,试图稳住部队,可预备队也畏缩不前,一直卧伏在地上不敢发动攻击,堂堂旅长邓钟梅也只好和他们一样在地上趴着。一直趴到下午,教导旅撤到了狗梢岭以西老远了,61旅才得以前进。

夜幕渐渐地笼罩了高原。晚上,旅指挥所里,挤满了前来开会的团以上干部。罗元发环顾了大家一眼,说:

"你们不是要求担任最艰巨的任务吗?现在请你们——"

大家听说又有新的战斗任务,顿时停止了说话,喜形于色。1团团长罗少伟、政委魏志明,2团团长王季龙、政委关盛志,不约而同地问:"旅长,部队往哪里去,下一步怎么办?"

罗元发和副政委饶正锡交换了一下眼神:"七天七夜抗击任务已经完成,上级命令我们今晚22时,将所有部队撤至青化砭以东隐蔽集结,待机歼敌。"

教导旅一撤离，整编90师才进入杨家畔宿营。陈武一躺下，手下大将邓钟梅报告求见，他一进来，就说：

"师长，共军已向守备部队下达了撤离战场、到延安待命的命令。"

陈武高兴得手舞足蹈，对邓钟梅说：

"这个消息决不能外泄，占领延安的头功非我莫属了！"

这时虽然他原地踏步了两天，离延安仍有15里，但离延安最近的其他部队是整编第1师，而它离延安还有30里呢，是他整整一倍的距离呢。他用手在地图上量了量这个距离，核实无误后，说："唉，这个天下第1师呀……"

正在这时，电话铃响了。他一拿起，是军长董钊打来的。

"陈代师长吗？"那关中口音，简直像吵架。

"是，"陈武听着这个"代"字觉得特别特别的别扭，但也丝毫没办法。

"你部情绪咋样呀？"

"情绪很高。"

"明天是关键的一天，我命令你全力进占延安，希望寄托在你身上，攻占延安赏法币1000万。"

悬赏的数字终于公开了，陈武顿觉精神一振："军座，这1000万我们拿定了！"

"我也希望非你莫属呀，努力吧！"

放下电话，陈武终于长长舒了口气，对邓钟梅："我们90师这次要出口气了喽，朝中没人的受气小媳妇难当呀！"

谁知过了大约半个小时，电话铃又响了，他抓起话筒，还是军长董钊的。他以为进攻命令提前了，叫了声军座就说："要进攻还是明早吧，半夜进延安，我看没必要。"

"你师于3月19日9时前由现在位置开始进攻。"

陈武立即"啪"地一声："是！"

"进攻目标为宝塔山至清凉山之线以及以东地区……"

陈武一听顿时傻了眼，"目标……什么什么？"

"还不明确吗?"董钊严厉而又冷冷地问。

"谁进占延安?"陈武问道。

"1师。"

对方说完,电话就挂了,这下陈武气得傻傻的,干瞪着大眼,突然,他暴跳如雷,跳起来了:"落后15里,还要抢头功!"

果然第二天早晨8点多,落后15里的"天下第1师"突然从后面赶上来了,一下子就"插"到了90师正面,并且还抢占了他们前进的道路,陈武发现后指派一个参谋前去阻挡,1师一个团长有恃无恐,破口大骂:"我们奉命攻打延安,你狗胆包天竟敢挡道?贻误军机,当心你的狗脑袋!"

两个"狗"字把参谋骂回了。参谋触了霉头,跑回去报告师长,陈武骂道:"偏袒第1师,要它去立功,我们打头阵牺牲了多少兄弟啊!真是岂有此理!"

但是,骂归骂,这陈武一点办法都没有!90师就像个受气的小媳妇,躲在一旁,静等着第1师车辚辚、马萧萧地朝前开去,一直到9时才传令上路。谁知1师的辎重行李却又挤过来,占住了道路。陈武气不过,派师警卫连去挡住1师行李辎重,双方挤在一条羊肠小道上,你推我搡,先骂后打,又动起了拳脚,1师就是后勤运输兵也不是好欺负的,毫不相让,边扭打边照样横冲直撞往前赶,陈武只好装龟孙,给人家"让"道了。

第1师插在90师之前大摇大摆直向延安城而去,78旅旅长沈策率领该旅为正面主攻,一直冲在最前头,可一路畅通无阻,已经看见延安城,一抬脚就要进城时,又一道命令来了:

"让整编第1旅先进延安。"

这个沈策可不是陈武,据说他那张嘴巴除了吃饭,就是不论场合"放大炮",说话就像打机关枪。这下眼看抬脚进城就是头功了,可偏偏就要刹脚,他立即跑去找师长罗列。老成持重的罗列给他的答复是:上峰命令,难以更改。

就在这时,整编第1旅在飞机掩护下又"插"在78旅前面,向延安突进。

下午 6 时,"天下第 1 旅"来到城下,旅长先派两个营向延安老城奋力突进,这伙尖兵营先聚集在半山腰乱放枪,迟迟不敢前进。结果,一阵枪响后,却遇上教导旅六个打掩护的战士,六个人抱着一挺机枪轮流打,从傍晚打倒深夜,之后便转到山脚,消失了。天黑伸手不见五指,前面的延安城万籁俱寂,"天下第 1 旅"整整一个旅的官兵全趴在地上不敢轻举妄动,连大声咳嗽都捂着嘴巴。直到天大亮,几个胆子大的士兵才小心翼翼从地上爬起来,不知谁带了个头,才众人呐喊着,冲进了早已空无一人延安城!

延安是占领了,问题却还没完。1000 万法币的悬赏几易其手,先陈武,再沈策,最后落入了整编第 1 旅。这个沈策和陈武一样,当了人家的垫脚石,可他却又不是和陈武一样的"软骨头",咽不下这口恶气!到了延安的第二天,他就大吵大闹:"这不公道!应该是我们 78 旅先进延安,为什么要叫 1 旅占便宜?"

师长罗列不理他,他可不是"凉拌"得了的!"我要到南京去告状。"他说,"我要叫全世界都知道这个怪胎是如何占领共军巢穴的!"

罗列见沈策这盏灯不省油,怕他真的捅出去,胡宗南怪罪下来不好收场,只要从师里再拨了笔钱给沈策,才算堵住了他的嘴巴。胡宗南"攻占"共军大本营延安,"捷报"传到南京,正值国民党六届三中全会召开,蒋介石立即致电胡宗南,电文说"宗南吾弟,……雪我十余年积愤,殊堪嘉尚",与会代表们更是喜出望外,一致通过一个提案,给"劳苦功高"的"胡长官"送去了一枚"河图大勋章"。

"小媳妇"陈武分毫未得。

面对 15 倍于己的敌人疯狂进攻,罗元发率部七天七夜的抗击,与兄弟部队彻底粉碎了蒋介石、胡宗南"三天占领延安"的梦想,掩护了党中央机关和人民群众的转移,为晋绥王震部队调来边区赢得了时间。他也获得了一个美称:"铁脑壳"。后来,他听到与自己对仗的陈武的这般遭遇时,哈哈大笑:

"这陈武也真是自作自受！"

可随后，南京国民党电台在播送"战地捷报"时，说此战"胡将军指挥高超，共军伤亡一万余人，俘虏五万余人"，还说"打死了共军教导旅旅长罗元年"。罗元发说："连我的名字都没搞对，这消息准确吗？国民党上头吹牛皮，下面'发馒头'，真是玩到家啦！"

罗元发指挥的金盆湾阻击战，与以后著名的塔山阻击战、黑山阻击战一起，被写进了中国人民解放战争史，如璀璨的明珠，夺目耀眼。罗元发也因此被赞为挤不烂、打不垮的"铁脑壳"而威名远扬。

8.陕北三战三捷

在撤离延安时，毛泽东就预见，蒋军进了延安必然异常骄横，急于寻找我军主力决战，遂决定在延安东北地区，与敌军打起"蘑菇战"。他把彭德怀叫来，说：

"当胡宗南督师向东找我决战时，我军闪在一旁，避开敌军锋芒和敌人展开蘑菇战，让他们乱碰乱闯，当他们想歇息之际，我军以小部队和游击队不断骚扰敌人，使他们坐卧不安，然后寻找敌人弱点，歼敌一部，使其大动肝火，不顾疲劳，不顾一切去捕风捉影。他们向北，我则打南，他们向西，我则打东，使敌人首尾不能相顾，疲惫不堪。这样磨来磨去，随着时间的推移，敌人就会被我军拖垮，磨死。"

彭德怀贯彻他的意图，在陕北发动了青化砭、蟠龙和羊马集三战，三战三捷。

（1）

胡宗南进了延安后，高兴得不得了。很快，他得到情报："共军向安塞以东逃窜。"他当即命令董钊率主力紧紧尾追。谁知这只是彭德怀派出的1纵的独1旅2团2营的"牵牛"小部队,他意在运动中"吃"掉脱离主力的胡宗南整编31旅。

当董钊的六个旅主力被彭德怀顺顺当当牵到安塞去时,董钊一进安塞城,踏上小街的石路,就心绪乱麻,在原地不安地踱着方步。原来,他洋洋洒洒五个旅追在独1旅2团2营屁股后面屁颠屁颠跑了一天,安塞是到了,可"共军主力"眨眼之间又化为乌有,全没了踪影!他怎不心烦意乱呢?

安塞是宁静的,老百姓出入有序,没一点儿接触过部队的痕迹。他的手下连续抓了好几个人来审问,都说没见到解放军队伍,最后,他那个满脸络腮胡子的警卫营长绑来一个老汉,是个羊倌,他声称见过解放军。董钊有兴趣地走到老汉身边,竭力做出"化敌为友"的表情,问道:

"老人家,向您打听点儿事……"

"是收购羊皮吗?"老汉有点牛头不对马嘴地问。

董钊哭笑不得,只好转而改口:"老人家,你告诉我,是共产党好还是国民党好?"

老人脱口而出:"都好。就是老百姓不好!"

一脸蛮横的警卫营长嫌这句话回答得不中听,伸手就给老汉一个耳光。老汉趔趄一下,重新站稳了,脸麻木地望着董钊,好半天,才说道:"共产党可没这样扇过我……"

董钊朝那个警卫营长瞪了一眼,连连挥手:"拉走拉走拉走!"一脸木讷的羊倌就这样被拉走了。董钊原地踱了几个来回,忽然醒悟过来,自言自语:"共军这一招厉害呀!我看……李纪云旅长凶多吉少了。快,队伍火速由来路返回延安!"

这时,青化砭的伏击战已经打成一锅粥了。

原来,当胡宗南的主力已被牵到安塞方向时,右翼王应尊整编27师31旅正由拐峁经青化砭向北开进。彭德怀得到情报,立即命令教导旅和2纵隐蔽集结在青化砭东南阎罗寺、郝家河、胡家河一带,准备伏歼31旅。

青化砭在延安东北 60 余里,一条小河由北向南蜿蜒流入延河,咸榆公路顺河而上。公路两旁是条 30 多里的大川,川道两旁都是高山大壑,是个打伏击的好地方。24 日拂晓,教导旅和王震司令员率领的 2 纵进入青化砭到房家桥大道以东设伏。右翼是新 4 旅,358 旅在川西阎家沟至白家坡一带山地正面伏击。

一切布置好之后,司令员王震和副政委王恩茂来到了罗元发的指挥所,检查了一下战前准备,王震就说:

"老罗,你好好地观察着敌人动静,我到后边去抓几个'俘虏'。"

这王震号称"王胡子",只知道打仗,这段时间成天打仗,东奔西跑,军衣又少,他身上生了不少的虱子,他说抓"俘虏",实际上是抓虱子。就在他"抓俘虏"时,又有情报来了,敌 31 旅已到拐峁,按路程中午就会赶到青化砭。可他们等到正午不见敌兵的动静,又过了两个小时,还是没有发现敌兵,战士们沉不住气了,纷纷探头向山下张望。罗元发疑心是不是走漏了消息,敌人不来了。正在这时,彭德怀来了电话,王震接完电话对他说:

"老总要我们别着急,其实他比我们还要急。彭总说,敌人在拐峁准备干粮耽搁了,可能要在那里宿营。"

"敌人会不会改变主意呢?"有人说。

罗元发说:"我们觉得可能性不大。胡宗南进了延安后,由于边区人民和游击队封锁消息和不断袭击,他们得不到我军行动的可靠情报。他认为我中央机关和主力向安塞方向走了。他占领延安后无论如何也得保障侧翼,这条陕北唯一的公路他能不利用吗!大家还是耐心等待。"

黄昏时分,新 4 旅捉到敌人两个送信的通信兵,背着许多家信。原来他们以为 31 旅已赶到这里宿营了。不久,侦察人员回来报告,31 旅到拐峁后抓了一些老大娘去给他们做干粮,"代烙"大饼。这些老大娘都是共产党的铁杆分子,和敌兵慢慢"蘑菇",表面上干得热火朝天,可到早晨还只做了一半,还都是夹生和焦煳的。一些敌军官发脾气,她们说:"这些年你们总是打仗,我们没吃没喝,好多年没烙过大饼了,哪能做得那么好？"31旅官兵又饥又渴,加上天色不早,只好在拐峁住下了。

当罗元发立即把这些情况向彭德怀做了汇报后,彭德怀说:"天黑时把大部队撤到后山原地休息,只留下少量侦察人员监视敌人,准备好明天的战斗。"

但是战士们求战心切,随时准备吃掉这股敌人,虽然撤下来了,谁也不愿休息,于是,拂晓前,又回到设伏地。

天色微明,两架涂着青天白日旗的侦察机,像两只黑乌鸦,在头顶上盘旋了一阵,飞走了。罗元发说:"敌人报信来了。"他立即通知各部队:"注意隐蔽,不许乱动,没有命令,不许随便开枪。一定要等敌人进了口袋,关门打狗,全部歼灭。"

9时许,31旅终于出动了,顺着公路,拉出长长的队伍,像一条黄色的毒蛇。走在最前面的是便衣队,有二三十人。鬼鬼祟祟,猫着腰,躬着身,朝半山腰打了一阵枪,这是火力侦察。除了惊飞几只山鸡,什么动静也没有。他们没有发现什么异常情况,自以为太平无事,一面报告,一面朝彭德怀设置的伏击圈里钻进来了。

这是31旅旅长李纪云亲率的92团大部队。

他们骡马背上驮着迫击炮和各式轻重武器,大摇大摆地走来,当全部队伍通过了房家桥,完全进入青化砭"口袋阵"时,突然,"噗噗噗"三颗信号弹飞向了天空,李纪云还没明白是怎么回事,对方的冲锋号就吹响了。

"冲啊!冲啊!"各部队从隐蔽处杀出来,霎时间满山川枪炮齐鸣,杀声震天。

独4旅从惠家砭方向切断了敌人的退路,新4旅在赵家沟北山梁迎头卡住敌人的脖子。在拦头断尾的同时,罗元发率教导旅从东向西猛烈侧击,358旅由西向东猛烈夹攻,2纵沿小河由南向北狠击敌人侧背,像3把利刀把敌人截成四截。李纪云顿时上天无路,入地无门。

罗元发站在指挥所举起望远镜一看,被分割包围的敌人像戳破了的马蜂窝,乱成1团。战士猛冲猛打,越战越强。31旅丧魂落魄,弄不清"共军"从何而来,也不知道有多少人,只觉得漫山遍野都是解放军,四面八方都是闪亮的刺刀。有的敌军士兵还没来得及开枪,就当了俘虏。旅长李纪云一听见冲锋号就指挥不动手下的那些"不听话的兵"了,束手无策,只是小声地说:"完了,完了。"他们知道灭顶之灾来了,忙带着身边的由军官组成的残兵抢占石绵羊沟两侧的高地,想固守待援。可是新4旅771团在教导旅1、2团配合下,一个猛冲锋就把李纪云的"指挥部"打得四散溃逃,他那些由残将组成的"整个部队"也失去了指挥,一会儿,他和副旅长、参谋长全被生擒。

敌人已经失去了抵抗力,王震指着乱成1团的敌人对罗元发说:

"走,我们到下面去看看。"

罗元发忙给参谋长陈海涵交代了一下,跟他一起下了山。

公路两旁到处都躺着血肉模糊的敌兵尸体、死马,堆着枪械弹药。有些重武器还驮在骡马背上,没有来得及卸。枪声渐渐停止了,山川恢复了平静。

这一场速战速决的歼灭战,前后只有1小时40分钟,李纪云率领几千人马,从旅长到士兵,没有一个逃脱。

战斗结束后,胡宗南才如梦初醒,令刚刚返回延安的董钊回师救援,但八月十五种花生——已晚三秋了。下午4点,董钊在拐峁镇给胡宗南打电话报告:31旅旅部直属队及92团全部覆没,旅长副旅长参谋长等多人被俘,战场被打扫得干干净净,连一具尸体也找不着,"共军"去向不明……胡宗南占领延安后,多年鳏居的他52岁时竟然做起了新郎,还在"度蜜月"呢,拿着电话听了半天,才嘟哝了一句:"是吗?"

战后,罗元发说:"蘑菇战术就是好,打得敌人嗷嗷叫,六天磨掉一个旅,胡宗南的这点本钱,够不上几磨啦!"

(2)

青化砭之战后,胡宗南急寻共军主力决战,但他接受了上次31旅孤军行动的教训,于是搞"方形战术",八九个旅团粘在一起,"滚筒式"前进,数路并驱,同行同宿,鸡犬之声相闻,从3月25日到4月6日,大队伍"武装游行"了12天,行程400多里,而"共军主力",时远时近,可望而不可即。胡宗南抓不到"共军主力","武装游行"耗粮费力,他乐得继续下去,他的手下却不愿意,说:"这种仗真是累死人!兵熊,熊一个;将熊,熊一窝。"胡宗南再怕部下说他不会带兵,生怕做了"熊将",于是下令整编29军135旅守瓦窑堡,主力南下蟠龙、青化砭去补给。

谁知胡宗南叫这135旅守瓦窑堡,又陷入了自讨苦头吃的困境,他的主力立即减少了机动兵力不说,关键的是,他还得给这个旅"送饭吃"。因为代旅长麦宗禹率部一进去,又是座大空城,里面什么都没有,随即四面又被彭德怀派兵死死封住了,135旅就像掉入个大空桶子里,要吃没吃,要喝没喝,无法生存,胡宗南只得用飞机去"投"大饼。这"飞机投大饼"的杯水车薪岂能持久?正在这时,彭德怀又派兵在永坪镇抓住他的29军屁股,狠狠地搓了一刀,结果,29军屁股一痛,马上掉转尾巴北上。胡长官只好令135旅离开瓦窑堡,立即南下策应。

彭德怀正为胡军八九个旅团粘在一块的"铁砧板"难以打破犯愁,135旅孤军南下,彭德怀立即抓住这个绝好机会,决定在半路上寻找战机,吃了它。于是,麦宗禹才拔营,罗元发教导旅和新4旅和2纵就马不停蹄地迅速行动了,教导旅开往新盆河,岭河、胡家沟东线设伏,新4旅主力在李家川、水家嘴一线设伏,两个旅形成东西夹攻的态势,无论他从哪里来,都得钻进一个"口袋"——羊马河,然后两个旅马上一"合","口袋"就成了。359旅在黑山寺,独4旅在岭湾附近地区,随时配合。

羊马河是打伏击的天然地形,两边是小梁,中间夹着一条大路。彭德怀估计到麦宗禹接受青化砭教训,不会再钻公路,要走两旁山梁,各部的设伏阵地都放在三至四道山梁里,这样麦宗禹就是眼睛最尖,也看不到,打不着。但他一进入埋伏圈后,各部一发起猛攻,包围圈就可立刻变成"铁布口袋"。

13日下午开始,358旅和新4旅一部佯装主力,以每天只让敌人前进五至十里的速度,阻击左翼董钊的五个旅。而独 1 旅和警 7 团抗击着右翼刘戡的四个旅。这个阵势一摆开,胡宗南便断定说:"你们总是说共军主力找不到,它们现在就在蟠龙以西一带地区嘛。"结果,在他的"全盘调控"下,左翼董钊整 1 军五个旅向三皇峁、孙家湾、龙家镇一线猛进;135 旅受命火速南下,向 29 军右翼靠拢,然后向西"围歼"共军主力。

第二日凌晨,麦宗禹率领 135 旅分两路沿着瓦蟠大道两侧高地南下。出发时,他莫名其妙地总感到心慌,问参谋主任朱祖舒:"以我们一个旅的兵力,万一碰上共军主力,该能抵挡一阵子吧!"

参谋主任不明其意,便随口答道:"共军主力不就几万人吗?论装备他们差远了!"

麦宗禹这才稍稍感到一丝心宽。但他还是不敢走山谷平川,领着部队沿着山岭推进,大队人马全在山岭上的树丛和野草丛中穿行。可 9 点多钟旅部行至三郎岔时,麦宗禹猛然听见前方不远处枪声大作,队伍出现一阵慌乱,有人一惊一乍地喊:

"共军把咱们包围啦!"

接着,搜索部队送来确切报告:在大道东西两侧的千米高地上发现"共军"大部队,双方已经打起来了。麦宗禹一听头皮都麻了,急问:

"大部队,有多大?"

可是手下人却回答不出。就在这时,罗元发教导旅和 2 纵已由东向西、新 4 旅由西向东"呼啦"夹击过来了,霎时伏击战变成了运动攻击战,惊慌失措的 135 旅还没反应过来,就已被分割若干豆腐块,前后不到三分钟。大惊失色的麦宗禹回头对朱祖舒小声说:

"糟了,糟了。不好了……"

随即,他又说:"我们中埋伏了,只有鱼死网破了。"于是立即命令405 团掩护旅主力与 29 军靠拢。这时团长罗少伟已率 1 团绕到了他的右侧,猝然出击。麦宗禹领着乱成一锅粥的手下纷纷退到沟底,两个小时后,羊马河以东的所有阵地被教导旅和 2 纵占领,只有一些腿长的兵,还拖着烧火棍般的长枪往河西溃逃。看到自己熟悉的部下一个个在自己眼皮底下——举起双手,麦宗禹的脑子里一片空白,只好不住地向胡长官一个劲地告急!

这时,胡宗南正坐镇在延安大银行里,他先接到董钊、刘戡两军受阻的电报,又接到135旅被围求援的电报,此刻他还没意识到135旅的危险,反而打起如意算盘来,一面命令135旅就地构筑工事,不惜一切代价拖住共军主力;一面命令董、刘急速回转,与共军主力在羊马河决战。然而董钊、刘戡就像驴子被彭德怀派往的阻击部队抓紧了笼头,几乎挣烂了鼻子,就是回不来了。只有担任后卫的165旅稍稍有点活动的余地,可和135旅只隔一道山梁时,被新4旅16团副团长宋绍连指挥的2营坚决顶住。结果,165旅旅长李日基受到胡长官的严厉训斥,发疯地左冲右打,还是寸步难行。只得眼巴巴地望着135旅将被歼灭,只能在电话里大喊:"麦老兄,我真是一点儿办法也没有啊!"

到下午4点钟时,麦宗禹还在等待援兵,结果连突围的机会也错过了。这时彭德怀命令集中兵力消灭东山的敌405团,罗元发教导旅正面攻击,独4旅攻敌右侧,359旅攻敌左侧,新4旅钳制西山之敌。

罗元发一声令下,1团由胡草沟向西进攻,2团由兔儿河向西南进攻,战士们跃出交通壕,向敌群冲去,枪声、炮声、手榴弹爆炸声混成一片。敌人阵地浓烟滚滚,尘土飞扬,喊声雷动,震人心弦。405团哪里经得这般的猛打猛冲,不到50分钟,405团被全歼,团长陈简亦被活捉。这一打,麦宗禹身边只剩下最后一块阵地——三郎岔路西山了。

随即,罗元发等各部又向西山发起总攻。独4旅主力攻正面,教导旅和359旅由东向西,新4旅由西向东。攻击一发起,王震带着几个参谋来到了罗元发的指挥所。他简略地问了问情况,就要继续往前走。罗元发担心他的安全,说:"把旅的指挥所一起带到最前线,和他一起走。"

以后的战况,就如麦宗禹的回忆所说:"在沟里我遇到一个战士,我随这战士到他的部队,就这样被俘了。在路边没停多久,就见到了王震司令员、王恩茂政委,互通姓名,一如朋友相见。……"

当然,在与麦宗禹"一如朋友相见"的人中还有罗元发等人。135旅就这样"全完了"。

这天晚上,麦宗禹被安排在一个土炕上。他和王震、王恩茂同睡一铺,一起聊天。麦宗禹说:"几个小时前,我们还在羊马河畔厮杀,现在同睡一铺,有意思,有意思。"

接着,他又告诉他们一个小秘密:"20多年前在湘军时,我和彭德怀将军同班,他是我的班长,他常给弟兄们讲杀富济贫的故事,叫我们当兵不要坑害百姓……"

几个人唧唧喳喳,几乎聊到天亮。

事后,罗元发对麦宗禹说:"没想到我们都是彭总的部下,竟然还打起仗来了。"

"是呀,你看,论时间,我是你们的'师兄',但是你们这些'师弟'还在彭将军手下,我脱离多年了,这不,仗是你们'师弟'赢了!"

说着,众人又呵呵大笑,又握起手来了。

羊马河战役,首创西北野战军歼敌一个整旅的范例。

(3)

占领延安后,胡宗南本想抓住共军主力决战一场,给翘首以待的国防部再放几颗"卫星",可连吃两个败仗,丢了个李纪云,又丢了个麦宗禹,好不恼火,正愁没法向"老头子"交代时,董钊又报告:"寻着了共军主力的尾巴。"

"在哪?"

"共军主力正在向绥德、米脂方向撤退。"

几次都是寻着了共军的主力,结果又糊里糊涂钻了"铁布袋",这次胡宗南谨慎多了,因为再丢个旅的话,"老头子"不砸烂桌子才怪呢!偏偏这个董钊为了抢功,越级把情报上报国防部了,结果,国防部那些大官大员坐在办公室无事可做,聊天看报后,还是闲得无聊,于是一个劲地打电话催问"战果"。这一"催"催得本来就好大喜功的胡宗南雄心一起,当即提出了个大口号:"把共军赶过黄河去!"

他命令还没来得及下,他的手下第 1 军军长董钊看着窗外的倾盆大雨,突然断然地把手头的烟头一丢:"将在外君命有所不受,战机稍纵即逝,马上出发!"这场大雨真是罕见,把董钊所有的电台都淋得没了讯号,与西安的胡长官怎么也联系不上了。可他决心一下,就率领大军冒着大暴雨,开上泥泞的道路,到绥德与"共军"主力"决战"去了。

原来羊马河战役第二天,即 1947 年 4 月 15 日,毛泽东给彭德怀等野司首长来电,说:"我之方针是继续过去的办法,同敌在现地区再周旋一时期(一个月左右),目的在使敌达到十分疲劳和十分缺粮之程度,然后寻机歼灭之。"为了实现这一战略部署,彭德怀决定打蟠龙,端敌人的老窝。

蟠龙是敌人的战略补给站,存有大量军用物资。胡军每次战后,都要回到这里补给。打下蟠龙,不仅能动摇敌军信心,使他们穿不上衣,吃不上饭,补给更加困难;而且将会把胡军死死拖在陕北,无暇他顾,从而支援全国战场。

但董钊、刘戡的九个旅已回到蟠龙一带休整补给,要打蟠龙,必须赶驴离棚圈,牵驴上磨道。胡宗南会不会接受几次"推磨"盲目乱动、损兵折将的教训呢?凭多年和他打交道的经验,彭德怀深知胡宗南是好大喜功的,说:"只要我们的戏做得好,就不怕胡宗南这个演员不出场。"他把这第三次牵驴的任务交给 2 纵 359 旅旅长郭鹏了。

4 月 28 日,以 359 旅及其他各旅抽出的一个排,组成了"主力",在郭鹏指挥下,摆开东西十里长的阵容,开始向北"撤退"。结果,这个动向被董钊捕捉住了。因此有了他这出"冒雨抓战机"的擅自行动。

虽然董钊的行动是先斩后奏,但一贯握权握得比命还紧的胡长官这次不仅没发脾气,反而表扬说:"我军将领如果都像董军长这么洞察入微,这么英明果决,这么善抓战机;彭德怀纵是有一万条腿,也早就被捆在我胡宗南面前了。"他的这个表扬是出自肺腑的,因为他也有了这次董钊是"真正"在绥德抓住了"共军"主力的"共识",随后,他洋洋得意地说:"5月份我要在绥德举行记者招待会,宣布歼灭陕北共军的消息。"

就在董钊向绥德追击"共军"主力的时候,西北野战军主力却开始向蟠龙集结了。蟠龙,位于延安东北90里,是咸榆公路线上一个重镇,四面环山,地势险要,具有极好的天然屏障,易守难攻。防守这个重镇的是胡宗南装备最好、火力最强的嫡系部队167旅。旅长是被称为胡宗南四大金刚之一的李昆岗,做过胡宗南的参谋长。他被委以镇守蟠龙重任后,对主子竭尽忠心,派兵抓来一批老百姓,强迫他们拆掉民房,日夜修筑防御工事。蟠龙镇四周高地环抱,地势险峻。李昆岗曾得意地说:"凭共军的小米加步枪,要想来这里玩命,好比鸡蛋碰石头。"这次彭德怀派1纵、2纵和新4旅就用"小米加步枪"来攻打蟠龙镇,罗元发教导旅在南线阻击敌人增援。为什么这次罗元发打援呢?彭德怀说:"教导旅打野战过硬。"

罗元发率领教导旅从甘谷驿出发时,大雨还在下,道路泥泞难走,战士们"扑哧扑哧"深一脚浅一脚,冒雨前进,一夜行程50多里,翌日黎明,赶到了青化砭附近以北的平步塔山山地,然后,不顾满身污泥,立即赶紧抢修工事。

就在彭德怀兵临城下,即将向蟠龙发起总攻时,罗元发的教导旅无线电截获了一个有趣的情报:胡宗南和董钊、刘戡及李昆岗这几个,在西安、绥德、蟠龙之间,通过无线电,开演了一场滑稽的闹剧。先是绥德的刘戡向胡宗南要粮食,接着是蟠龙的李昆岗向胡宗南要援兵。胡宗南先根据刘戡的报告,训斥李昆岗贻误战机,不火速向绥德运送粮食;马上又按照李昆岗的呼救,大骂董钊、刘戡"中了共军调虎离山之计"。当董钊、刘戡喊冤叫屈说"共军"主力确实在绥德,已被赶得"准备渡黄河"时,胡宗南觉得有理,忙派飞机到吴堡上下黄河渡口侦察了一番,果然黄河上人马拥挤,船来船往,一幅大军渡河的景象;于是又责备李昆岗把共军游击队当成了主力,要他坚守蟠龙。但胡宗南总有些放心不下,命令驻在拐峁的48旅、青化砭的84旅及自卫队宝鸡大队北上援助蟠龙,保卫他的后勤基地。

攻击部队于 4 月 30 日顺利完成了包围蟠龙的任务,并定于 5 月 1 日拂晓发起攻击。但因整夜暴雨,山洪暴发,遍地泥泞,彭德怀决定推迟一天。

第二天,雨过天晴,西北风吹散了满天乌云,太阳露出了笑脸,黄土高原显得格外美丽。蟠龙镇的战斗已经打响了。这时,董钊的主力正好赶到绥德城下,如果返回蟠龙,则至少得六天时间。而彭德怀攻下蟠龙最多超不过三天。

教导旅守候在平步塔山。战士们听到北边打得那样激烈,心里痒痒的,一人说:"肥肉都给人家吃了,骨头也让人家啃了,咱连汤也喝不上啦!"

另一个接口说:"咱每次打硬仗从不落后,这次真命苦,连个敌人影子也没碰上。"

战士们求战心切,2 团 4 营 4 连连长张恒玉也憋不住了,带着通讯员,司号员 3 个人跑到前山去瞻望。结果,翻过山梁,才走下山沟,突然通讯员喊道:"连长,你看!一群'黑狗子'。"他一抬头,大约有好几百人的黑狗子顺着延河公路上来了。"黑狗子"就是伪地方自卫队,他们穿着一身黑布军装,扛着杂七杂八的枪。张恒玉见回去报告已来不及了,打吧?只有三个人,弄不好倒打草惊蛇,把"黑狗子"吓跑了。他急中生智,命令司号员:"快快吹冲锋号。"这伙"黑狗子"一听到冲锋号,吓得不轻,忙跳下公路,躲在石头后面准备抵抗。这时旅长罗元发在山上听到山下忽然传来我军的冲锋号,知道有紧急情况,立即命令前面的 1 团发起冲锋。战士们早就憋不住了,立即争先恐后冲到公路,惊慌失措的"黑狗子"纷纷缴枪投降。一部分逃到河对岸的碉堡里,结果也被缴了械,一清查,竟有 700 多个,是伪宝鸡自卫大队,不到半小时全部被歼。

这天中午,新 4 旅和独 4 旅并肩战斗,向敌主阵地集玉峁发起了总攻,经过激战,全部歼灭守敌。至此,蟠龙外围主要阵地全部占领了。蟠龙镇守敌已陷入山穷水尽的绝望之中。驻在青化砭的敌 251 团奉令增援蟠龙,以两辆坦克为前导,进入教导旅 1 团阻击阵地。团长罗少伟、政委魏志明指挥全团立即给了他们一个下马威,打得敌兵狼狈逃窜。他们知道我军的厉害,再也不敢轻举妄动,又回到平步塔。第三天听到蟠龙镇失守,165旅被歼,敌256团急忙冒着大雨向南逃窜,罗元发带领全旅追到拐峁,杀伤一部,未能全歼。

这次阻击战就打得这么轻巧,波澜不惊。战士们说:"这些敌兵来时像乌龟,跑时像兔子。"

5月4日黄昏,彭德怀命令向蟠龙发起总政,2纵司令员王震看到陷入重围的敌兵要突围逃跑,抄起支卡宾枪,大喊一声:"我是王震,跟我来!"战士们见司令员带头发疯似地冲起来了,顿时像野马挨了重鞭,像潮水一样跟在司令员后面就这样涌进了城,冲向167旅旅部。李昆岗惊恐万状,正抱着耳机哭喊救援,胡宗南这才恍然大悟,命令董钊、刘戡两军不惜一切火速南下救援,可他的手下两员大将开到半路见大势已去,就不肯再走了。

这一仗,彭德怀全歼敌少将旅长李昆岗以下6700余人,缴获军衣四万多套、面粉1.2万余袋、骡马1000余匹、山炮6门、子弹无数。西北野战军在战场上缴获这么多的物资,还是第一次。但是,这次罗元发和教导旅没有吃上肉。

董、刘率十万大军经几次"蘑菇",肥的瘦了,瘦的垮了,再次南下,要吃没吃的,结果,大热天,几个月前神气得不得了的国军此时还捂着棉衣棉裤,饿了只好啃包谷杆子。开小差的、掉队的、饿死病死的不计其数。罗元发说:"毛主席的战术就是神奇!"

9.沙家店之战

1947年8月中旬,彭德怀根据毛泽东的意图,决定以1、2纵歼灭钟松的 36 师,2 纵钳制刘戡,阻止其增援;教导旅归 2 纵指挥,和 1 纵围歼敌 36 师。此时,刘戡所部占领绥德、米脂后,除留少数部队守备外,主力正冒雨北上,深入到店头镇一带,而 36 师也尾随其后向东急进,当天进至沙家店地区,拼命地向黄河边上赶。

原来,在前些日子,一些后方机关从葭县以北的黑峪口渡河到晋绥解放区时,被胡宗南的侦察机在空中"抓"到了,被彭德怀称作"屁股当脑袋用"的胡长官竟又一次犯错,说:"共军有渡河的意图。"

当他的主力急追到黄河边上时,18 日下午,1、2 纵的先头部队与他的主力尾巴钟松的 36 师已在常家高山上接火了。罗元发率教导旅急速前进。当进入一条狭窄的山沟时,天空突然乌云密布,霎时大雨倾盆,战士们跌跌撞撞,像扭秧歌似的冒雨前进。这时罗元发说:"若不能按时到达,就难完成对敌包围;让敌人觉察了我们的意图,事情就不好办了。"他急速地喊:"快,快!"教导旅飞速向前运动,前面要翻过一个山坡。入夜,天黑路滑,啥也看不清。为了避免失掉联络,战士们想出一个好法子:大家解下绑带,拧成一根粗绳,抓住绳子走。有的战士还拄着棍子。就这样,经过一夜艰苦行军,第二天拂晓,终于赶到了常家高山西北的一个小村。

罗元发正要问前面的情况,侦察科科长跑来报告:"1、2 纵队和敌 36 师稍事接触之后,敌人就龟缩到了沙家店、泥沟则一带。"

"要是刘戡掉头西进,两股敌人粘在一起,那我们就不容易啃了。"罗元发担心地说。

谁知很快他接到野司的电报,查明敌人并没有靠拢,刘戡主力一部已进至黄河边葭县、神泉堡一线;而那个狂妄的钟松竟分兵两股与刘戡"赛跑",他的前梯队 123 旅及配属的 493 团,已从黄河沿岸伸至乌龙铺常家高山东北,而由钟松自己带领的后梯队 36 师师部及 165 旅,却孤零零地掉在后边。昨夜一场瓢泼大雨,并没把他们发热的头脑浇醒,一个个仍梦想着逼着"共军"东渡黄河,收一个"半渡而击"之效。罗元发说:"他们的决心真大呀!往死里走,还浑然不觉。"彭德怀命令 3 纵队继续钳制刘戡,切断他与钟松的联系,并阻他回援,新4旅在常家高山抗击123旅,坚决地把钟松的兵马撕成两半,使其相望而不能相顾,便于各个歼灭。下午,1、2纵队由东西两面向沙家店之敌36师主力发起了进攻。

这狠狠地一棒,才把钟松捶醒:原来共军主力并未渡河,就在他的眼皮底下!他急令123旅星夜向他靠拢。而123旅旅长刘子奇这时也已闻出味道来了。可他一见与刘戡的联系已被割断,一个劲地搓手:"不妙,不妙。"手下参谋长小声问道:

"如何个不妙法?"

"如果回头向沙家店靠拢,势必陷于前有堵击、后有追兵的困境。"

于是他来了个按兵不动。结果尽管钟松三令五申,以杀头相威胁,而刘子奇则以天黑难走为借口,迟至第二天早晨才掉头西进。而新4旅当晚就布置在常家高山东北,迎头把它挡住了。

20日13时,彭德怀总根据敌我双方的态势,运筹帷幄,下了总攻命令。

彻底消灭36师,是我西北战场由战略防御转入战略反攻的开始。罗元发接到命令,立即率部向沙家店方向前进。配合2纵消灭敌36师主力,他决定从常家高山以西的新4旅与2纵队中间插过去,部队冒着枪林弹雨跑步前进。当到达常家高山附近时,罗元发只见东北边新4旅阵地上的战斗非常激烈,随即发现敌123旅正集中兵力企图夺取山顶的破庙,与36师靠拢。这是常家高山的制高点。这个山头距2纵的阵地很近,假若丢失,就会严重地威胁到2纵的侧背。看到这种情况,罗元发说:"常家高山无论如何不能丢!"

在这里抗敌的是新4旅771团的一个营,由副团长梁末贵直接指挥,已经连续击退了敌人好几次冲击。于是,罗元发立即调2团来加强他们进行守备,1团仍执行歼灭36师的任务。

他爬上常家高山,对771团梁末贵说:"你们坚决抗住,我们2团很快就会赶到。"

"新4旅的阵地已形成了半圆形,敌123旅正拼命地向里面钻哩。"

梁耒贵介绍说。

罗元发一听,突然产生了一个新的想法,说:"要是教导旅从新4旅的右翼插过去,两面一夹,岂不是把123旅包围了吗?"

"这样一来,对36师的攻击力量会相对地减弱,2纵的担子也会加重了一点,但只要我们坚决消灭了这股敌人,就保证了主力侧翼的安全。"副政委饶正锡赞同说。

他们立即向司令员王震报告自己的这一想法,并命令1团改变原计划,掉头向东围歼敌123旅。

2团到了,他们一投入战斗,常家高山阵地的防御力量加强了,敌人的进攻被迫减弱了;此使1团快速向常家高山右翼迂回过去。与此同时,新4旅也迅速向右翼猛插。包围圈越缩越小,眼看就要合拢时,在新4旅和教导旅东面的接合部位上,出现3纵的一个部队。原来他们是尾随123旅,策应新4旅抗击的。在这节骨眼上,他们不了解罗元发的意图,把部队向东收缩了一下,准备抗击刘戡的增援部队。但他们一走,势必出现了一个口子,使敌人有突围的可能。新4旅旅长张贤约立即命令一个侦察参谋前去联系。那个参谋接受命令后,一口气爬了几个山头,才追上他们。这时他们只剩下一个连尚未撤走,参谋找到该连的指导员,气喘吁吁地说:"新、教两旅……要吃掉敌人123旅……旅长请你们留下……堵住……"说完他便昏倒在地。该连得知这一情况后,就留下来堵住了这个口子。

至此,西北野战军主力在沙家店常家高山一线将敌36师切成两块,分割包围起来了。

钟松被围困的犹如热锅上的蚂蚁,他将唯一的希望寄托在刘戡增援上,等他来解覆巢之危。殊不知刘戡因上次"援榆不力"挨了胡宗南一顿大骂,就对钟松有一肚子的气,这次,辛辛苦苦赶到黄河岸上,又没发现"共军"主力,因此接到胡宗南"增援钟松"的电令以后,心里更是窝火,有意迟迟不前。他率四个旅的兵力,直到20日下午才"赶"到了乌龙铺以南。在这里,遭到3纵及绥德分区的4、6团的迎头痛击,结果连他的警卫队也给冲散了,不少嫡亲手下当了俘虏。他本人被死死阻住不能前进一步,虽然距钟松只有30余里,仍是触角难到。

刘戡被阻,完全解除了围歼钟松的后顾之忧。教导旅2团攻下常辛庄后,乘胜拿下几个山头,1团协同2团迂回包围。新4旅也从右翼节节逼近,两把钳子死死卡住,在黄昏以前,将123旅干干净净消灭了,刘子奇本人也当了俘虏。

快到黄昏时分,钟松叫天天不应,叫地地不灵,正在暴跳如雷时,1、2纵围歼36师的总攻开始了。钟松见大势已去,悄悄和165旅旅长李日基换上便衣,溜之大吉。他们一走,手下见援兵无望,主将逃跑,军心更加动摇。在1、2纵队的猛烈攻击下,36师师部与165旅也被全部歼灭。

战役结束后的第二天,毛泽东、周恩来、任弼时都驱马前来祝捷。毛泽东和罗元发握手时,笑盈盈地说:"此战是彭老总指挥得好啊!"

10月,教导旅和新4旅合编为西北野战军第6纵队,罗元发任纵队司令员,徐立清任政委。

10.宜瓦战役

进入1948年,西北战场转入战略进攻。毛泽东根据全国战局,决定西北野战军发动春季攻势,正式转入外线进攻,进攻的目标首先选定了关中屏障——宜川。但是,毛泽东说:"光拔掉宜川这个钉子,只消灭守在宜川城的那个24旅张汉初没有多大意思,先打宜川,以此挑动胡宗南主力来援,这叫做引鱼上钩。"

这次战役由许光达3纵和罗元发6纵攻打宜川城,吸引胡宗南援兵,西北野战军九个旅主力在瓦子街设伏。罗元发以教导旅主力从东、新4旅从西进攻凤翅山,教导旅派一个团配合3纵独立5旅打援;侧攻凤翅山。

很快,宜川城已被包围得水泄不通。

罗元发决定采用分割包围的办法,先以教导旅正面主攻牛家塬,新4旅以一部兵力配合;用另一部兵力攻占二十里梁,然后由新4旅主攻凤翅山,协同3纵攻城。

2月26日17时许,6纵开始了外围进攻,战士们积蓄了好久的劲儿,一下子像暴发的山洪,势不可挡。在猛烈的炮火下,新4旅16团7连只用了半个多小时,就占领了二十里梁前沿阵地。与此同时,教导旅1团攻占了牛家塬。

驻守在宜川城的守将是敌24旅旅长张汉初,他原以为凭借坚固的工事,险峻的山峰,有利的地形,足以阻挡共军南进的去路,没料到一夜之间就打到了他的家门口了。这时,他慌了手脚,立即向他的主子胡宗南告急求援。

结果,他只做了一件事,乖乖地为彭德怀"执行"了一个"钓鱼"的任务。

坐镇西安的胡宗南得知宜川十万火急电报后,立即命令他的整编29军军长刘戡率整编27师、90师2.4万余人,迅速前往宜川解围。

刘戡虽然老奸巨猾,但这几年和西北野战军打交道,吃了许多苦头。上次胡长官叫他增援钟松,他为保存实力,畏缩不前,受了胡宗南的"撤职留任"的处分;这次接到命令,虽心惊胆战,但军令难违,只得硬着头从洛川、黄陵出发,经瓦子街轻装驰援。这家伙行至永乡,怕遭伏击,又不敢前进了。等了一夜,不见敌军运动,罗元发的心里有些疑虑,是否敌人不敢来了?是不是已经发现了我军的意图?他向野司报告了这一情况后,当即接到彭德怀电示:只有积极攻城才能调动敌人来援,但攻城无须急克,以能达到诱敌驰援。罗元发等随即对宜川城加紧了佯攻,大有一口吃掉24旅之势。这办法真灵,他们这边打,胡宗南就三令五申地电催刘戡迅速前进。27日,刘戡果然带着他的全军人马在宜洛公路上爬开了。

　　然而,胡宗南、刘戡万万没有想到,他们的行动又是往"死亡圈"里蹦。罗元发幽默地说:"刘戡啊刘戡,你钻进铁笼子,就不要再想出去了!"

　　为了实现毛泽东围城打援的指示,根据野司部署,罗元发命令教导旅1、3团和新4旅16团,由教导旅旅长陈海涵和政委关盛志率领,继续围城进攻凤翅山;抽调新4旅771团和教导旅2团由新4旅旅长程悦长、政委黄振棠统一指挥;纵队司令部也随新4旅赶到瓦子街,与兄弟部队1纵、3纵、4纵一起围歼刘戡。

　　罗元发随纵队司令部和打援的部队向铁笼湾开进,途中,本来晴朗的天突然翻脸,一阵阵山风过后,便下起毛毛雨,尔后,老天爷板起了面孔,纷纷扬扬的大雪劈头盖脑地迎面扑来。转眼间,地上雪积了一寸多厚。上面积雪,下面泥泞,一滑一陷,十分难走。战士们在泥浆路上飞跑,滑倒了爬起来继续跑步前进。到铁笼湾的时候天已全黑了。

　　29日,罗元发接彭德怀电报:"此战胜利,即将收复延安,接毛主席还都。"

　　接此电报后,罗元发立即派作战参谋马志和:"到前沿阵地上向全体指战员传达。"

　　这下6纵沸腾了,"接毛主席还都"请战书、决心书,送来一箩筐,表决心的电话也是铃声不断。

　　与此同时,主力已完成对29军的包围。358旅攻占了瓦子街东南高地,堵住了敌人南逃的退路。

　　这时外紧内缓"磨洋工"的刘戡才发现情况吃紧,说:"我们已被四面包围,又钻进了彭德怀的口袋里了。"

　　他手下的90师师长严明着了急,立即指挥着53旅向教导旅2团阵地猛攻,企图打破铁罩。但他一次次的冲锋都被2团打垮了。他急得没办法,又派两个团向2团1营固守的两个山头鱼贯冲来,随即2团丢了一部分山头。团长王季龙组织2营继续守着第三个山头,手榴弹打光了,就用堆在身边的石头往下砸,敌军见他们没什么威胁的火力,便呼呼啦啦地喊"捉活的呀！"瘦巴巴的王季龙突然抓起一支步枪，"嗖"地一声蹿了出去。战士们跟着一个个从战壕里跳出来，端起刺刀和敌兵"刺刀见红"。战斗非常激烈，他们打退了严明亲自指挥的 20 多次冲锋。情况越来越紧张，关键时刻，罗元发下命令：

"新 4 旅 771 团应立即向左边打出去，协同 2 团。"

结果，他们一阵猛冲猛打后终于夺回了阵地。

下午，2 纵也赶到了。经过激战，黄昏前，敌 29 军全被压缩在乔儿沟、任家湾、丁家湾附近只有几平方公里的狭小地带。这时，敌机整天对我军进行轰炸扫射，企图作垂死的挣扎。

夜幕降临，雪也逐渐停了。天气放晴后，罗元发他们在山头上，刘戡率部在山下，营内一片混乱，官兵个个想逃，但逃不出去，只有一些士兵偷偷跑出投诚缴械。

3 月 1 日拂晓，三发红色信号弹划破黎明的天空，总攻提前发动了，蹲在战壕里的战士，像拉满弓弦的箭，射向慌乱的敌阵。6 纵新 4 旅 771 团担任主攻，教导旅 2 团和随后调来的 3 团向敌侧翼迂回，猛烈的进攻使敌腹背受击，无法招架。

公路南侧大梁上敌 61 旅 181 团守军，在我攻击下，企图死命顽抗。

罗元发把指挥所搬在了最前沿，离他们不远处，手榴弹、迫击炮炸起的碎石尘土，掺和着雪雾浓烟，笼罩着天空。战士们端着明晃晃的刺刀冲入敌阵，和敌人搅混在一起，一会儿腾入云海，一会儿杀出烟幕，"嘿——杀"的吼声夹杂着叮当叮当的拼搏声，震撼着山岗幽谷。罗元发立即拿起电话，命令："新 4 旅 771 团的后备队顶上去！"

他才放下电话，阵地上一批敌敢死队反扑过来，他对几个领导说：

"你们看，敌人又反扑了！"

话音刚落，3 团政委匡唐伟、代理团长朱庭云带着战士们从他们身边跑步上来了，冲锋号又响起，战士们冲杀而上，敌敢死队倒在阵地上，个个血肉模糊，横七竖八地躺在山坡上的泥沟地里；剩下的残敌见势不妙，也举手投降了。正当匡唐伟、朱庭云和几个作战参谋，蹲在一个山凹处研究全歼守敌方案时,一发炮弹从山上滚落下来爆炸了,几个人全都负伤。在战地抢救中,匡唐伟因伤势过重,不幸牺牲了。

胡宗南怕把投入瓦子街的 29 军这个老本输光,派了许多飞机前来解围。6 纵战士为了争取速度,使敌机无法施展它的优势,便坐在积雪的山坡上,怀抱枪支,坐着"滑梯"冒着枪林弹雨向敌群飞速滑去。这些天兵天将和敌人搅在一起厮杀,敌机只能轰轰隆隆地在低空盘旋,或带着惨叫声俯冲,根本无法扫射投弹。下午1时许,敌人顽抗的防线被突破了。

下午 1 时,4 纵把敌 31 旅和 417 旅"赶"在紧靠公路的几个小山头上,6 纵把南边大梁子上的 61 旅也全"压"在李家畔、丁家湾和小自家庄的山沟里。新 4 旅 771 团 4 连连长尹振河带领连队攻下于家沟东南面的北山头。此时,守敌来了几个反冲锋,但毫无办法。时近黄昏,尹振河他们攻上第二层土坎后,抓获一批俘虏,当他接近山顶时,敌人反倒沉默了。尹振河问 3 排长:

"敌人怎么没动静呢?"

这一说惊动了守敌。困兽犹斗。山上守敌拼命地往下扔手榴弹,2 营的副教导员中弹倒在血泊里。这下,更加激发了每一个战士的愤怒,尹振河一挥手,战士们一起冲杀了上去。雄威破敌胆,只 20 分钟,就抢占了一这制高点。当尹振河清点人数的时候,他的面前只站了五六个战士。他们没有停步,沿着山梁朝北搜去。这时,敌人约 20 余人,手中提着驳壳枪从左侧的山顶鬼鬼祟祟地下来了,尹振河脑子一想,可能是敌军的卫队掩护着什么大官突围,急忙说:

"散开,卧倒!"

机灵的通讯员"哗啦"一声,把冲锋枪口对准了来敌,尹振河趴在地上架着一挺轻机枪高声喊道:"快投降吧,你们被包围了,再也跑不了啦!"

这伙人已是草木皆兵了,突然听到一声吼叫,吓得浑身战栗,不敢再往前迈进一步。

"放下武器,举起手来!"这个小通讯员却是胆子大的"愣头青",一把就冲了上去,边喊边到敌兵身上缴枪。这敌兵也不反抗,立即顺从地把枪扔了一堆。此刻,尹振河跑上来了,走到为首的一个穿着不很合体的士兵服的矮胖子跟前,搜走了他别在腰间的白郎宁手枪,问他叫什么名字,他不答话,从口袋里掏出二枚篆刻的象牙印章。这尹振河哪识得这篆字,看了大半天,才认出图章上有一个"刘"字,他以为是刘戡,便又向后走去。当他和另一个高挑个打照面时,那人连忙低下了头,自我供认说:"我是副师长。"

"什么?你是副师长?"尹振河重复着。

"他说得对,他是27师副师长李奇亨。"一个卫士替他做了回答。

这时,几架敌机又来了,它们飞得很低,螺旋桨扇起的旋风,把山上的树梢都刮得东倒西歪的。为了避免发生意外,尹振河就让大家分散隐蔽一下,爬在他身旁的那个矮胖子指着天空无可奈何地说:"你来也没有用了。"

当夜,尹振河把出逃跳崖摔伤了腰的这位矮胖子用门板抬到了纵队司令部,罗元发一问,原来他就是敌整编29军的参谋长刘振世。罗元发对侦察科科长王正臣说:"你去教育他,并了解情况。"

在我军政策的感召下,这个刘振世后来受命前往新疆,对和平解放新疆做了许多工作。

胡宗南的"四大金刚"之一的刘戡,突围不成,待援无望,在仓皇逃生途中,用手榴弹自炸身死。90师师长严明坐上滑竿,从指挥所爬上一个山坡时,被6纵771团的轻机枪扫射毙命。

战后,胡宗南召开了一个盛大的追悼会,正在他为两位"殉国者"送葬时,蒋介石一纸电文到了西安:胡宗南撤职留任。

罗元发等人听到这个消息,哈哈大笑:"这个老蒋还真有意思,撤职就撤职,还留任;撤职留任,这与没撤职有什么两样?!国民党真是花样多,文字游戏玩够了,人心也丢了。"

后来,西安的学生写了一副对联:"刘戡戡乱乱未戡身先死;徐保保宝鸡宝鸡未保一命亡。"横批:"纪律严明。"

11.吃稀的

在陕北与胡宗南较量期间,6纵,特别是教导旅,执行抗击任务比较多。打抗击,总是消耗多而无缴获,所以补充也没其他部队那么快,于是,罗元发手下就有意见了,说:"司令员太老实,打起仗来人家吃肉,我们什么也捞不到;人家吃干的,我们喝稀汤。"

罗元发乐呵呵地说:"打仗一盘棋,上级有安排嘛!"

他这个"嘛"的解释,战士们并不满意,一个"愣头青"当面冲着他气呼呼地喊:"你们为什么不向上级提意见?"

"我们都是共产党员,在作战任务的分配问题上,还有什么价钱可讲的呢?"

手下一听,个个顿时变"哑巴"了。

1948年4月16日,6纵西府进击,主要任务是准备抗击可能来援的青马82师,保证主力攻克宝鸡。三天的抗击后,6纵撤出阵地,北进途中,果然出事了。

在路上,他们不时碰到打宝鸡回来的兄弟部队,许多人背着布匹弹药,有的身上还挂满了其他战利品,这让6纵的战士们羡慕得眼睛都是红红的。罗元发也走在队伍中,一天,碰见一个掉队的小战士,他虽然掉队了身上却还是挂得满满的,罗元发问道:

"小鬼,你怎么没赶上大部队呀?"

他看了看罗元发,欢喜地说:

"你看,我穿的是什么?"

"不就是衣服吗?"

他骄傲地回答说："嗨,你看我穿的全是单衣,好几套呢,全是缴获的",说罢,他身子一扭,"走起路来是不是很费劲呀?"

众人哈哈大笑。小战士大概见他骑着马,想一定是个领导干部,便从脖子上取下一具望远镜说:

"首长,这个玩意儿对你有用,就送给你吧。"

罗元发一听他那天真的话,笑着对他说:"你还很大方呀!谢谢你,我有望远镜,你带回去交公吧。"

他回答说:"我们那里多的是!"

这时,走在罗元发后面的一个6纵战士马上说:"司令员,你不要,给了我吧!"

罗元发是纵队的大司令员不稀罕这个"玩意儿"呢!他手下却张口要了呢!可不等罗司令员开口,走在后边的6纵战士就大声斥责起来:

"真不害臊!有本事自己缴去嘛!干吗伸手要别人的战利品?"

众人这么一喊,弄得那个战士面红耳赤,很不好意思。

12.打青马骑兵

在大西北的战场上,6纵特别是教导旅的作战,有两个特点,一个是打阻击,用罗元发的话说是"打抗击",但打阻击也罢,打抗击也罢,就是为兄弟部队主攻进行打援之类的阻击战。另一个特点就是打"二马"——青海的马步芳、马鸿逵,即在阻击中除打步兵外,还与"二马"的骑兵较量比较多。

打阻击,罗元发是高手,他从红军时期就练出来了,可打骑兵,他却吃了好几次亏,一直打了两年,才最后干掉"二马"的骑兵。

(1)

1947 年 4 月蟠龙一战后,胡宗南总算接受了这"血的教训"了,下令无论遇到什么情况,都不得少于两个师行动。胡军缩成一团了。青海的二马步芳、马鸿逵却不老实,趁彭胡作战之时占领了陇东合水等五城。于是,毛泽东决定鞭抽"二马"调敌北上,相机歼敌。18 日,彭德怀发布出击陇东作战命令,命罗元发教导旅归 2 纵司令员王震指挥,为 2 纵前卫,经樵夫峪、太白镇直取合水。

经过七天艰苦行军,罗元发率教导旅主力才到离合水还 20 里的罗儿源时,前方的侦察员突然与"青马"的警戒部队遭遇,双方激战一场。结果,一名侦察员被"青马"掳去。接敌后,2 纵攻打合水城,教导旅又是打阻击,即阻击可能增援合水的马匪 82 师 100 旅。谁知罗元发还没完全部署好部队,马匪 100 旅先头部队仗着好马好枪,就趁夜色摸了上来。住在白家嘴的 1 团团部只有一个通讯排,团参谋长冯配岳叫敌骑兵上来了,急得大汗淋漓,边抗击,边喊:"吹号调 2 营!"

敌情马上报告了罗元发。

由于 2 营住得太远,2 营营长张沛然听到调号后,立即边喊:"有紧急情况!"边领着全营赶去插向敌左翼,一交火,8 连连长就中弹牺牲,张沛然高喊:"为 8 连长报仇,冲啊!"一个猛冲,2 营主力冲到敌人的侧翼,这时 3 营也发起了攻击,2 团增援而来,敌人害怕后路被抄,一个劲地撤。3 营长张顺国率部从右翼冲了上来,在队伍中一个劲地喊:

"打马匪军先打马!"

各种排子枪飞向敌马群。但黑夜里马家军骑兵的大头刀还是厉害得很,不时砍到战士们,就是落空,砍在岩石上也撞得火星四溅。

与此同时,敌骑 8 旅也向 2 团驻地的狮儿源发起了攻击。他们悄悄下马后,蜷伏在左侧的麦子地里。一开战,2 团 3 营 7 连和 9 连就连丢了好几个山头,有的战士被打得掉进了深沟。2 团关政委即令 3 营反击。连长李凤鸣对战士们高喊："人在阵地在,准备好手榴弹,上好刺刀!"

话音刚落,一颗子弹突然飞来,他负伤倒下了。通讯员将他迅速背下去抢救。这时斜背着枪、耍弄着大头刀的马家军,"咿咿呀呀"地扑了过来。面对着凶残的敌兵,战士们"咔嚓,咔嚓"地上了刺刀,紧接着,机枪、步枪一齐猛发。窜到前头的几个马家军倒了,但是嚣张的气焰仍没打下去。下午6点,敌人又增援了一个营,仍想突破8连阵地,兵分三路,中间一路的骑兵下马,借麦地作掩护,不断地向前运动。另两路骑兵则在侧翼骚扰佯攻。顿时,奔马四起,尘土飞扬,遮天蔽日,马嘶人叫,匪兵们挥舞大头刀,向8连阵地包围上来。关政委使劲地喊"打!"轰,轰,轰,手榴弹在敌群中开了花,步枪子弹也一齐射去,一人带头跳过垄坎,向敌人冲杀过去。霎时,其他人跟上去,杀声震天,一场血的拼杀,才把马家军打下去。

罗元发立即下令扩大战果,1、2团并肩战斗,猛一合围,把敌人全压到了沟里。一部敌人弃马向北逃去。满沟的残敌、战马四处乱撞,教导旅的后续部队也都赶到了,于是,上上下下开始忙着抓俘虏,缴战马了。可仗打得人仰马翻,受惊的战马狂奔乱窜,互相冲撞践踏。战士们东也抓不到,西也套不着,赶着马群"呼"地一声往北,又"呼"地一声往南,一点办法也没有。罗元发对警卫班说:

"你们赶快想个办法,不能为捕战马延误战机。"

作训参谋任鹏飞立即找来一个俘虏兵"现场审问",俘虏说:"先抓住了一匹带头马,其他的马也就乖乖地跟着来了。"结果,一试这办法灵,其他的战士也仿效这样去做,很快就缴获了600余匹战马。

359旅很快拿下了合水城,敌骑8旅四散溃逃。第2日上午,驻庆阳的100旅集中主力向合水增援。王震下令罗元发教导旅阻敌于唐家堡一线。这时,罗元发的手下还多正在忙于挑选马匹,清点胜利品呢,听说又有新的阻击任务,才赶紧组织人马,开向指定地点。

昨日残敌逃到了唐家堡,又在大筑工事,准备顽抗。罗元发估计敌人主力可能增援,断定今天一定有恶战,立即命令:"1团在左、2团在右,对敌阵地形成了半弧形的包围。"可战士们才上去,便发现情况有点异样,阵地上一片寂静,连虫鸣鸟叫都可听见。1团、2团先后报告说他们一到,马家军都打出了白旗,表示投降。罗元发一听,说:"其中一定有诈。"

但是,马家军还是投降了。可下午,前方突然又传来了激烈的枪炮声。罗元发命令集中火力还击,喊道:"作战参谋到前边,查明情况。"

可作战参谋才走,1团团长罗少伟、副团长熊光焰就被担架抬了上来。罗元发大吃一惊,一上去,躺在担架上的罗少伟怒气冲冲地说:"敌人来了个假投降,一颗子弹还伤了我们两个人。"

"马匪假投降,说明他们很狡猾呀!"罗元发说。

敌军进攻的势头刚刚减弱,1团3营长跑了过来:"旅长,我们往后撤,把敌人引进来,再关起门来打狗。"

要是往常,罗元发肯定会表扬这个想法不错,可这次他却小心翼翼起来了,说:"你想过没有?我们现在打骑兵没经验,万一有个什么差错,敌人钻进来了,疯狗打不死,反倒成了麻烦?"

"不怕,打得死!"

但罗元发还是没同意他的建议,而是命令他:"无论任何情况,都不准后撤一步,你们要为全军的得失负责。"

营长一走,罗元发侧过身来再看看两边阵地,1团恢复起来了,但步兵对付骑兵还是不得要领,打得很不顺当。他心想如果此时有几个连队从敌人侧翼打出去,分割包围上来就好了。可惜,战斗正在进行,电台也难联系,命令一下子传不到。忽然,1团政委魏志明带着几个连队冲上来,这突如其来的反击,打得马家军手足无措,夹着尾巴溜了。

罗元发于是赶到还在激战的2团去,政委关盛志带着重机枪在前面观察敌情,他说:"前边可能是敌团部,刚才敌人假投降,我们也遭受了一点损失。"

"绝不能轻敌呀,这马家军不好打啊!"

罗元发话音刚落,"叭"地一枪,他抬头一看,只见关盛志的右臂鲜血淋漓,他也负伤了。

教导旅没重火炮装备,在宽阔的阵地上,难以制服敌骑兵。罗元发见状不好,下令:"用炸药包爆破。"这下才把马家军炸得"龟缩到窝里"去了。

这一仗,罗元发伤了三位团级干部。战后,他说:"打胡宗南轻松,打二马却费劲。"

(2)

1948 年 4 月,西北野战军打宝鸡,6 纵的任务虽然说是"进击西府",实际上还是打阻击,因为他们出击西府的主要任务是准备抗击可能来援的青马 82 师。保证主力攻克宝鸡。

16 日,罗元发率 6 纵西府进击。

23 日上午,2 团在长武以北的二十里铺发现青马的骑兵和步兵,很快,两个团就主动向他们发起了进攻,并且是骑兵集团冲锋,2 团依靠着阵地坚决抗击,打得他们在阵地前横躺 200 多具尸体,才退下去。后来他们改变方式,采用侧面迂回。罗元发只好命令教导旅陈海涵旅长令 2 团撤回长武城内。下午 5 时,敌人占领了长武西关。

24 日,敌我双方在长武激烈对峙了一个上午。

这天下午,长武以北的天水堡又发现了敌两个团的兵力,这个情况立即引起了罗元发的重视。一查,是青海马步芳 82 师的骑 8 旅和步兵 100 旅赶来了。他边将此情况报告野司,边调整了部署,下令:"放弃长武县城,撤至长武东南之冉店桥一带抗击。"

2 团在正面扼守冉店大桥,1 团部署在他们的右翼之二堂礼。

马家军占领长武县城以后,25 日上午开始向教导旅的冉店桥阵地猛烈攻击。

彭德怀来电:"对敌 82 师给以必要的抗击,不坚决死守某一阵地,也不轻易放弃一个阵地。"于是,罗元发决心在冉店桥坚守一天再转移阵地。

217

激战一整天，马家军从正面猛攻却始终没能突破6纵的防线。谁知在黄昏时分，他们从2团的右侧迂回，天上几架飞机不断地低空扫射打掩护，突然地面部队从1、2团之间的结合部突破一个缺口，一下子就要冲到纵队和旅的指挥所跟前了。2团团长王季龙亲自上阵指挥部队抵抗，派警卫员小杜世财跑去通知罗元发司令员转移。小杜一见到罗元发，就一个劲地催说："司令员快走吧！这里不能停！"边说边上前拉着他就走。

这时，敌骑兵快冲到他们跟前了，2团5连指导员王世才立即领着八名战士掩护纵队指挥机关撤退，经他们豁出去狠打，马家军还是没退一下，激战中，八名战士全部牺牲了，剩下的王世才也身负重伤，敌兵喊着"捉活的"围上来了，这时他突然拉响了一颗手榴弹，和几个骑兵同归于尽。

马家军打仗很不怕死，炸死了也不退，其他人像发疯了，继续猛冲猛打，情况越来越严重。教导旅副参谋长谢正洁立即对旅直侦察连大声喊："现在就看你们的了！任务，只有一个：纵队首长和旅首长还没转移到安全地区，就是侦察连只剩下一个人，也不许后撤一步！"

100多名侦察连战士也上去了。他们很快抢占了冉店桥东北高地。这样，嗷嗷乱叫的马家军一次次冲锋才被打了下去。

天黑以后，纵队机关及教导旅的领导、机关人员转移得差不多了，罗元发对侦察连指导员赵福庚说："除枪支、弹药外，一切笨重东西全扔掉，准备转移。"

"司令员！"

"以轻装为好，以后我负责给你们补发。"罗元发停了一会儿，又特别强调说："记住，要轻装迅速转移。"

当天晚上，纵队司令部和直属机关，以及教导旅主力转移到亭口以南的安化沟一带，才摆脱了疯狂的马家军。

后来，各部也陆续到这集中。纵队饶正锡副政委和教导旅陈海涵旅长先后与罗元发会合。看到大家都到齐了，罗元发的心才稍为轻松了。

随后,他们继续在安化沟一线阻击。结果,6纵打得英勇顽强,但伤亡很大,最后2团阵地被突破了。幸好此时太阳开始西落,敌兵进攻停止,趁此,罗元发急令全纵队向西转移,才避开了马家军的冲击,躲过了一劫。

这次罗元发三天的抗击,保证了进攻宝鸡的野战军主力右侧的安全,从打阻击来说是取胜了,但如果说与马家军较量,他则是处于下风。后来他总结说:

"战斗中,敌人发挥了骑兵运动快的特点,惯于从侧翼迂回,而我们缺乏打骑兵的经验,没有一套对付骑兵的办法。仍然沿用过去抗击胡宗南使用的节节抗击的战术,兵力部署也缺乏纵深配备,所以,指挥上的失误而造成了严重的后果。"

战后,彭德怀考虑到教导旅的损失情况,命令6纵进至甘肃镇原县以东30华里的屯子镇休整待命。

(3)

1948年5月4日上午,罗元发率纵队机关和教导旅到达屯子镇附近,准备休整。

一进才几十户人家的屯子镇,已是一座空城。

6纵一来,镇上的伪镇公所逃走时,连电话线也没顾上撤,结果,1团在电话上听到他们在向镇原城里报告说,共军300余人,上午11时到达屯子镇。镇原方面回答说:"继续侦察,及时报告。"

这一情报,立即引起罗元发的警惕,问道:"莫非北面的马步芳82师转头回了来?"

旅长陈海涵说:"为了应付突然情况,把2团伸到北面去,1团放在东面,3团放西面,立即构筑工事,准备打吧!"

罗元发说:"好吧,老陈快下命令,传达到部队去!"

下午2时许,罗元发接到报告:北面和东面同时发现敌人的骑兵。他急忙登上城墙,只见东面镇原方向开过来约两个团的骑兵,后面还跟着黑压压的一片步兵,正朝北面和东面赶来。毫无疑问,马继援率82师趁火打劫来了。此时,情况严重。因为他们已远离主力60余华里,而6纵另一部——新4旅还在几十华里以外。罗元发立即派通讯员找程悦长旅长,并用号调新4旅迅速赶上来,并将情况报告彭德怀。

因为退一步"撤",也已经来不及了。即便能转移出去,前头都是开阔地,与骑兵作战,也是极为不利的。更严重的是,他们背后是野司指挥机关,要是野司机关和各兄弟部队受到威胁,其后果就更难以想象了!

彭德怀来电:"坚守阵地,吸引敌人,为主力赶到后全歼82师创造条件。"

罗元发立刻开了个短会,紧急分析了当前的态势,最后决定:以屯子镇为阵地,固守待援。同时,将情况报告野司,令新4旅立即向纵队靠拢。陈海涵当机立断,下令收缩兵力,加强防御力量,构筑工事,又将2团全部调进屯子镇内。

他们刚部署完毕,还没来得及喘口气,马家军就从东、西发起进攻了。守备在东关的1团2营,由于在上一阻击战中减员较大,开战不一会儿,营长就中弹牺牲,教导员头部也负了伤,副营长阎德山主动担当了指挥重担,浴血奋战,才堵住马家军。敌人向东攻击吃了苦头,掉头从北面进攻。在一片平坦的麦田里,他们又用起了那种野蛮的"集团冲锋",但2团早有准备,一阵排子枪和手榴弹,使敌人丢下200余具尸体。

但屯子镇太小了,6纵一收缩,就十分拥挤。敌人不时用八二炮轰击,造成了不少的伤亡。

敌骑兵在炮兵的配合下,对守备的2团1营发起了猛烈的攻击,全营靠着一所学校,多次抗击数倍于自己的敌军,副教导员刘瑞和战士们一起守在前沿,骑兵一来,他们进行"反冲锋",他头部负伤,倒在阵地上了。3团在2团1营北面,也被敌人隔断了。各部处境越来越困难。

激战中,6纵司令部电台不断向野司联络,可是就是接不通,结果,情况报告不上去,调附近的新4旅也调不成,罗元发着急得团团地转,他与徐立清、张贤约、饶正锡等一起研究,最后决定,趁敌人西面的包围圈尚未合拢时,派两路人马出去报信,一路由副司令员张贤约带两个战士组成,另一路为纵队侦察科科长王正臣一个,罗元发说:"你们分别先突出去,向彭总报告情况,请求指示。"

一个副司令员亲自去报信,可见当时情况是多么危急。

罗元发站在围墙上,用望远镜看张贤约安全突出去以后,心里才稍为平静了些。

夕阳西下了,马家军的攻势也渐渐地减弱了,天一黑,他们也停止了进攻。这时,忽然从西南面传来一阵响亮的号声。原来新4旅赶来解围了。罗元发大喜过望,马上下司号长:

"赶快回答!"

一阵长号,发出了激动的喊声:"我们在这里,你向我靠拢!"

两旅相距只有两华里,只能用号声,随即电台也通了。新4旅旅长程悦长发来了电报:只要有新4旅在,就有教导旅在!

原来新4旅正在吃饭,得知教导旅被围,全旅紧急集合,从30里以外跑步赶来。赶到屯子镇以后,由于解围心切,他们连夜向西边之敌发起攻击。可投入战斗时,情况不了解、地形不熟悉、准备不充分,结果,没有打通通往屯子镇西关学校的通道,救不了教导旅出围。但是,他们与3团密切配合,牵制敌人,大大地减轻了西面的威胁。激战中,16团政委常祥考、1营教导员列宾、2营教导员史晋昌在敌反扑时都牺牲了。其中,16团政委常祥考是新4旅有名的战将,当年王近山全歼鬼子观战团,就是和他一起的。

这时,从西南面来的胡宗南主力离野司不远了,激烈的枪炮声也越来越近。这一天,新4旅不断从四面发起攻击,抢占了一部分阵地。然而,敌人的后续部队不断增加,拼命进行反扑,反复拉锯。

守卫在东关的1团2营,处境也很困难。敌人从三面合围上来,情况十分紧急,全营剩下不到100人,大部固守在城墙附近和一个骡马火店里准备巷战。为此,团部决定将教导队也拿出来投入战斗,加强他们的右翼,以控制镇子南面的沟沿。马家军从北面数次进攻失败后,不断向镇子里发射追击炮弹,这又造成不少的伤亡,2团政治处主任赵明月中弹殉职,副政委负伤,教导旅政委关盛志用望远镜观察敌情时也被飞弹打伤右肘,2团的领导就剩团长王季龙。

这时部队子弹几乎打光了,罗元发说:"凡能上战场的,都到战斗第一线去。"战士们将砖、石抬着搬上了围墙,准备作最后的决战。全镇无水,外面的水源又被敌军的交叉火力封锁,罗元发派出去好几起人搞水都负了伤。没有水,也眼睁睁地做不了饭。就在这弹尽粮绝的危急时刻,3团在新4旅的掩护下,由副团长王洁清亲自带领几个连,趁黄昏混乱之机,冒着猛烈的炮火,冲进了屯子镇。随即战况暂时有所转机,同时,也得到了部分弹药补充。罗元发握着王洁清的手说:

"好! 你们来得很及时,增加了力量,你们立即准备参加战斗吧!"

5月6日一大早,罗元发就登上围墙四面观察。镇的东、西、北三面,敌军像鼓噪的乌鸦,黑压压的一大片,少说,步、骑兵也有八九个团之多。这天,马步芳、马继援父子已不惜血本,倾巢而来,妄图想在屯子镇一口吞掉6纵,然后与胡宗南相配合,消灭野战军主力。罗元发突然发现,在敌军背后的东西两侧,有自己的部队运动,不禁心头大喜:"主力部队来了!"

正想着,机要科和彭德怀电台也联系上了。

原来,张贤约、王正臣先后突围出去,见到了彭德怀,向他汇报了6纵的情况。彭德怀非常关心6纵和教导旅的安全,一听罗元发有危险,连警卫员已经端来了就餐的馍馍也顾不得吃上一口,便飞身上马,直驱前沿阵地,结果弄得他的警卫班一路上跟在后面紧追,张贤约和王正臣也飞身上马而去。到了前沿,敌机不断地在他头顶上俯冲扫射,一阵阵尘烟沙雾,就在他身旁腾起,警卫员好几次硬把彭德怀拉到路的崖边上隐蔽。他不顾安危,总是拿着望远镜朝着屯子镇看了又看,瞪着满天飞窜的敌机,恶狠狠地说:

"我不信你能把老子吃了!"

彭德怀看完地形后,根据敌我情况下令给罗元发发电报:"你们要设法突围。"

罗元发急速拿来电报一看,立即和政委徐立清、副政委饶正锡找来旅团干部,将彭德怀的电令作了研究,最后决定:当晚突围出去!趁夜幕的掩护从南沿小道河沟突出去。

因为几天来,马家军是昼打夜停,这表明他们不善夜战。

这一天,771团由屯子镇西南向东北进攻,16团山南向北攻击。双方激战一天,敌人一线式冲锋,虽然很猛烈,但遭到火力的阻击,敌人随即败阵回窜。天刚黑,新4旅为了迷惑敌人,掩护教导旅突围,在西面采取了直接佯攻,吸引了敌人的火力。

10时许,各部按预定计划开始行动。队伍的秩序良好,大家依次用绳索吊到南沿小道河沟底,人员没遭受损失。教导旅政委关盛志带着枪伤,指挥部队转移后,才和警卫员摸黑顺东一个斜坡突围。忽然,"咕咚"一声,警卫员转身一看,政委怎么不见了?他趴下四处寻找,发现路旁有口深不见底的枯井,正急得团团转时,政治部的吕宅基和王寿臣赶上来了,听说关盛志掉进井里后,连忙解下自己腿上的绑带接成长绳放到井底,把关政委又"吊"了上来,二个人搀扶着他,才追上了队伍。

7日4时许,罗元发率领的被围人员全部转移完毕。

天亮时,马家军准备再次攻击时才发现共军全都没了踪影!

部队在马栏时,彭德怀对罗元发说:"打了胜仗不骄傲,只能得60分,打了败仗而不气馁的部队,才能得100分。"

但是,这次差点全军覆没,罗元发是深深体会到了"青马"的厉害。

(4)

1949年7月,西安解放后,6军16师、17师以急行军经王乐镇以北的杨塞村向西挺进。前卫16师46团到达杨塞村时,司令员杨得志率领19兵团正好路过这里。杨得志在抗战时曾担任过这个团的前身教1旅旅长。当他听说是自己的老部队时,十分高兴,立即在村头一棵大树下接见了全团连以上干部。他指着隆隆向西开去的 19 兵团炮兵部队,高声说:

"我知道你们在西府屯子镇受了点马家军的气,这一次,我要用大炮给你们报仇,出气!"

干部们对老旅长的关心十分感激,他们报以热烈掌声,齐声回答:

"我们一定打好这一仗,报答老首长的关怀。"

(5)

在 1949 年 8 月,决战兰州中,6 军在皋兰山战役攻马家军最硬的骨头——营盘岭,6 军突击方向是皋兰山正中央的营盘岭。它西接沈家岭,东连马架山,而且互为依托,是马继援"国防工事"体系最突出,也是最坚固的一处。6 军的成败,关系着整个战局,战前彭德怀放心不下。也不顾危险,赶到前沿的 6 军司令部,把罗元发军长急得一跳。

"马步芳父子是你们 6 军的老对手了!"彭德怀说。

这话虽不动声色,但分量很重。6 军的干部谁也忘不了西府被青马围困在屯子镇的情形。部队突围出来后,罗元发见到彭德怀不住泪流满面……彭德怀揭这个疮疤,意味深长。大家都着低头,说不出话来。

彭德怀说:"马步芳这个老家伙,到了黄河心不死呀。他有他算盘,认为我军长途跋涉,人困马乏,加上后方补给困难,没力气;而他们则是坐镇兰州,以逸待劳,北有黄河天险,南有高山,工事坚固,自以为固若金汤了。他要死守兰州,孤注一掷,你们呢,第一,是不怕;第二,要认真对待。同志们啊,古人说知己知彼,百战不殆,这个话要时刻铭记哟!"

罗元发和张贤约等几位军领导面面相觑。他们明白了彭德怀的担忧,立即决定在全军揭疮疤,用彭德怀的讲话对部队教育一遍,务必清除轻敌思想。决定做出来了,罗元发征询地问彭德怀:

"老总,你看这样行不行?"

彭德怀说:"不要搞花架子,要让干部战士真的面对现实,认识到马家军的战斗力……"

部队做了三天检讨,彭德怀静观了三天。

8月25日,彭德怀在"攻占兰州有六七成把握"的情况下,下令在25日晨开始攻击。凌晨2点两发红色信号弹直升天空,震天动地的巨响同时在皋兰山两侧各个阵地前沿炸开,一连串地天崩地裂,那些带着火的热石坷垃像雨点一般降落时,四面群山中又万炮齐鸣,仿佛周围全世界都在怒吼,可怜的皋兰山孤岛似的夹在中间,瑟瑟发抖。炮弹密密麻麻砸向皋兰山,爆炸声像煮开了一锅粥。青马守军借着闪亮眼睁睁地看到前沿阵地亮开一个一个大缺口,而他们只能抱着脑袋、缩紧脖子,无法修补那些致命的缺口。很快,炮火明显向阵地纵深延伸,解放军前沿冲击部队从冒着热气的大缺口蜂拥而至……

这场出其不意的攻击,使青马守军在最初十分钟内一片呆傻,完全措手不及,待那些抱着机关枪或抢着大刀督战的指挥官们嚎叫声起,士兵才如梦方醒,一下子发现手中所握的不是烧火棍,而是可以射击的家伙。于是,闭着眼睛举枪就打,阵地又一度陷入混乱。好一阵冲杀之后,才慢慢稳定下来。这时,天已微明,双方形成尖锐的对峙,互相射击的枪弹犹如疾雨。青马守军一面对阵前的缺口一筹莫展,一面又发觉解放军在正面攻击的同时,还在向东西两翼迂回,所有阵地正在进入一个大的包围圈,顿时,恐慌一团。

一个个阵地被解放军突破。4军首战沈家岭主阵地上的狗娃山,下午,6军又攻克了南北最高峰营盘岭下面的主阵地三营子。与此同时,63军也攻克了敌人另一主阵地豆家山。65军于黄昏占领古城岭、马架山。至此,兰州的"锁钥"已全部掌握在彭德怀的手中。

血色黄昏在暮霭中徐徐张开双臂,新一轮的拼杀又开始了。一条壕沟、一道峭壁、一个小阵地,都须反反复复地拼夺。白刃格斗,刺刀见红,在硝烟弥漫中,青马守军的地盘越缩越小。

激烈的战斗集中到皋兰山主峰营盘岭——皋兰山阵地之母。

打头阵的便是彭德怀战前亲临过的 6 军 17 师 50 团。

当主攻营到第一道峭壁时,因为炸药药量不够,突破口没有炸开,全营堵在阵地外边过不去。这时,敌人的一处暗堡突然响起机枪,枪弹如雨,向毫无防备的主攻营扫过来,当场倒下一大片。营长哑着嗓子命令突击连立刻重新爆破,可暗堡的机枪口有一人多高,炸药包支不起来,放在崖脚下又根本不管用。

全营趴在地上抬不起头,牺牲相当大。怎么办?突然,7 连指导员曹德荣从地上一跃而起,顺手扔出手榴弹,趁着爆炸的烟雾,抱起一个炸药包爬到了峭壁底下。但是,当他直起身子安放炸药包时,麻烦来了:陡峭的青石壁上,怎么也摆不住炸药包!时间一分一秒地过去,分分秒秒地犹豫,都意味着什么曹德荣心里非常明白。他猛地心一横,将身体紧贴崖壁,双手托起炸药包在崖壁上,一咬牙,拉响了导火索……

"轰隆隆——"

天地间一声巨响,敌人的暗堡飞上了天,崖壁上出现一个大窟窿,曹德荣的英魂也随之化作滚滚浓烟。

曹德荣用自己的身体开辟了部队前进的道路。17 师师长程悦长在望远镜里目睹了全过程,此刻对着报话机使劲地喊:"给我狠狠压上去,狠狠地打……"7 连连长陈金奎眼里如同火烧一般,一马当先从曹德荣炸开的突破口,冲入敌阵,占领了马家军的第一道防线,残敌纷纷后退到第二道防线以内,组织反扑,妄图夺回失去的阵地。战士们心中燃烧着为曹德荣报仇的怒火,连续打退了敌人的五六次反扑,阵地前躺满了尸体。

这时,17 师 51 团也从西边攻上来,继曹德荣舍身炸峭壁之后,16 师 46 团 3 营 7、8 连的爆破组由 1 排长王喜贵等六人先后用 60 斤炸药,分为五次将第一道外壕炸开,突破了敌人前沿阵地。王喜贵身负重伤,但当他看见友邻 17 师的红旗直往前挥时,立即忘了伤痛,带着突击组由 17 师右翼冲上高岗,在敌人的第一道防线坚持了四个小时,阻击了敌人四次反扑,最后同兄弟部队一起直取营盘岭制高点的水泥碉堡,巩固了已夺取的阵地,经过短暂的准备,再一次迅猛地发起攻击之后,完全占领了敌人第二道防线。

狡猾的马家军,趁他们立足未稳又猛扑过来,51团的阵地被占领,使50团受到威胁。程悦长当机立断,下令:"反冲击!坚决夺回阵地。"经过一场激烈争夺,终于把阵地夺回来了,但是也付出了很大的代价。这时已是中午12点钟左右,4军已将沈家岭的狗娃山攻下来了。右翼的65军,经过反复战斗,打垮了敌人十几次反扑,打得英勇顽强,正胜利地向前发展,解除了我们东西两面的威胁。前面的任务是夺取营盘岭制高点主阵地上那个最坚固的集团工事,而在前两次进攻中部队伤亡较大,建制有些混乱,急需进行必要整顿。因此,罗元发决定进行一个小时的准备以后再攻击。为减少伤亡,他要求师、团两级严密地组织火力,搞好步炮协同,向敌人梅花钢筋水泥工事进攻时,采用纵深梯次进攻的方法逐个占领。占领一个,巩固一个,稳步前进。

下午1时,开始夺取敌人最后一个顽固堡垒。

在炮火掩护下,16师46团和17师51团从东西两面发起进攻,50团仍从正面攻击。49团也从纵深调上来参战,打得很英勇。

14时,50团攻克了敌人两侧集团工事,46团也炸开了敌人最后一道峭壁。罗元发命令后续部队立即投入战斗。

16时,万炮齐发,敌人营盘岭阵地上硝烟滚滚,燃起一片火海,在嘹亮的冲锋号声中,战士们像潮水般地涌向敌人阵地……不一会儿,三面红旗先后在营盘岭上竖起来了!

但刚刚竖起,旗杆就被打断,红旗落了下来。又竖起,又落下;再竖起,再落下……就这样,红旗反复起落七次,每一次起落,都有许多战士负伤、牺牲。到了第八次,十几面红旗几乎是同时在营盘岭敌主阵地上竖了起来。

营盘岭终于全部被我占领。

但是,敌人还不甘心失败,敌248师师长韩有禄亲自督战,组织了约两个营的兵力,拿着大头刀,端着枪,一个个地从二营子方向反扑上来,而 6 军战士早在阵地上"迎候"着他。轻重机枪一阵"点名"之后,50 团的勇士们齐声高呼:"为曹指导员报仇,冲啊!"犹如猛虎扑羊,将敌人赶下二营子。

罗元发命令 16 师和 17 师先头攻击部队继续攻击,当晚,二营子和头营子均被占领。

敌人全线溃退。16 师主力沿着果菊山追击并以一部抢占了敌机场,17 师沿着公路追击残敌直抵兰州城下。

结果,才当了不到一个月"西北军政长官"的马步芳,眼看着就要做俘虏,只好乘坐飞机仓皇逃跑了。他一走,不可一世的马家军树倒猢狲散,一部分向西固城溃退,企图北渡黄河夺路而逃。结果,在城西七里河的 3 军越过西关攻占黄河大铁桥猛追,然后猛扑西关大街,向纵深发展。马家军蜂拥而来,人马车辆挤成一团,抢先过桥。3 军以猛烈炮火向敌群射击,首先打中桥上一辆卡车,大火将铁桥封死,堵住了匪军退路。

敌人无路可逃,乱作一团,淹死在黄河中的不计其数。

26 日中午,6 军进入兰州城内,同 3 军、4 军和 19 兵团的部队胜利会师。马继援见势不妙,带领残兵败将,直向青海逃命。马步芳惨淡经营几十年的一点"赌本",在这里全部输光了,兰州回到了人民手中。

兰州战役是一场名副其实的恶战,此战全歼马步芳号称"精锐"的 82 军和 129 军,共五万多人。

13.解放西安前后

1949 年 2 月,西北野战军 6 纵改编为中国人民解放军为第 6 军,罗元发为军长,隶属彭德怀为司令员的第一野战军。

(1)

5月5日,6军和一野兄弟部队一起完成了对西安的半包围。

彭德怀步步逼近西安,他的老对手胡宗南惶惶不安,像个一输再输的赌棍,把手中的七个军调来调去,不知该把这最后的赌注押在哪里才好。因为他一旦这点本钱输光,不仅西安难保,就是逃到台湾,也没立足之地。经过冥思苦想,他终于想了个两全之计,命令伪陕西省政府主席董钊出面,组织一支地方保安队,暗中既可为他的正规部队补充兵源,一旦南撤,又可以留下和解放军对抗。董钊也想趁机给自己搞点实力,于是"请"来西安地方士绅和知名人士,说:"这笔钱,取之于你们,将来全用在你们身上。"半抢半骗半吓筹了一批资金,买来枪械,然后公开打出了个"陕西人民自卫指导委员会"的牌子,招兵买马后,凑了一个上万人的自卫总队,派他的亲信、17军军长兼西安警备司令杨德亮"统一指挥"。

可就在胡宗南强迫关中各县百姓挖城壕,修堡寨,在西安四周大筑城防工事,煞费苦心准备死守西安时,忽然,空军侦察报告:共军华北兵团西渡黄河进入了陕西。胡宗南接到这一情报后,大惊失色,立即将主力撤到秦岭以南,把留守西安的任务"交给"了17军及保安部队,并在宝鸡一线布防。

其实,这只是华北兵团在北平和平解放后改编的傅作义军七个团,他们由6军副军长张贤约率领向西北来补充6军的。没想到他们这一晃,惊动了胡宗南这个"大麻雀"。

胡宗南动,彭德怀也动,命令一野1、2、4军向西截击逃敌,6军向西安挺进,3军为6军预备队。一野副司令员张宗逊布置完任务后,问:

"罗元发,把解放西安任务交给你们军,有困难吗?"

罗元发回答说:"坚决完成任务。"

政治部主任甘泗淇补充说:"有一个问题很重要,希望你们特别注意,就是要认真执行城市政策。军队不但是个战斗队,而且是个工作队。"接着,他还询问了6军学习党的七届二中全会精神的情况,这弄得罗元发回答了大半天。最后,他才满意地点了点头,还是半嘱咐半不放心说:

"西安是个大城市,搞好城市政策是关键;要教育部队严格执行'约法八章'和'城市政策十五条',做好群众工作。"

罗元发一一记住了,回到了6军,命令道:"各部队先学习一遍'约法八章'和'城市政策十五条',然后出发!"各部连营长带头背诵了一遍,立即率部抢渡泾河。

第二天,一野各军是旗开得胜,6军在配合2军攻克咸阳后,掉头就杀向西安。

(2)

太阳还没下山,6军16师便抢渡了渭河,替胡宗南守城的17军军长杨德亮握着话筒"喂"了几声,电话就没回音了,一屁股瘫坐在座椅上,随后下达"死命令":

"关闭所有城门,全城戒严,禁止人车通行!"

结果,就是这个"死命令"杨德亮差点把他自己都"害死"在城里。

6时,6军16师已进抵西安西门,17师也已渡过渭河,正绕道直逼西安南门,战士们已经能看得见大雁塔的塔尖。17军参谋长胡文思急了,带着明显的慌张报告杨德亮:

"军座,共军突、突破三桥已成南北夹攻之势,赶快命令144团掩护军部和警卫营、工兵营和通信营、无线电排向子午口撤退!"

"报告个屁,快下命令呀!"杨德亮吼道。

胡文思手忙脚乱地抓起指挥电话,扯着嗓子喊:"……要以急行军的速度,一分钟也不许耽搁……进到山口后,选择阵地防守待命!"

命令下达后,杨德亮对他说:"你掌握部队,我到警备司令部去看一看,顺便给闵继骞点拨点拨,尔后到子午口会合,再商量进山事宜!"

闵继骞是西安自卫总队的副总队长,平常对杨言听计从,深得他的信任。在杨军座的"授权"下,他实际上负责着西安城防的具体指挥事宜,对此参谋长胡文思颇有微词,这一两个月来就不知进了闵继骞多少谗言。杨德亮嘴上说"用人不疑,疑人不用",可胡参谋长"阴风"吹多了,他也就不得不多长一个心眼,他把控制闵继骞的重任又悄悄地"拜托"在144团团长张芝安身上。

杨德亮跑到警备司令部兜了一圈,便急火火地赶到144团掩护阵地——飞机场北马路。可一看,这里连个人影也见不着!他顿觉大事不妙,掉屁股就转回警备司令部,操起电话打雷似的喊:

"给我接闵继骞!"

接线员冷冰冰地回答:"电话接不通。"

"接不通?接不通我枪毙你!"

"枪毙我也接不通……"接线员不甘示弱,"哼"了一声后,又说:

"你也枪毙不了我!"

杨德亮这时才明白了,自卫总队八成出了岔子了!"守城的希望"自卫总队出事了!他丢下话筒,急忙又抓起另一部电话机,要通了西门守卫连连长:

"我是杨德亮,你报告一下防务!"

"共军已经到了西门外啦,正在朝咱们喊、喊投降哩!"

"打呀!还愣个什么呀!给我开枪打呀!"

"可是……可是我们没、没子弹啦!"

"没子弹?混账东西……"

杨德亮气急败坏地骂了声,浑身乍出冷汗,此刻他什么也顾不上了,扔下电话机,就直奔南门。谁知,南门却结结实实地下了大锁。他一看,这大铁锁比他本人的脑袋还大,足足有几十斤重!"谁锁的?"他一吼,守卫连的连长战战兢兢地报告说:

"这……可不关咱的事,是、是总队下命令叫锁的……"

"管他谁的命令,你给我打开!"

"这我可不敢,上头有命令,禁止人车通行!"连长回答。

"开！"

杨德亮已经完全顾不上许多了，大声喝道。他知道再不出城门，就完全来不及了！可偏偏这个小连长不认识他这个大军座，知道遇上了个"大刺头"，额头上滚着豆大的汗珠，却支支吾吾不肯动手。杨德亮的贴身警卫拔出手枪，抵着对方的脑门：

"你好大的胆子，敢违抗军令，老子毙了你……"

连长结结巴巴："别、别，我开、我开！"

在小连长开锁时，杨德亮和警卫爬上汽车，吩咐驾驶员加足油门，城门一开，汽车就一头冲出城门，飞也似的逃往子午口。军参谋长胡文思早已在那里等。十几分钟后，杨德亮面色苍白，跳下车就惊慌地喊："闫继骞该杀……张芝安该杀！"

这时候，西安西门已经大开，6军16师47团一阵风似的拥进城去。部队控城后，首先占领了西安机场、发电厂，消灭机场一个独立营，抓获包括飞行员在内的各色俘虏2000多名，机场的12架飞机也——缴获。随即，罗元发率领的6军军部紧随16师进了城。17师也从西安南门入城。

当晚，6军军部在张治中公馆安下营寨。

（3）

榆林解放后，罗元发奉命去向彭德怀汇报部队进驻西安的情况。

一见到彭德怀，罗元发说："老总，部队刚进城，工作千头万绪，汇报些什么呢？"

彭德怀说："你就讲讲'糖衣炮弹'问题嘛！"

一听"糖衣炮弹"四个字，罗元发高度紧张起来。这个怪里怪气的新名词，彭德怀已是第二次提到了。头一次是讲解党的七届二中全会精神时，谈到毛泽东的报告，说在全国胜利的情况下，党的工作重点必须从乡村转到城市，毛泽东提醒大家务必警惕，千万不要被糖衣炮弹击中。有的同志不知道"糖衣炮弹"是个什么东西，问："糖衣炮弹是个啥了不得的武器,还有那么厉害?"

彭德怀被问得哈哈大笑。当即要随行的副参谋长王政柱给大家解释解释。王政柱说:

"糖衣炮弹就是指金钱美女,国民党枪杆子打不过我们,就用美人计来拉我们下水哩!毛主席讲,拿枪的敌人消灭了,不拿枪的敌人还依然存在,他们打我们用的就是糖衣炮弹,外面甜蜜蜜的;里面是炸药,可要当心呢!"

当时,6军参谋长陈海涵不知深浅,说:"这要什么紧,我还亲手杀过女汉奸、女特务哩!"

彭德怀笑着告诉他:"以后可不许随便杀了,要讲政策,要学会和资产阶级作斗争。"

接着,罗元发又谈到一些诸如露宿街头及在国民党高级人员家中搜缴的金银财宝——交公等方面的情况,最后,小心地问:"老总,你看……马上要跟胡、马大打,我们城里的部队什么时候归建?"

"怎么,想当逃兵啊!"彭德怀声音提高了八度:"咸阳'炮吃马',你6军给野司的通讯保障搞得很不错,又协助贺老总稳住了西安,有点功劳,可不要翘尾巴啊!现在,我们是大兵团作战,胡、马二匪架子拉得比较大,哪个位置都重要,何况你6军这一摊子,又有前又有后,任务可不轻!"

"大兵团"的一个"大"字,让罗元发领悟到很多道理。他向彭德怀保证,当好无名英雄。

14.西域进军

兰州战役后,罗元发率6军配合王震1兵团向西进军,主要任务是解放新疆,6军负责接管迪化和北疆防务。

(1)

9月8日,罗元发率领主力到达了膳马坪、平城堡、满家庙一带。

部队宿营后,罗元发上街"体察民情",而附近的老百姓纷纷围观解放军指战员,但他们穿戴破烂,全是些烂布条,个个蓬头垢面,骨瘦如柴,多数人是赤着脚,即便是个别人穿着双鞋子,也露出了大大的脚趾,特别是上了岁数的老人,裤子简直无法遮住屁股。他们望着战士们洗漱、做饭,眼里饱含着贪馋的目光……

罗元发和余政委等人边走边看,警卫员们大骂国民党政府和马氏军阀把甘肃人民推到了绝境。

这个村里的农舍大部分是茅草房,如果不是屋面上抹了一层泥巴,一阵大风就能把房盖掀走。他们到村子西头,只见搞民运工作的几个干事正在访贫问苦,可他们一进老乡门便匆匆退了出来,罗元发很是生气,说:"怎么老百姓屋子都不敢进?嫌他们穷?"

"命令他们跑步来!"

一问,罗元发大吃一惊,他们回答说:"不是我们嫌他们穷,屋里十几岁的大姑娘连裤子都没穿。"

"这是怎么回事呀?"罗元发问。

参谋一去打听,才知道,这里的人祖祖辈辈都是全家只两条裤子,谁出门谁穿,难怪围观的群众中多是男的。

罗元发立即召开了会议,号召部队开展救济活动。随即军政治部用电话向部队传达命令:"各人把自己没穿的衣服、鞋袜捐献出来。"

搞后勤的同志把本来不宽绰的粮食也匀出来救济饥民。结果,17师50团一个山东籍的战士,在他参军前说了一门亲事,姑娘很钟情,临别时给他绣了一双鸳鸯戏水的袜底,非常精细。西府战役中,为了轻装,他扔掉了衣服,这双袜子始终带着。这次,他慷慨地拿了出来。群众对6军将士感激地说：

"毛主席派来的解放军真是救命菩萨啊！"

（2）

罗元发率领 6 军入疆后，新疆已经和平解放。16 师政委关盛志长期在部队做政治工作，经验比较丰富，罗元发派他兼任哈密地委书记。但他因为新疆多民族，又是地方党政工作，没经验，怕工作搞不好，因而产生了一些畏难情绪。一次，他来迪化老满城开会，一见面就对罗元发说：

"军长，地方工作太复杂、太困难了，是不是……"

他话一出口，罗元发就先知他要说什么，没等他讲完，就接过话茬，开始了"堵"："关政委在战场上几次身负重伤，连眉头都没有皱过，今天怎么了？当然，建政过程中有难处。地方干部缺少。党组织还未建立，民族语言隔阂，群众未发动，旧政权没有改造，帮会、匪特又不断活动。困难嘛……"

可他并没"堵"住关盛志，关盛志反而回答说："地方上的具体情况，我们都不太熟悉。"

罗元发说："正因为不太熟悉，才派他们的干部、共产党员去工作嘛。"

结果，他在办公室里和他谈到半夜，还没解决，最后，罗元发火了，说：

"你团结好了各族人民，很好地调查研究，掌握好政策，我就不信你做不好这件事！"

关盛志只好又硬着头皮回去了，可没几天，罗元发又接到他的急电报告，说：哈密王近日内将邀请他和吴宗先赴宴。

此时整个迪化都还是混乱一片，叛匪恣意横行，哈密王究竟想干什么呢？罗元发召开军常委会议，研究哈密地区的情况。会上经过讨论，认为哈密 178 旅的官兵虽然拥护起义，渴望和平，但他们中的极少数军官是很反动的。特别是从哈密抢劫"黄金案"看,证明他们和当时的专员尧乐博斯等反动上层互相勾结,妄图阻挠和破坏新疆和平解放。因此,军党委决定:吴宗先、关盛志可以应邀赴宴,但要注意安全工作,并指示他们做好团结各民族人民的工作,揭露和孤立个别的像尧乐博斯这样的坏人。

尧乐博斯等人原准备借此宴请,玩弄花招,被吴宗先、关盛志当场揭露了。宴会上,许多不明真相的上层人士听了吴、关义正词严的讲话,大都瞠目结舌,纷纷点头称是。尧乐博斯一伙见他们已有所准备,被迫收起他们摆下的鸿门宴,转而嬉皮笑脸,张口"欢迎",闭口"荣幸",连说话的声音,也装得甜滋滋的了。

尽管尧乐博斯等人机关算尽,顽固不化,关盛志等人还是抱着争取团结的愿望,希望他们一伙迷途知返,投向人民一边。关盛志和哈密专署的阿不拉尤夫多次跟他们做工作。但尧乐博斯死心塌地,最后,还是和他的特务小老婆一起逃到台湾孤岛,追随蒋介石走进了坟墓。

15.修和平渠

1950 年元旦前夕,窗外飘着大雪,6 军党委会议室里却热闹非凡,司令员王震大声说:"告诉你们一个好消息!"

"什么好消息?"众人翘首以待。

"毛主席给了我们一个光荣而艰巨的任务,要我们到新疆后,主要的是要为各族人民办好事,要屯垦戍边,一手拿枪,一手拿镐,开展生产运动,减轻人民负担。"

会场上立即掌声一片。

会上,6 军党委确定成立各级生产委员会,决定以农业为主,进行大规模生产,全军力争年内做到粮食、蔬菜、食盐、燃料、肉类基本自给。要生产,就先要解决水的问题,因此,罗元发决定兴修水利。

修建和平渠是新疆军垦的序幕。1950年春节过后,军区召开专题会议部署屯垦生产,不久下达了"修建和平渠动员令"。

修建和平渠,就是治理乌鲁木齐河。这是6军给新疆各族人民的见面礼。

乌鲁木齐河发源于天山山区,从乌鲁木齐市区流过,像一匹无缰的野马给边城人民带来了无数灾难,而下游万亩荒原却因缺水无法生产。罗元发喊出了一个响亮的口号:给无缰野马套上笼头,引来雪水灌良田,戈壁滩上建花园。

这就是他们最初的想法。

这和平渠,国民党政府也修过,闹了十几年,无数次募集捐款,摊派银两,老百姓钱"捐"光了,就摊粮食,粮食也"捐"不出了,就摊捐门板、衣服,老百姓被修渠弄得死去活来,水渠还没修起来。那些钱粮全肥了那些私囊。

早一段时间,罗元发与陶峙岳将军带着工程人员去考察时,那水渠简直还不如戈壁滩上的那些自然沟,他曾问道:"能通过多大的流量?"

同行的刘工程师回答说:"最大六个水(即六立方/秒)。"

罗元发又问他,"能不能再大些?"

刘工程师摊开双手,颇为遗憾地说:"就是六个水,也从来没敢放过。"他摇了摇头,继续说道:"再大,渠就冲垮啦!"

"是不是可以把渠再扩大些,水的流量不就增多了吗?"罗元发探询。

"扩大?加固?……解决的唯一途径,只有石砌渠堤。"刘工程师停了一会儿,又显出无可奈何的样子,"可这石料呢?"

罗元发却有胆识,想了想,说:"石头嘛,山里有的是,我们动员部队开山采石不就行了。"然而,刘工程师还是将信将疑,他又问道:"就算你上山采集了石头,这么远的路程,数量又如此之大,怎么运到工地?"

但是,罗元发决心把国民党政府做不成的事情做成!

　　1950年2月21日这天,冰封雪飘,戈壁遍地皆白。修建和平渠的战斗打响了,上至司令员王震,下到每一个战士,几千大军迎着风雪,向迪化的天山脚下进发了。

　　罗元发和政委张贤约、副政委饶正锡、参谋长陈海涵、主任魏志明走在队伍前面,后面是他的几员虎将——担任乌鲁木齐卫戍任务的17师师长程悦长、政委张世功。警卫员支更申、杨根林也扛着爬犁跟在后面,大部队像一条矫健的长龙蜿蜒游动,穿过迪化市区时,沿途招来了许多市民好奇地观看。有的议论,有的询问:"你们这是干啥去呀?"

　　"到三甬碑拉石头修大渠。"罗元发答应道。

　　"解放军也修渠种地?"

　　"边打仗边建设,这是我们解放军的老作风啊!"罗元发笑着回答。

　　"你看,你都快白雪盖头了,是个老兵了吧?"

　　"无论岁数大小,都是人民的子弟兵。你们看,王司令员不也来了吗?"罗元发这话一出口可热闹了,在路旁的市民争先恐后地像潮水般涌去:"王司令也去了修渠啊!"

　　王震及各级指挥员都出动了去运石头,这对群众的影响很大。老百姓议论纷纷:"哟!这么大的官,胡子司令都拉石头,稀罕呀!真是人民的子弟兵啊,国民党军队谁还干活?!"

　　有的指着罗元发说:"他都快白雪盖头了,准是个当官的吧!"

　　罗元发在人群中,听到这些议论,脚步更快了。

　　一到工地,警卫员总怕累坏了首长。罗元发看了看他,又指了指坡上坡下站满了欢腾的群众,罗元发对他说:"小支啊,你看群众的情绪这样热烈,这是他们对党、对人民解放军的拥护和支持。我们个人吃点苦受点累算得了什么呢?"说完,他和司令部的参谋一起拉着爬犁就跑,越拉越快……最后,他还和战士们搞起了比赛。

　　在比赛看谁先拉上坡顶时,罗元发奋力地拉着爬犁,不知怎的,只觉越拉越轻,身子一点也不费劲儿。直到坡顶,回头一看,才知道有好几双手同时在后面推着他的爬犁,他还没开口,对方就开口了:"同志,喝碗奶茶吧！""尧罗达西,卷根莫合烟吧！"一位维吾尔族老大娘还把带有"卡其曼"花纹的手巾送给他擦汗水。

在随后的日子里,拉石头的队伍日益扩大,教导团团长杜一波、政委马洪山、副团长张子厚,他们虽是二梯队,赶着骡马才刚刚到达,听说拉石头修渠,征尘未拂,便带着部分战士也参加了拉石头的行列。一部分市民、学生、政府机关干部,和22兵团的军政人员,都参加了修渠大军,拉爬犁的、赶着马车的、牛拉车的,甚至"六根棍"车,也加入了部队运石的行列,汇成了一股巨大的洪流,浩浩荡荡,势不可当,奔向修渠的工地。

只几天的时间, 部队和地方拉运的石头堆积如山, 军直2800人参加,出动33辆车、77匹马,拉运石子1490立方;17师师直机关加上49团,出动3037人,拉片石1655立方;5军区4335人,拉石1158立方;22兵团171人,拉石134立方;地方参加1.3472万人,拉石6199方。

各单位参加填挖土方共2.5399万人,用了394个工作日,填挖土方5.0599万方;铺砌干渠片石, 在23天半里, 用了2182人, 就铺砌了1.095万公尺长。修筑大型渡槽五座、小型渡槽18座、农渠9条、大车桥6座、大分水闸两座、进水涵洞一个等。这个配套的水利枢纽,可说是此时新疆迪化地区最大的工程了。

罗元发修好了和平渠,夺取了"屯垦戍边"的第一个辉煌的胜利。剪彩放水那天,锣鼓喧嚣,鞭炮声噼噼啪啪,清澈的天山雪水,奔腾而下,直冲瀚海荒原,渠水把苇湖冲掉,把碱滩洗净,把戈壁染绿……

王震来剪彩,他望着滚滚渠水,对站在他周围的徐立清、张贤约、饶正锡和罗元发深情地说:"广大指战员一手拿镐,一手拿枪,用他们战斗的双手,在天山脚下的准噶尔边缘,打了第一个大胜仗。"

16.三次工作变动

　　1952 年,6 军奉中央军委命令除留部分部队及干部在新疆地方工作及转为新疆生产建设兵团外,主要骨干力量调兰州成立了西北空军,罗元发被任命为西北空军司令员。

　　经两年的组建,各项工作打下了一定基础,并成立了空军 25 师,选送了 300 多优秀的干部,到各航空学校学习专业技术。

　　1954 年 8 月,罗元发从西北空军调到南京军事学院战役系学习。

　　1955 年罗元发被授予中将军衔。

　　1957 年秋,罗元发终于圆满完成学习任务,在战役系毕业,取得了毕业证书。在毕业分配时,同学们各有想法。就在这时,北京军区司令兼防空军司令杨成武找到罗元发说:

　　"军委要我征求你的意见,准备调你去担任北京军区空军司令。我已和刘亚楼同志说过,他欢迎你去。"

　　罗元发到西北空军后深深感到,空军这个现代的军种,科学技术要求很高,机关对部队从飞行组织指挥,到地面工程机务等保证工作,要求很严格。自己文化程度不高,曾有想回陆军去的想法。如今,听了杨成武的话,不免有些迟疑。尤其想到是去担负保卫首都领空的重任,自己就更觉得担子重、压力大。经过考虑后,表示既然是组织决定就坚决服从。虽然思想上作了迎接新任务、克服困难的准备,但没有想到命令来的很快。不久,便接到国务院总理周恩来签发的命令。罗元发只好到北京赴职,准备在实践中边工作边学习。(当时,北空有苏联专家,这是个有利条件。)

　　1968 年深秋的一个晚上,在人民大会堂,周恩来与罗元发谈话。他说:"罗元发同志,要你到国防科委工作。你去后主要是抓政治工作。有什么意见？"

罗元发感到很突然，便说："总理，国防科委是搞科研的单位，技术性强，知识分子多，我是工农干部，文化程度低，是不是找比我更合适的同志去。"

"元发同志，你文化虽然较低，但也在高等军事学院学习过。你过去做过政治工作，在北空工作得很好吗！协助处理昆明问题也是不错的。到科委去边工作边学习。"周恩来笑着说，"我同空军的同志谈过了，你去当空军副司令兼国防科委副主任。就这样定吧。希望你到科委后，抓好部队的政治思想工作，完成科研试验任务。"

罗元发什么也没说，只是向周恩来表示："我服从组织决定，尽力做好工作，请总理放心。"

17.年愈 80 辞武修文

1982 年,时任国防科委顾问组长的罗元发被批准离休了。

离休后,他又走向了一条"新的道路"——撰写回忆录。

古人云:"人过三十不学艺。"他年逾 80 岁却辞武修文,写起了回忆录。他说:"我之所以这样做,绝不是为了个人名利,而是想为中国革命从艰难困苦走向胜利成功的历史, 提供一点素材, 尽一个老战士的义务。"

他身体很好,记忆力也过人,写作回忆录,不请"枪手",也不请助手,而是自己撰稿。

他少年很苦,无力上学,自己撰稿,难度很大,但他以一个军人的坚毅和执著,带着老伴走访老战友,然后伏案疾书。1983 年,他撰写出版了反映一野 6 军战斗历程的回忆录《战斗在大西北》。离休以后,他又利用一切时间,亲自撰写了回忆红军时代、抗日战争时期和解放后三个阶段的篇章,和解放战争部分合为一体,结集为《罗元发回忆录》。

萧克欣然题写了书名。

对罗元发战斗的一生,张震有诗赞道:

> 金戈铁马岁月稠,
> 南征北战几十秋。
> 老骥伏枥书青史,
> 白发丹心照神州。

18.97 岁高龄,还到人民大会堂参加会议

罗元发 16 岁参加红军,革命 80 多年。平时,他总是穿着 20 世纪六七十年代流行的天蓝色衣服,像一位老农或者一位老工人,被人称为"老工人"。

罗元发 96 岁高龄时,满头银发,依然面色朗润、双眸有神,而且保持着耳聪目明,和他讲话不必特意抬高声音,他会静静地倾听,并对提问给予有条不紊的回应。

令人惊讶的是,他每天坚持读报,并且居然不用戴眼镜。

当有人迫不及待地询问他的长寿秘诀是,他呵呵笑着说:

"其实我没什么秘诀的,主要是思想解放,保持心情的乐观和愉快,心胸开阔,小事不计较,大事好商量。"

97 岁高龄的他还经常在秘书的陪同下到人民大会堂参加会议。这不能不说是罗元发的另一个奇迹。

2010 年 5 月 10 日,罗元发因病医治无效在北京逝世,享年 101 岁。

少将 胡炳云

1.父亲每遇出外掌厨,必带他同去

1911 年 4 月 5 日(农历三月七日),胡炳云出生在四川省南充县李渡镇邓家楼一个穷人之家。按家谱排列,到他这一辈是"能"字辈,父亲为他起名"能清",参加红军后,他改名为"炳云"。

胡炳云出生时,正值四川军阀连年混战之际,民不聊生。他是家中老五,有两个哥哥、两个姐姐,后又添一个妹妹,全家八口人。由于人口众多,日子过得很艰难。为此,父亲四处筹借了 18 担谷子作押金,向一侯姓地主租种了六亩薄田,然后,全家男女老少齐上阵,使出浑身力气拼命耕作,可一年下来,收获的粮食还是少得可怜,加上交地租,一家人还是饥寒交迫饿肚子。

为了填饱肚子,母亲白天干完活,晚上摇着破纺车熬夜织布,然后拿到集市上去卖,换些盐油。父亲学过厨师,遇到邻居盖房、婚丧嫁娶等什么宴席时,就去掌厨,挣点工钱。

从五岁起,胡炳云就开始帮家中干活。每遇父亲出外掌厨,必带他同去。起初,他仅仅打个下手,干些洗菜、烧火、涮碗类的杂活,一天忙下来,没有工钱,主要是讨个肚子饱,打个牙祭。到七岁时,父亲在掌厨之机教他些饭菜的做法。时间一长,他也跟着父亲学了些做菜的手艺。

但是,在他九岁那年,父亲积劳成疾去世了。为葬父亲,母亲只好将六亩薄田交出,换回租金。这时大哥已成家单过,无法照顾弟妹和母亲。为了活命,母亲不得不让二哥远走他乡,自谋生路;然后又找婆家,把两个姐姐嫁了,含辛茹苦地拉扯着年幼的胡炳云和妹妹,但就这两张小嘴巴,她还是养不了,常常饿得两个孩子哇哇大哭,她又只得含泪把小女送人当了童养媳。

幼年丧父,骨肉分离,这家破人走的遭遇在胡炳云幼小的心灵留下了很大的创伤。为了不让年老多病的母亲再为自己操劳,尽管当时只有11岁的他,毅然去给人家帮工干活。女主人对他十分刻薄,每天鸡叫五更,天还没亮,他就得起来干活,担水、劈柴、洗红薯、做早饭;干完这些家务活儿,他再去放牛,边放牛,还要边打草;晚上就睡在牛棚里,到了冬天,没被子盖,他只好裹着破棉絮和拣来的麻袋片挡风御寒,夜里时常被冻醒。可他一年到头拼命地干活,还没有分文工钱,只给三顿饭吃。小小年纪,胡炳云尝够了饥寒交迫的滋味,夜里时常梦见自己跟着父亲去为人家掌厨,一做梦嘴巴就"吧嗒吧嗒"地响。这一习惯,他竟然在多年后才戒掉。

跟着父亲去为人家掌厨这一段经历是幼小的胡炳云小时候最美好的时光,参加革命后,他经常出入炊事班,为炊事班的伙头们"做示范",油盐一放,几下烧炒,一盘菜端上来,吃得炊事班的伙头们都是一个劲地叫好,他所在部队做的菜肴是出了名的好吃。

1935年9月,红军到达哈达铺后,由于连日征战,加之恶劣的自然环境的折磨,红军体质明显下降。为了尽快地恢复体力,迎接更为艰巨的战斗任务,中央军委下了一个十分特别的命令:全军上到司令员,下到炊事员、挑夫,每人发给大洋一块,用于改善伙食。

可别小看这一块大洋,在小镇哈达铺可顶用的呢。

哈达铺是处于甘肃省边缘的一个小镇,由于交通不便,当地的物产运不出去,因此东西十分便宜。用五块大洋就能买到一头100多斤重的肥猪,一只肥羊两块大洋就足够了,一角钱能买到十个鸡蛋,各类蔬菜就更便宜了。在攻占哈达铺时,敌鲁大昌军仓促逃跑时还丢下几百担大米、白面和 1000 多公斤食盐,全都分给了老百姓和战士们。长征中一直忍饥挨饿的战士们每人有了一块现大洋,高兴极了,个个哈哈笑,乐呵呵地说:"一个人就分了半只肥羊,这怎么吃得完啊?!"结果,身任连指导员的胡炳云亲自来到炊事班,把围裙一围,带着炊事班的战士们杀猪宰羊,然后他施展出当年父亲教的大厨手艺,结果,吃得战士们津津有味,个个嘴巴都是油油的,乐得一蹦一跳的:"吃得像地主家逢年啊。"

可几个地主出身的新战士却说:"就是地主家也没这么好啊,就是猪羊鸡鸭,也做不出这么香,这么有味道呀!"

众人一"沉思",恍然大悟:"嘿!厨子不错,是厨子的手艺高!是不是请来了哈达铺的大厨呀?"

炊事班班长走出来,说:"嘿,哪有什么哈达铺的大厨呀?掌勺的是咱们的胡连长!"

新战士们很是惊讶:"没想到胡指导员平时不做声的,厨房手艺还挺高的啊!"

在抗美援朝时,胡炳云也经常下厨房,"胡军长是在国民党军中伙头军出身"的传闻一度盛传军中。胡炳云知道后笑着:"我参加过国民党军,但没做伙头军,只是个吹喇叭的小号手。"

2.当号兵与"千里走单骑"的奇遇

胡炳云虽然后来成为我军的一员著名战将,但他最初参加的却不是红军,而是国民党军,由此,在他早期的革命经历中,有一个"千里走单骑"的感人故事。

(1)

1928年夏收时节,一支军队来到了邓家楼村。这支军队很奇怪,他们与以前过路的兵和土匪都不一样,住下后,既不抢东西,也不扰民,对老百姓也很和气,纪律也比较好。这天上午,胡炳云正独自在田里为雇主家收麦子,恰好几个士兵路过,他们见胡炳云一个人收割一大块麦田,累得满头大汗,结果,一起涌了上去,帮他割起了麦子,他们边割边与他攀谈起来。当得知胡炳云幼年丧父,11岁就开始给人家放牛、做活时后,很同情他,其中一人说:"你这样苦,还不如跟我们去当兵呢。"

胡炳云以前从没想过去当兵,经他们这一说,果真萌生了离家出走当兵吃粮的念头。

第二天一大早,他便来到了新兵招募处,报名当兵。

此时,他虽已17岁,但由于生活贫困,经常吃不饱饭,加上整天干活,身体单薄,个头很小,看上去像个孩子。招兵处的人说:"你太小,等一两年长大后再来吧。"

"你们别看我个子小,我已经17岁了!"

"17岁也太矮呀,还没枪高呢!"

"没枪高你们也要收下我,我还要长的!"

他们听到这话,哈哈大笑,见胡炳云态度很坚决,又仔细问了问他的家庭情况,对他进行体检后,才把他收下。可是往连队分配时,他却又遇到了麻烦,哪个连队也不愿接收他,个个说:"这么矮,还没枪高,身体又瘦,行军打仗吃得了那苦?!"

他们怕收下胡炳云反而成了连队的包袱,个个都不收他。无论胡炳云扯着脖子怎么表白自己不怕吃苦,也无济于事。后来,还是团长被他这番表白感动了,看他个头小,但人老实,又较机灵,于是说:"好,你们都不要,就把他留在团部学吹号吧!"

就这样,胡炳云当上了吹喇叭的司号兵。

队伍开拔时,他才知道,这支队伍是国民革命军第 7 混成旅,代旅长叫邝继勋。原来,邝继勋是中共地下党员,这个旅多数人是贫苦农家的子弟,倾向革命,所以才有这么好的纪律,对老百姓也和气,胡炳云后来说:"吸引我到了军旅,说到底,还是共产党。"

(2)

刚到军营,胡炳云啥也不懂,一切都得从头学起。但是,他很要强,凡事不干则已,要干就非干好不可。他虽然对吹号一窍不通,但让他学吹号后,就暗下决心,不但要学会吹号,而且一定要学得比别人快,吹得比别人好。因此,他非常用功。

每天天蒙蒙亮,别人还没起床,他就悄悄爬起来,带上军号独自一人远远地跑到一个小山上练,直到把教员教的内容全部掌握为止。为此,他练得口干舌燥,吹得嘴唇干裂、出血,但仍不停止。教员说:"我教这么多的号兵,没见过他这样拼命练号的,这伢子聪明,又能吃苦,将来定会有出息!"

经过半年的勤学苦练,胡炳云学会了吹号,被分配到 2 团 2 连当司号员。

到了 2 连,他心想,刚当兵时,哪个连队也不要我,现在终于有了机会,一定要在连队好好干,不能让别人看轻自己。因此,每天早晨,他提前起床,练一会儿号后,又和战士们参加军事训练,主动向老兵请教,只要有机会,他就射击、投弹、拼刺刀等拼命练,并且平时连里有什么事,都抢着去干,整天忙个不停,于是,众人改变了原先看法,说:

"胡炳云干什么都不怕难、不怕苦,是个好兵。"

胡炳云说:"我从小就吃苦,这也是逼出来的。"

(3)

吃苦、上进的胡炳云引起了 2 连的地下党员罗南辉的注意,他经常接近胡炳云,一口一个"小胡小胡"的,常常给他讲一些革命道理。

不久,为了反抗蒋介石对大革命的屠杀,各地党组织纷纷策动、组织武装起义。由邝继勋指挥的第7混成旅,大部分官兵倾向革命,起义的条件已成熟。1929年6月29日,第7混成旅4000余名官兵,在代旅长邝继勋的一声呼喊下,在四川蓬溪牛角沟举行起义,宣布脱离国民党军队的阵营,组成"中国工农红军四川第一路军",邝继勋任总指挥,罗世文任党代表,正式加入了红军的行列。就这样,在2连当司号员的胡炳云也随队参加了起义,变成了"红脑壳"。

邝继勋一起义,在邓锡侯、田颂尧两位军阀的老窝后院烧起了一把大火,他们震惊之余,急调各路兵马,"围剿"第7混成旅。邝继勋率部英勇迎战,与他们激战达半年之久,最后终因寡不敌众,在梁平县城、猫儿寨一带遭到邓锡侯、田颂尧大军的前后夹击,第7混成旅一场激战打得天昏地暗,队伍全被打散了,邝继勋本人也只带着几十个人突围出去。胡炳云所在的2团也被打散了,他和一名姓陈的班长、战士小王三人一起在混战中突了围,但与部队失去了联络。

他们在当地四处寻找自己的队伍。可在梁山、大足一带转了十多天,毫无所获,最后转到了广安,这才听集市上的老百姓说,不少起义士兵打散后去了重庆,那边有人收拢散兵。听到这个消息后,三人格外高兴,说:"不管消息是真是假,我们一定要到重庆去看个究竟。"

三人日行夜宿,辗转到了重庆城,结果,胡炳云意外地碰到了罗南辉。

他就在重庆负责收拢第7混成旅被打散的官兵。当得知他们突围后一直在找部队时,高兴地说:

"邝旅长已到了鄂豫皖苏区,在党的领导下组建了红4军,现在是红4军军长了。你们要当红军,就赶快到鄂豫皖去找邝军长。"

"好啊!我们就去鄂豫皖苏区!"胡炳云高兴地说。

"此去路途遥远,路上敌人盘查、搜捕,困难会不小啊!"罗南辉接着问,"不知你们有没有这个决心?"

三人当即表示："困难再多,危险再大,我们也一定要当红军!"

"好!每人发两块钱路费,当是我的一点小意思!"罗南辉也很高兴。接着,又向他们介绍了去鄂豫皖苏区途中要注意的事项,接着,胡炳云三人就动身上路了。

他们离开重庆后,徒步往成都方向走,过陕南到鄂豫皖苏区去。由于每人仅有两块钱的路费,每日除了买点吃的充饥外,不敢乱花半分钱。但从重庆到成都,都些是弯弯山路,他们爬山越岭,每日行走 100 多里,可当他们到达成都时,路费早就用完了,而成都离鄂豫皖苏区还很遥远。饿着肚子捱上一两天行,时间一长哪坚持得了?三人犯着愁,在大街上闲逛着,突然发现国民党 29 军正在大喊大叫地招兵,再一问,才知他们近日就要开到陕南去堵截红四方面军入川,怕兵力不足,所以在成都一带拉夫。突然,胡炳云拉着他们到一个街角落,说:"嘿,去陕南的路费有了!"

"我们现在身无分文,在成都连个认识的人都没有,哪来的路费呀?"

胡炳云说:"现在 29 军不是正好也要去陕南吗?我们到 29 军中临时挂名当兵,先解决吃饭问题,一到陕南,不就有办法了?"

其他两人连声叫好。

拿定主意后,三人就到招兵处,报名当了兵。几天后,29 军就离开了成都向陕南开进,他们跟在队伍里往前走。可是这伙"大军"磨磨蹭蹭,走了半个多月,才到巴中一带。三人又凑到一块商议,嘀咕了半天,胡炳云说:"这样跟着 29 军慢吞吞地走下去,什么时候才能找到红军啊?"

"再也不能跟着他们走了!"

"我们要走就快!"

结果,三人决定逃跑。

说干就干,第二天晚上,三个人趁夜幕逃了出来,又踏上了寻找红军的路途。

1932 年年底,他们从通江向鄂豫皖苏区行进,就在他们准备进巴山找红军时,却不知红军到底在哪,只好向当地老百姓打听,一个老汉说:"对面山上就有红军!"

这一路历经艰辛、矢志不渝,他们就是要找红军,现在他们就在对面山上! 乍听这个消息,几个人简直快要"晕"过去了,激动万分,撒腿就向对面山上爬去。

上山后,果然有一支红军,原来是红四方面军 12 师的部队,副师长叫何畏。他听说三人是从成都来找红军的,当即把他们找去,亲自谈话。问了几人的情况后,他说:

"你们找到红军吃了这么多苦,这下好了,你们几个就先在我这里干吧。"

何畏还说:"你们路比较熟,给我们带路,以后有了机会再送你们去红军司令部。"

原来他们要去四川开辟根据地,正好少了带路的。

于是,三人就留在师部,为红 12 师带路,向成都方向前进。他们带着红 12 师打退了川军 29 军的多次堵截,还歼灭了 29 军 1000 多人,胜利地到达了巴中地区。到巴中后,何师长派人把他们送到了通江。

到了通江,胡炳云几人以为马上就要分配新任务了,个个激动得像怀揣着只大兔子。可他们万万没想到的是,接待他们的,竟然是红四方面军保卫局的干部,没问几句,就把他们关进了牢房。

他们风餐露宿,千里迢迢来当红军,结果找到红军了反被关进了牢房,三人怎么也想不通。正当他们百思不得其解时,审讯开始了,整整一个上午,保卫局审讯科科长丁武选和书记员寇其炎,把胡炳云从在家务农、当兵起义,直到寻找红军前前后后,仔仔细细审问了一遍。然后,商量了一下,说:"让他到司号员集训队当教员吧。"

原来保卫局刚成立了一个司号员集训队,正当缺少教员呢,当他们了解胡炳云的身世、经历,并知道他有吹号的特长后,便把他放了,安排了一个工作。可以后,胡炳云再也没有见到和他"一起找队伍的"那两位战士,也不知他们情况如何。

过了段时间,他才渐渐得知,保卫局之所以把他们关起来,就是因为他们是邝继勋的旧部,而邝继勋此时已被张国焘"肃反"秘密杀害了。此

时部队缺司号员,急需培训一批补充到连队去。于是,他会吹号的特长
在这里派上了用场。

这是 1932 年 12 月的事情,胡炳云就这样正式成为了一名红军战
士。他到司号员集训班当教员,负责教十多个娃娃吹号,学生只有十三
四岁,比他当年学号时年龄还小,他尽管受到不公正待遇,教号还是十分
的认真、负责。

(4)

1933 年 5 月的一天,胡炳云去川陕省委驻地办事,意外地遇到了在
省委开会的罗南辉。这一见面,他既激动又高兴,马上向老领导详细汇
报了自己这两年来的情况。罗南辉说:"你的情况我了解,我带你到省委
组织部去。"

罗南辉在省委组织部详细地介绍了胡炳云的情况,这样胡炳云才得
到了党组织的信任。6 月后,他被批准了入党,介绍人还是保卫局的保卫
队队长和指导员呢,不久,他就到了保卫队工作。在保卫队,胡炳云在巴
山与当地的土匪武装作战时,每次都是冲锋在前,不怕死,活像个小老
虎,红四方面军的战斗力很强,个个都一打仗就嗷嗷叫,但胡炳云更是突
出,几次战斗后,就当上了保卫队的党支部书记。保卫队改为保卫营后,
他改任连指导员。这时罗南辉调任红 33 军军长,红 33 军是由川东游击
军改编而成的,是红四方面军的五个建制军之一。胡炳云被红 33 军 98
师师长吴世安看中,调到师通信队当指导员兼做参谋,但是,罗军长说:
"胡炳云打仗是个料子,让他到战斗部队去!"不久,他又调任红 33 军 98
师 294 团 1 营 3 连指导员。以后,他参加了川陕苏区反"三路围攻"和反
"六路围攻"。从此,胡炳云从一员号兵锤炼成了一员红军干部。

(5)

在我军将领中,许多人有过与党组织失散后继续找党找部队的传奇

经历,但胡炳云的经历是十分独特的,对此,后来他的老上级陈毅说:

在我们这些老党员中,多数人或多或少在艰难的斗争岁月,有过找党找部队的经历,这不稀奇。比如在南昌起义失败后和梅岭抗战时,我都找过党嘛,但我们至少已经是党员了,或者有个职务了。而胡炳云就不一样,他千里找红军,一不是党员,二没什么职务,一个起义才几个月的普通战士,党外人士,千里寻红军,历尽一年多,这就是不一般的信念了!当年那个关云长千里走单骑,忠义传千古,我看,这个胡炳云对党对我军的忠诚,远远超过那个关云长!

胡炳云千里寻红军的经历,一直是我军"红心向党"的典型。后来,他的故事被 29 军将士们在战斗的间隙时时传神地讲起。军长当年千里寻找红军的经历,被他们半是事实半是撺乎自己的一些想像越传越神,由三人变成了胡军长独自一人,他千里奔向鄂豫皖苏区的坎坷经历被演绎成许多传奇的故事,比如,一路上,他忍饥挨饿、历尽坎坷不说,为了闯过国民党军的关,路上飞身跳过一条宽 80 米的大河,竟然没有落水;又如在追击中,他又遇到国民党女特务"辣妹子"的诱惑,摆脱了女特务后,又遇上袍哥头领比武招亲,他一一渡险而过;还如在国民党 29 军中逃跑时,智擒匪连长,押了一大队的俘虏到红军,乐得师长何畏让他带路,还封了个他"带路队长"的"半军半民"的职务,等等。胡炳云知道后,哈哈大笑,但立即更正说:

"比小说还神奇,我没那么大的本事。当时不是单骑,是三人!其实,他们二人才是真正的英雄,是现代关云长。"

3. "中央红军就是造人才的地方!"

1935 年 6 月 18 日,长征途中,红四方面军与红一方面军主力在懋功地区胜利会师。随后,党中央决定,两个方面军混合编为左、右两路军,共同北上。在北上行军途中,胡炳云所在的 294 团,突然接到命令:即刻开赴毛儿盖接受新的任务。当 294 团赶到毛儿盖后才得知,中央军委为了加强红一方面军长征先头部队——红 2 师 4 团的战斗力,决定把 294 团与 4 团合编为一个团。于是,294 团 3 连改编为 4 团 2 营 6 连,人员不变,连长、指导员仍由杨信义和胡炳云担任。

就这样,胡炳云从红四方面军转到了红一方面军,并且成为了长征先头团红 4 团的一个连队。由此,胡炳云最有传奇性的军事生涯也开始了。

(1)

1935 年 8 月,红军北上,必须经过茫茫草地。

茫茫草地是一块死亡之地,过草地就是一次生死存亡的考验。一天中午,毛泽东把红 4 团政委杨成武叫到了住处,一席谈话,毅然把草地探险寻路的任务交给了红 4 团。

杨政委接受任务回来后,与团长王开湘一商量,选中了 6 连为过草地的前卫连。这也就是说这次草地探路,胡炳云的 6 连要走在最前面,死亡之路,由他们先"趟"。无疑,他们选择 6 连为全团的前卫连,就是要试一试他们到底够不够红一方面军先头团的"资格"!

21 日清晨,红 4 团向着草地方向出发了。胡炳云和杨信义领着 6 连走在全团的最前面。一出村口,几位师团首长围住一位身材魁梧的领导在路边谈话,不知谁惊喜地喊了一声:"毛主席!"顿时,全连情绪活跃起来,目光一齐凝聚在毛泽东身上。毛泽东微笑着向行进中的队伍挥手,喊着:"过草地,你们一定要小心啊!"

6 连走了 20 多里地,过了一个村庄后,继续向西北就进入了一个无名的小山谷。山谷里有片密林。胡炳云对战士们说:"多拣些干柴枝,过草地时点火、烧水用。"

于是,每个人拣了不少的干柴,部分战士还背了一些写着"由此前进"的木板做的路标。一支"柴火大军"沿着山谷艰难地向前走,穿过一片树林后,便进入茫茫的草地。

胡炳云他们靠着一位60多岁的藏族通司当向导。这位老大爷以前曾走过草地,对草地的情况较为熟悉。在他的指点下,战士们一个跟着一个,踩着草根一步一步往前走。这位通司说:

"草地上的水不能吃。"

"为什么?"胡炳云问。

"草地上的水是陈年腐草泡出来的,有毒,脚划破了,被这毒水一泡,就会红肿溃烂;喝了草地的水会使人肚子发胀,中毒而死。"

胡炳云立即和杨信义把不准饮用草地上的水作为一条纪律传达到每个人,要求人人必须严格遵守。这草地有水有草,草丛上还迷漫些浓雾,阴森森的,草丛里河沟交错,积水泛滥,表层的水呈淤黑色,散发着刺鼻的腐臭味,除了一丛丛长得密密麻麻、足有几尺高的青萍和淤黑发臭的污水外,什么也看不到。面对这广阔无边、雾气腾腾的泽国,到哪里去找路?根本就没有路!脚下是一片草茎和长年累月腐草结成的"泥潭",踩在上面,软绵绵的,如稍一用力,人就会越陷越深,整个身子都会陷进去。跋涉草地的艰难行军开始了。很快,前卫连进入了草地。每到岔道口,他们都插上一块路标,为后面的部队指引道路。

但是,草地上的天气一日多变。早晨是浓雾,天昏地暗。中午先是狂风大起,然后,积云被吹散,从薄云中钻出几缕阳光。可到了午后,天空又乌云密布,气温骤降;不一会儿,狂风四起,大雨滂沱。战士们暴雨中行进,到黄昏时分,个个身上都湿透了,突然一条河又挡住了去路。正在这时,团里通知就地宿营。

6连在一个小坡上停下来。战士们走了一天,只在途中啃了点干粮,一停下来,个个感到又饥又渴。但炊事班无法在水草地上架锅做饭,胡炳云说:"各班把背的干柴火点燃!"

各班把身上背的干柴火点燃几根,边烤火边用脸盆烧开水,然后,每人分一小杯就着吃点干粮。吃过饭,大家正想背靠背坐在背包上睡一觉,天公不作美,突然又下起了大暴雨,雨中还夹杂着豆粒大的冰雹,临时搭起的油布、树棚都不顶用了。天漆黑一片,四野雨雾茫茫,走没法走,躲也无处躲,6连上下只好直直坐着,任凭雨水往身上浇,冰雹往身上打。每个人的衣服全都湿透了,阵阵冷风吹来,个个冻得浑身发抖,直到半夜,还在风雨中半醒不睡地坐着,6连在茫茫草地上的第一个长夜就这样度过了。

第二天拂晓时分,集合号音响了,大家站了起来,揉了揉熬得红红的眼睛,收拾了一下行装,抬起又酸又重的两腿,又开始向草地深处前进。茫茫草地分不清东南西北,全靠向导带路,在风雨和飘雪中,不停地向前跋涉,尽管草地难走,红6连终究是英雄连,一天没事,两天没事,三天没事,但到了第四天,风吹雨打,又饥又饿,不少战士终于开始脸色苍白,两腿酸软无力了,空手往前走都吃力了。这时,胡炳云和杨连长带头帮战士扛枪,背背包,结果,全连立即开展互助,体强的战士搀扶体弱的战士,胡炳云还专门抽了几个身体特棒的战士组成收容小组,在全连最后面,见着谁累得走不动了,就两个人上,架一个就走,几个力气大的战士还嫌架麻烦,干脆个人背,一上去,往下一蹲,背起对方就走。

经过四天艰难的行军,6连到了一个叫色坝的地方,这是一条岔路口,带路的通司说:"往右通松潘,往左到班佑。我们现在已经出了水草地,可以走大道了。"

眼前虽仍是一望无边的野草,但路平坦、干燥多了。战士们双脚泡在污水里,一上这条路,个个精神倍增,两条腿一轻快起来,个个连跑带跳的,黄昏时分,到了一个小山坡旁。这时,团首长派人通知停止前进,原地宿营休息。全连一停下来,胡炳云就和连长杨信义商议说:

"趁现在天晴,有干燥的地方,让战士们去挖点野菜,烧点开水。"

"好,山坡上有野菜,吃些干粮填填肚子,好好睡一觉。"杨连长答应了。

很快,战士们就都行动起来了,挖野菜,挖土坑,捡柴火,烧开水,忙得热火朝天。为了避风取暖,睡个舒坦觉,各班还挖了两三个小土坑,分别在坑的四角插上棍子,用油布或被子往上一盖,像个小帐篷似的,胡炳云一见也高兴地说:"好啊,可以睡觉,发现敌情,还可以当掩体,一举两得。"

于是,他也兴高采烈地和几个战士挤在一个小土坑里,背靠着背,喝着炊事员烧好的开水,嚼着干粮,嘴巴里嚼着刚挖来的野葱、野韭菜,还一个劲地乐哈哈:"真比吃美味佳肴还带劲!"谁知老天好像成心跟他们作对似的,他们在小土坑里才吃完东西,还没睡着,就"哗哗"地下起大雨来了。

不一会儿,水就流到坑里面,没法坐了,全连都站了起来。

"看老天爷爷还能想出什么办法来治我们!"

一个战士这样说着,结果又引起一阵哄笑。

雨淅淅沥沥下了一夜。天刚亮,6连从满是泥浆的雨水里拔出双腿,穿着湿漉漉的衣服,背上被雨水淋过的沉甸甸的背包和武器,踏上了通往班佑的行程。上路后,路又特别难行。因为下了一夜雨之后,河水暴涨,积水四溢,昨天还干燥易行的路,又成了又粘又滑的泥泞小道,高一脚低一脚地向前走,

淋了一夜雨,在草地了折腾了好几天,个个力不从心了,一不小心就跌倒,于是大家又你搀我,我扶你,往前走了40余里。第二天下午3时左右,当他们又翻过一个高地时,才远远地望见前面出现了炊烟,再往前走了一段,终于到达了班佑。

到了班佑,就胜利地走出了草地,意味着红4团没辜负党中央、毛泽东的期望与重托,胜利地完成了为红军开辟草地行军路的光荣任务。六天六夜,红6连和全团胜利地完成了探路的任务,以后,红军大部队就沿着他们插着的路标前进,过了草地。

过草地,胡炳云和6连功不可没。这是胡炳云和6连合并到红一方面军的第一次行动,政委杨成武和团长王开湘试过6连后,高兴地拉着胡炳云的手说:

"四方面军的部队真是不错啊,有胆有识的呀!"

6连一到红一方面军就成为先头团过草地的第一连,立即名扬中央红军,据说过了草地后,毛泽东遇到王开湘还专门问道:"过草地时,走在最前面的,是你们哪个连呀?"

"四方面军合并来的红6连,连长叫杨信义,指导员叫胡炳云。"王开湘回答。

(2)

6连探路可以,打仗更是"猛虎连"。

红4团在班佑休整了一个多星期之后,继续北上。1935年9月14日,前卫红4团到达甘肃境内白龙江边的莫牙寺。

第二日傍晚,红1军团军团长林彪命令:红4团必须在三天内夺取腊子口。这腊子口是红军北上必须通过的一道险要关卡,过不了腊子口,红军就得重新过草地折回去。但后有蒋介石十几万追兵正紧紧追击而来,红军没有回头的路,只有往前冲关。红4团经过两天的急行军,赶往腊子口准备"斩将夺关"。

红6连快到腊子口时,突然前面一个营的敌兵正在筑工事"堵路"。杨信义一报告团部,团长王开湘二话没说,就一个命令:"2营消灭它。"

杨信义一到,胡炳云立即带头喊起了:"冲啊!"6连立即向敌兵发起了冲锋,这伙敌兵正忙得满头大汗,遭到突然袭击,一把扔下镐头、铁锹就跑,有的连枪都没来得及带,屁颠屁颠地往腊子口拼命地逃。战士们的劲头来了,一个劲地往前冲,一直追到腊子口的桥头附近才住脚。这时,已是午后4点钟了。腊子口上响起了激烈的枪声,先头营已与敌交上火了。6连集结在附近一个小树林里待命。这时他们已连续行军200多里了,但枪声正烈,战士们个个浑身是劲,准备参战,几个性子急的战士提着枪凑近过来,提醒连长和指导员说:"什么时候上呀?还不上,腊子口上的腊肉给兄弟部队吃了啊!"

"慌什么?你们以为腊子口就真有腊肉啊?"胡炳云说,"先等团长的命令吧。"

正在这时,团里传来命令:"连以上干部到团部去开会。"

胡炳云和杨信义立即赶往团部。所谓的"团部"只是在一个茂密的小树林里设置简易场所,杨成武说:"开个干部会,研究如何攻打腊子口。"众人正在研究战斗方案时,突然敌碉堡里射出一梭子弹,一发子弹打在正开会的师政治部组织科长齐发任的腿上,他被抬下去后,众人又转到一个较为隐蔽的地方继续开会,攻打腊子口的方法一定,王开湘和杨成武又把主攻腊子口的光荣任务交给了6连。杨成武问杨信义和胡炳云:

"你们有把握吗?"

"有!"两人齐声回答。

"好!团的轻重机枪,再抽出一部分由你们直接指挥。"王开湘说。

会一散,他们就飞快地往连队跑去。回到连队,战士们听说6连又得了主攻任务,都高兴得像小孩子遇上年节一样,又蹦又跳的,还有的说:"破关斩将,这腊子口不知道有什么大将?这次一定抓它个大龟头!"

谁知终究是第一次"使用"6连,团政委杨成武对他们还是有些不放心,战士们正在捆手榴弹、擦刺刀时,他又亲自来到了6连,说:"我进行战前紧急动员。"

杨信义撇撇嘴,说:"嗨,政委,不用动员啦!战士们的那股劲儿,甭说一个腊子口,就是十个腊子口也能拿下来。"

胡炳云说:"动员不用了,我们就请政委来给战士们讲讲话吧!"

6连随即集合在一个茂密的树林里,杨成武往队伍前面一站,就把手一插,大声说:"我们左边有杨土司两万多骑兵,右边有胡宗南主力,但北上抗日,路只有腊子口一条。这里过不去,我们就不能与陕北红军会合,就不能到达抗日前线。"然后,他喊着问:"乌江、大渡河都没有挡住我们,雪山、草地,我们也走过来了,难道我们能让腊子口给挡住吗?"

"坚决拿下腊子口!"

"刀山火海也挡不住我们!"

6连指战员亮着嗓子叫嚷起来了,几个热血战士齐刷刷地跳了出来,大声喊道:"首长,我们打不过腊子口,就不是共产党员,请考验我们！"

"好！主攻腊子口交给你们6连,我相信你们一定能拿下这破砬子!"
杨成武高兴地说。

6连本来就是一点就跳的猛虎连,听到这话,全连欢呼雀跃,这时胡
炳云往队伍前一站,大喊:"立即分头去做准备。"

黄昏时分,6连便接替了2连的阵地。

腊子口非常险要。只一个窄窄的山口子,两边都是悬崖峭壁,周围是
高山,无路可通。山口下的两座山峰间有一条流速很急、深不见底的石
沙河。河上横架一木桥,把两山连在一起,要过腊子口必经此桥,别无他
路。但甘肃军阀鲁大昌在木桥和山口外布置了两个整营的兵力,并在桥
边筑了碉堡。桥西是阵地,桥东山坡上也是碉堡。在腊子口后面,就是军
火和粮食库,里面囤积着大批粮弹;在不远的岷州城内驻扎着主力,随时
都可增援。要拿下这样的险要地方,并非一件容易事。

夜幕一降临,战斗就开始了。6连的全部机枪轮番扫射,子弹像下雨
似的倾泻在敌阵地上。1排长带着30多个勇士,在密集火力掩护下,悄
悄地运动到桥边隐蔽起来,待命冲锋。可是狡猾的敌人在6连射击时,躲
在工事内不还手,当战士们开始向桥头冲锋时,他们跳了出来,拼命投手
榴弹,疯狂反击。因为地形不利,兵力无法展开,6连几次冲锋都没成功,
而且还伤亡十多人。

"打!不让兔崽子抬头!"胡炳云见冲不上去,红着眼睛,命令机枪手
狠命地射击。机枪喷射出的火舌映红了半个天,子弹打得阵地上的岩石
直冒火星,但仍压不住敌人的火力。敌人的手榴弹不停地在6连突击道
路上爆炸,进攻十分困难。双方在桥头较量着,时间一分分过去。这时,
红军大部队正逼近腊子口,毛泽东和军团长林彪一次又一次派人前来
"了解情况",问突击班现在什么位置? 有什么困难? 要不要增援? 这一
催,胡炳云和杨连长说:"这战法还得研究一下。"两人重新调整了火力,
组织突击队,再次向敌人发起猛攻,可是连攻了几次,还是无法接近桥
头。这是因为敌人占据的地形太有利了,他们居高临下,一扔手榴弹,就

掉在地上乱转,结果,炸裂的弹片和未炸开的在桥头50公尺的崖路上铺了厚厚的一层,有的地方已经成了堆。6连只要一靠近,手榴弹就如暴雨般下落,这样怎么过得去?结果,激战到半夜,6连连续冲锋十多次,均未奏效。

夜间两点多钟,他们只好撤下来休息,准备重新组织进攻。

炊事员用在离腊子口15里处缴获来的敌人的面粉,做了一顿好饭,可战士们一口也吃不下。四周黑乎乎地,不见一点光亮,只有河水翻起的浪花闪烁着白光。在黑暗里,胡炳云听到几个战士在低声谈论:

"敌人对崖路封锁得太严啦!"

"我看单凭正面猛冲怕不行!"

战士们的话提醒了胡炳云,他立即和团总支书记罗华生商议了一下,决定召开党、团员大会,组织敢死队,以少数兵力,接二连三向敌人轮番进攻,疲劳和消耗敌人,伺机夺桥。他们从报名的人中挑选了15名最坚强、最勇敢的党、团员,组织了三个突击小组。每个敢死队员,都身挂手榴弹,背插大刀。突击时分两路:一路顺河岸的崖壁前进,准备摸到桥肚底下,攀着桥柱运动到彼岸;另一路分两个组,先运动到桥边,等第一组打响后,另一组再射击,两面夹攻,消灭桥上的敌人,夺取木桥。

深夜,河水的吼叫声更加震耳。敌人大概以为6连攻了一天加半个夜晚,再也无能为力了,都累得缩到碉堡和工事里打盹去了。正在这时,敢死队员们攀着崖壁上横生的小树,一脚实一脚虚,一步步地向前挪动。浪花溅湿了他们的裤子,汗水浸透了上衣,崖壁上带刺的野草扎破了手和脸。这一切,他们全不理会,一个跟着一个,盯着对方围在脖子上的白毛巾,悄悄地向桥下摸去。离桥不远时,"咔嚓"一声,一个战士不小心攀断了一棵小树。众人立刻停了下来,准备还击。可等了一阵,却并不见敌人的动静,原来是河水的激流声淹没了刚才的响声。勇士们继续往前摸去。第一组的勇士们伸手抓住了桥肚底下的横木,一手倒一手地往对岸运动。忽然,"扑通"一声,一个战士失手掉到河里去了。这时敌人发觉了,机枪、手榴弹朝桥底下乱射乱扔,炸得河水"扑扑通通"直响。行动已经暴露,无法继续前进了,四个战士只得摸到一块岩石下,暂时隐伏下来,待机行动。

胡炳云听见枪声,立即带领 1 排的 10 个战士,趁敌人只顾朝桥下射击的机会,冲到桥边,先向敌人扔过去一排手榴弹,接着冲进了敌人筑在桥头的立射工事。敌人哪里提防胡炳云会来这一手,顿时慌了手脚,乱作一团,"杀"向了桥头。这时原先隐伏桥下的战士也突然从岩石下钻了出来,拔出大刀,翻上桥面,喊着冲杀声跟敌人肉搏起来。在短兵相接中,1 排长抢起大刀,如同武术家练武一般在敌群中挥舞。突然,他被一颗流弹击中了,踉跄了一下,又站定脚跟,大声呼叫:"冲呀! 敌人已经支持不住了!"

1 排长的负伤大大地激怒了众人,多把大刀在敌群中左砍右杀,不一会工夫,敌人就招架不住了。在向腊子口冲锋时,胡炳云的两条腿都被敌手榴弹片炸伤了,因战斗异常激烈,他只是让卫生员用盐水洗了一下伤口,左腿上的弹片扎得浅,卫生员用钳子夹了出来,而右腿肚上的一块弹片由于扎得比较深,没法取出来,于是就先止住了血,简单地包扎了一下,然后又去与敌人拼杀了……

正当他们拼杀得异常激烈的时候,突然从敌人的后方上升起了一颗红色信号弹。这是 1、2 连向敌侧后迂回成功的信号。接着,又有 3 颗红色信号弹从背后升起来。

这是发起总攻的信号。信号弹还没熄灭,冲锋号、轻重机枪、迫击炮和呐喊声,从四面八方一起响了起来。正在与敌人拼杀的勇士们,立刻勇气倍增,大刀挥舞得更欢。被杀得昏头转向的敌人见背后也"打"起来了,周围的枪炮又连天响,几个人带头一喊:"被红军四面包围啦!"结果,全摔下枪仓皇逃命。

这时天已拂晓,敌兵如同丧家之犬,一群群没命地向后跑,沿路丢枪丢子弹不计其数。6 连战士紧追不舍,越追越有劲,一直追杀到敌人的营房、仓库,占领了腊子口的纵深阵地。不一会儿,1、2 连也从山上绕道过来与 6 连会合了。大家带着胜利的欢笑,大声呼喊:

"天险腊子口被我们砸开了!"

正当战士们沉浸在胜利的喜悦之中时,胡炳云忽然感到两腿钻心般的疼痛,低头一看,两条腿上的绑带和裤脚已被鲜血染红了。原来他的伤口起反应了。

腊子口一战,打出了红军的威风,也显示了红6连敢打硬仗、恶仗,敢啃硬骨头的大无畏革命精神。这一仗,也是胡炳云戎马生涯中最激烈的战斗之一,他和6连在拿下腊子口战斗后,杨成武说:"6连是个好连,打仗真猛。"

4.罗华生借骡子

过了腊子口后,红军到达了哈达铺,在此红1军团改编、组成了中国工农红军陕甘支队,4团改为4大队,全团缩编为四个连,6连改为第3连,原营长张仁初提升为副大队长,原副营长魏大全任3连连长,胡炳云任3连指导员。

出了哈达铺后,部队连续急行军,向着陕北进发,三天走了200多里。由于长途行军,胡炳云在腊子口受的腿伤复发,先是伤口红肿疼痛,继而感染发炎,接着身体高烧不退,开始他还能在战士们的搀扶下跟着连队一起走,渐渐,就走不动了。

这时,蒋介石的手下大将胡宗南率部跟红军屁股后使劲地撵,追得很急,红军每天都是急行军,而胡炳云要么由人搀扶,要么被背着走,心中十分着急。渐渐,他由前卫变成了后卫,跟在连队后面走,接着又成了连"后卫的后卫",尽管通信员扶着他使劲地撵,还是由连后卫成了营后卫,再渐渐,营后卫都跟不上,由营后卫成了团后卫,没多久,他们连团后卫也撵不上了……恰好这时团收容队长王辉球路过,见着了他们一拐一拐拼命赶,脑门上流着汗,说:"不要着急赶连队了,就跟着我们收容队一起走吧。"

没办法,胡炳云只好跟着收容队走。可到了下午,情况越发危急,后面的追兵离他们只有两三里地了。这时 3 连连长魏大全带领连队走在前面,听说后面情况危急,立即派一个班战士跑回来接指导员。最后,他们在收容队的伤病员队伍中才找到指导员,班长一见,说:"指导员走不动了,抬走!"

"没东西抬的呀!"

"背走!"

小班长一声令下,一个战士立即把枪一放,背上胡炳云就跑。随即,其他战士找来了两根棍子,众人边跑边把绑腿带解下来,再缠在棍子上,做成一个简易的担架,尔后把胡炳云扶到担架上,他一躺下,一个班就轮流抬着他往前飞跑,这样他们才脱离了危险。

晚上宿营后,大队长从王辉球那得知胡炳云的伤情,十分关心,派团总支书记罗华生和团部医生李智广看望。李医生检查了他的伤口,说:"弹片在腿内未取出来,伤口里已发炎化脓,破伤风了。"

"不要紧吧?"罗华生问道。

"不及时采取措施,就有生命危险。"

李医生这么一说,胡炳云才知道自己腿伤这么严重,有危及生命的可能了。罗华生用征询意见的口气说:

"敌兵跟在屁股后面撵,每天都是急行军,你的伤势这么重,是不是留下来在老乡家养伤,伤好后再想办法找部队?"

听了罗华生的话后,胡炳云问李医生:

"我的伤还有办法治吗?"

李智广说:"还可以想办法。"

胡炳云于是对罗华生说:"我历经艰辛才当了红军,如今又是毛主席亲自率领我们奔赴陕甘根据地,我只要还有一口气,就决不离开红军,就是死,也要死在北上抗日的路上。"

罗华生见他决心如此坚决,就和李智广商议了一下,说:

"那好吧,你不愿留下来养伤,那就边治疗边随部队行动吧。"

李医生立即打开药箱,为他清洗和处理伤口。此时药品奇缺,李智广虽是团卫生队的副队长,主要是为团首长治疗,但身上背着的药包里常常也只有一点酒精、苏打水,有时可能有一些从敌人手里缴获的云南白药。谁负了伤就往伤口上撒一点,然后用绷带扎起来。幸运的是,这次他的药箱里还有两支治疗破伤风的针剂,这仅有的两支针剂是专门留给团首长备用的。为了救胡炳云的命,他破例为他注射了一支。打完针后,他用刀片把胡炳云的伤口割开,脓水立即从里面流了出来,他再用钳子伸进去把弹片夹了出来,用盐水清洗后就拿纱布包好了。

由于没麻醉剂和止疼片,尽管李智广动作也很麻利,但还是疼得胡炳云浑身冒汗。

李智广把胡炳云的伤口处理好后,罗华生也放心一些了。临走时,他对胡炳云说:

"今晚好好休息,弹片取出来了,针打了,你的伤会慢慢好的,但明早部队又要出发了,你这个样子怎么能自己走呢。我有头骡子,干脆送给你骑吧。"

"你的骡子就是不骑,也要拖行李呀!"胡炳云说。

"我的行李也一起送给你,我跟着部队走。等你伤好后,再把骡子还给我。"

结果,他一回去,就叫马夫把行李和骡子一起给胡炳云送过来。

为了便于对伤口及时检查和治疗,李智广又让胡炳云转到团卫生队来住。于是,胡炳云就骑着罗华生借给他的骡子,跟随大队人马一起往前走。

这样,他骑着骡子走了四天,伤口才慢慢好起来。后来,胡炳云说:"打了六七年的仗,才负次伤,没想到它害我差点被丢在路上,幸亏罗华生借我匹骡子,救了一命!"

5.杨成武慧眼识才,胡炳云降级

1935 年 10 月,中共中央率陕甘支队胜利到达吴起镇,红一方面军胜利结束了长征。

在套潼稍作休整时,大队政委杨成武得知胡炳云伤口已愈的消息后,特地来了看望他,一见面就说:"炳云,前段时间你腿上有伤,行动不太方便,有仗打不上,憋坏了吧?"

"可不是嘛!看着我们大队接连打了几个大胜仗,我是既高兴又着急呀。"

"着什么急?仗有你打的。"杨成武说。

"那好呵,政委你看,我这伤可是完全好了,又可以上战场了。有什么艰巨任务,就交给我们连吧,保证完成任务。"

杨成武看着胡炳云,说:"你呀,是个打仗的料子,就改行做军事工作吧。我看,你最适合的,还是做军事工作。"

胡炳云说:"政委,我在家是个穷孩子,出来当兵时啥也没有,参加革命后入了党,还当了干部。我服从党的安排,只要党认为我能干好什么,那我就干什么,无论干什么都行。"

杨成武说:"我们红军的军事干部、政治干部,都是党培养起来的。军事干部要会做政治工作,政治干部也要会打仗。我们大队领导研究,决定你由政工干部改行做军事工作,到 4 连当副连长。"

"行!我一定当好副连长。"

杨成武见他回答得这么干脆,说:"那好吧,你回 3 连把工作交接一下,就去 4 连报到。"

第二天,胡炳云就到 4 连当了副连长。

若干年之后,胡炳云成为了一位著名的战将,三野司令员陈毅说:

"杨成武还不简单,胡炳云做了这么多年政治干部,他却叫他转了行,没想到他这转行还真转得对。杨成武发掘了一个将才呀,不知他有什么窍门,能看出胡炳云会打仗?"

"嗨,杨成武不也是政委出身,最后转行当军事干部的吗?英雄自有英雄之处的!"副政委谭震林说。

不久,4大队由四个连合并为三个连,胡炳云又回到2连任副连长。红军一方面军番号恢复后,2师师长为刘亚楼,政委萧华。4团由陈正湘任团长,政委杨成武因病住院,暂由黄甦任团代政委,胡炳云在2师4团2连任副连长,2连连长黄国文,指导员康志强,副指导员王东保。这个红2连的干部虽然都是连级,15年后,到1949年2月,都是军师一级的高级将领,指导员康志强为21军政委,副连长胡炳云为29军军长,副指导员王东保为43军127师师长。

6.连长成为师党委候补委员

中央红军胜利到达陕北,蒋介石极为不安,其调集东北军五个师的兵力,企图东西对进,"围歼"红军于葫芦河、洛河之间。为了粉碎敌人的"围剿",在陕北站稳脚跟,建立革命大本营,1935年10月,毛泽东决定在直罗镇歼灭沿葫芦河东进之敌一部,尔后转移兵力,各个歼敌。为了全歼敌军,会师后的红军全部上阵,敢打敢拼的红2师为主攻。

战前,红2师召开全师军人大会,进行战斗动员。师长刘亚楼阐明了战役意义,政委萧华作政治动员。会场上士气振奋,情绪高昂,雷鸣般的口号声一阵高过一阵,全师上下都决心要打一个大胜仗。在返回连队驻地的路上,连长黄国文边走边嘀咕:

"看来这一仗非同小可,我这个钢铁红2连的连长,准备豁出去了,不领着全连打胜这一仗,我就不回来。"

胡炳云以前虽是指导员,其实骨子里更是个猛打猛冲的狠角色,一听连长这么"咕噜",也雄心大起,大声说:

"连长、指导员,我做好了牺牲的准备,我带突击队!"

"嗨,你们决心还不小呀!"指导员康志强说。

胡炳云笑着说:"我的决心是,只要能打胜这一仗,就是把自己报销了,也值得!"

三人边走边议论,胡炳云又出了个主意:"今晚回去,我们买两只鸡回来炖,喝点鸡汤养养精神,准备明天打胜仗,你们看怎么样?"

副指导员王东保也附和道:"副连长这个建议好,我们喝了鸡汤,打个胜仗,就是回不来,也没什么遗憾!"

回到驻地后,胡炳云对司务长说:"去买两只鸡回来炖。"

接着,连里几个干部就围在一起具体研究这一仗的打法,然后进行了分工。尔后,四个人的手紧紧握在一起,表示了决心:

"宁可牺牲自己,也要带着红2连打胜这一仗!"

这时已半夜时分了,通信员把炖好的鸡汤盛在几个碗里,几人把碗端起来,指导员康志强提议:

"为了胜利,我们以汤代酒,干!"

"干!一定要打赢!"

第二天,军团政委聂荣臻听说2连几个干部"带头喝血酒",亲自来到2连,一见到胡炳云就说:

"胡炳云,你的鬼点子还不少呀,听说你们昨天晚上吃了鸡腿,喝了鸡汤,还说什么不打胜仗就不回来,你们想报销自己?"

"是呀!不打赢这一仗,我们就都不回来了!"胡炳云半认真半开玩笑回答。

"你的想法可要不得噢!"聂荣臻说,"革命还没成功,我们既要多打胜仗,又要少流血,不能动不动就牺牲,不回来啊!你们要多动脑子,多想办法,打好这一仗,我等着你们胜利的消息!"

经过层层的政治动员和充分细致的战前准备,全军情绪高涨,以逸待劳。一切准备就绪后,只待敌人往直罗镇这个"口袋"里钻了。

果然,敌先头部队第 109 师,在师长牛元峰的率领下,仗着六架飞机掩护,分成三路,沿葫芦河谷及南、北山地,耀武扬威地向直罗镇推进,开始行动还比较谨慎,但一路上未遇到大抵抗,就逐渐地松懈了,11 月 20 日下午一进了直罗镇,就忙着到老百姓家抢掠,然后杀鸡宰羊,准备大吃大喝,而什么戒备、红军早就全丢在脑后了。

当晚,毛泽东下达了攻打直罗镇的战斗命令。

红 2 师由北向南正面主攻直罗镇。凌晨 2 时,红 2 连进抵袁家山进攻出发阵地后就地隐蔽,等候总攻的命令。其间,2 连哨兵抓住了两个敌兵,经审问,他们是到老百姓家里来抓鸡的,没想到碰上了红军,并说过一会儿还有一支小部队要从下面的山沟上来经过这里。得到这一消息,2 连立即加强了戒备。不久,果然有一支队伍从山沟里往上走来,有几十个人,这时天还没亮,看不清对方是什么人。哨兵以为是敌兵上来了,枪栓"哗啦"一拉就开了枪,枪声一响,对方就有人喊道:"我们是军团部的,是自己人。"

胡炳云一听是聂荣臻的声音,连忙跑过去问:"聂政委,你怎么到这里来了?差点发生误会,多危险呵!"

聂荣臻高声说:"快!你赶快带人往上冲,我们已被敌人发现了,赶快抢占直罗镇北山。"

由于发生了这个小插曲,直罗镇战役在拂晓前提前打响了。顿时,嘹亮的冲锋号音划破了黎明前的寂静,震得山鸣谷应。隐蔽潜伏着的千军万马一跃而起,从四面八方向直罗镇之敌冲杀过去。胡炳云带着突击队冲在全连的最前面。连长黄国文带领全连冲到半山腰时,突然中弹倒下了,昏迷过去,担架队立即上来把他抬了下去。团长陈正湘立即命令:

"由胡炳云代理连长,指挥全连战斗。"

随即,胡炳云立即接替连长指挥,带领全连杀向山顶。此时,敌兵还在山上的工事里抱着枪"呼呼"睡大觉呢。等他们从梦中被冲锋号声和喊杀声惊醒过来时,已陷入了包围,他们虽在山上筑了工事,并且占据了居高临下的有利地形,但红2连已锐不可当,直冲到了他们的临时阵地,冲杀拼刺之声震天动地,敌兵指挥体系全乱了,失去了指挥的散兵跳起来迎战,尽管使出浑身解数,左冲右突,但是就像套在铁桶似的,突破不了包围,就像有只钳子似的被紧紧"钳住",脱不了身,被红军围住死打。

经过好几个小时的搏杀,胡炳云带领2连彻底消灭了山上的敌兵。

当他正准备带领2连与兄弟连队一起向直罗镇内杀去时,师通信员气喘吁吁地跑来了,说:"萧华政委命令,2连立即赶到北面的山上,增援军团部警卫连的战斗。"

原来,直罗镇之敌被包围后,不甘心束手就擒,窥视到北侧山坡上红军人数不多,枪声也很稀少,估计这个方向是防守的薄弱部位,于是纠集了大约一个团的兵力,向北猛扑过来,而这时毛泽东和林彪正在这里指挥。山坡上只有一个警卫连,毛泽东和军团首长的安全受到很大威胁。胡炳云听到这个消息后,立即把手一挥,高声喊道:"同志们,快跟我来,到北面山坡上去反击,保卫毛主席和军团部的安全!"

胡炳云边喊着边带着2连向北山坡冲过来,很快就与警卫连合在一起。这时,师调来的一个重机枪排也上了,三部分人马立即以密集的火力把扑上来的部分敌人狠狠地压了下去,随后又以两个连的兵力发起反击,一直把这批敌兵压到山坡下一条窄长的沟里动弹不得。敌人眼看又被红军置于死地,团长带头大喊:"天要亡我'麻大鼠',天要亡我'麻大鼠'!"

副团长问:"麻团长,怎么办?"

"什么怎么办?还打就是死!"

结果,"麻大鼠"团长带头举手,其他人纷纷跟着投降。一时之间,武器、弹药和物资扔得整个山沟里到处都是。但还有一小股敌兵躲在山沟边上拒不投降,并且还向红军射击,胡炳云喊道:"从东西两侧包抄过去!"

突然,一颗子弹飞来,打中了他的腹部,肠子都流了出来。等他苏醒

时,已躺在担架上了。直罗镇方向的枪声依然激烈。卫生员小吴见他醒过来了,激动地说:

"连长,你看,毛主席就在那边!"

胡炳云顺着卫生员手指的方向望去,离他只有十几米远的地方,毛泽东正在和林彪和聂荣臻等人讨论着什么事情。胡炳云见毛泽东在亲自指挥战斗,说:"嗨,有毛主席的指挥,打直罗镇,我们是胜定了。"

果然,在红军的强大攻势下,敌 109 师全部被歼,红军毙敌 1000 余名、俘敌 5300 余名,取得了大胜利。

胡炳云负重伤后,在野战医院住了一个多月,经过医务人员的精心治疗和护理,伤口愈合得较快,身体渐渐地好起来。1936 年元旦,师长刘亚楼、政委萧华派师政治部的张干事到医院里来看他。张干事见他已能下地走动,高兴地说:

"胡炳云,在直罗镇战斗中,你带领 2 连打得真好,军团聂政委还特意表扬你。"

胡炳云立即问道:"聂政委都说了些啥?"

"在庆祝直罗镇战役胜利的总结表彰大会上,聂政委赞扬你们钢铁红 2 连打得勇敢,打得顽强,尤其是同军团警卫连一起以少胜多,消灭了一个多团的敌兵,为夺取直罗镇战役的胜利做出了重大贡献。"

胡炳云听了心里乐滋滋的,说:"这一仗打得就是痛快啊!"

接着,张干事还告诉他,部队现在正在休整和扩编,对军事训练抓得很紧,估计又要有新的任务了。一听说又有新的任务,胡炳云为之一振,立即说:"你回去转告师长,我的伤已快好了,过几天我就出院归队。"

张干事一走后,胡炳云哪在医院待得住,第二天就要求出院。医生对他进行检查后,说:"你伤口虽已愈合,但负伤时失血过多,身体还很虚弱,还必须再住一段时间。"

"部队又有新任务,我是连长,得回连队去。"胡炳云说。

后来,胡炳云回到 2 连,被任命为连长;此后不久,又被选为师党委候补委员。由于他伤口刚好,跟随连队行动有困难,师党委又决定给他配一匹马。结果,胡炳云因此创造了"两个第一",一是全师唯一带着"师党委领导"头衔的连级干部;一是全军团唯一一位"配马骑"的连级干部。这把兄弟连的连长们羡慕得不行,行军途中,见着他就说:

"胡连长,把你的马给我骑骑!"

胡炳云也果真下马,说:"那你来骑吧!"

可这马也很怪,只能胡炳云骑,其他人一上去,它就乱蹦乱跳的,直到把人抖下去为止。胡炳云说:

"其实我当连长才几天,真没资格骑这马,大家轮着骑吧,它还不肯!"

这次胡炳云当上连长,实际上是火线上补缺补上上去,后来有人说:

"胡炳云'升官',靠的就是火线上由副转正。"

此话并不无道理,后来他还有一次火线由副转正。

1937年抗战全面爆发后,在平型关大战中,胡炳云先是685团1营副营长,685团奉命消灭关沟、老爷庙以西之敌,战斗打响后,全团隐蔽在山后的三个营犹如三把尖刀直插敌群,把敌人拦腰截成十几段,在惊心动魄、你死我活的肉搏战中,营长刘德元负伤。团长杨得志即令胡炳云代理营长,指挥全营与敌拼杀。战后,1营在五台山休整时,一天早上,他正带着全营正在早操,突然杨得志来到了操场,说:"把部队集合起来,我要宣布一个命令。"

胡炳云把全营集合起来,杨得志说:"我宣布一个任命,任命胡炳云为685团1营营长。"

"啪啪啪",操场上响一片热烈掌声。

后来,胡炳云的老战友说:"老胡,你这副职呀,一上火线,就要转正的。"

他笑着纠正说:"我是火线代理,事后'追任'!"

7.打后卫虚惊一场

胡炳云带兵作战,有勇、猛、蛮、狠四个特点,在长征途中,凡遇硬仗、恶仗、关键之仗,他必率官兵打先锋,作尖兵,是红军中有名的"前锋老虎"。但1936年春,他在东征回师的路上打了一次后卫,结果,这次打后卫打得团长、师长都是心惊肉跳,担心得不得了。

因为他从全军的后卫,又打成了全军的"前卫",等了四天才把该他掩护的部队等来。

红军东征后,回师西渡,撤回陕北根据地。前锋红4团在清水关附近担负掩护红军主力西渡的任务,与国民党悍将关麟征打了几仗。当红军主力全部西渡后,红2连又留下来掩护全团西撤。

以前胡炳云总是当前卫的前卫,这一次做了后卫的后卫。在红4团大部队撤退时,胡炳云率领2连正在与敌兵激战,团参谋长杨尚如派人给他留了个字条:"全团转移后,你们就立即撤出阵地,沿着路标来找我们。"可是,这小小的字条上,他没说大部队向何处转移以及如何保持联系,结果,路标成了胡炳云与4团大部队联系的唯一方法。胡炳云和指导员王东保带领2连一直打到晚上,估计大部队已经走远了,才在夜幕的掩护下撤出阵地,然后,沿着路标追赶部队。

因为夜很黑,他们边走边找路标,一路上走得很慢,结果,摸索走了一夜,到天亮时,来到一座大山旁的交叉路口,一条南北走向的大路横在面前。就在这个交叉路口,他们怎么也找不到路标了,部队究竟向哪个方向去了呢?不得而知。他们一打听,才知此山叫做茅居山。这时敌兵还在后面追赶,决不能在此久留。于是,胡炳云对王东保说:

"大部队是向西撤退的,据我估计,有西渡黄河的可能。"

"那我们就朝黄河边去。"王东保也同意他的分析。

于是,红2连往黄河边走,结果走了一天,还没追上自己的部队。到了第二天,正当他们在黄河边上犯愁时,意外地遇见了红15军团军团长徐海东。他原来也是红四方面军的,胡炳云立即向他询问红2师部队的消息。他说:"你们部队还在茅居山打阻击呢,掩护大部队过黄河。"

这时,红2连早就跑过茅居山了,胡炳云说:"那我们怎么办呢,已经跑到黄河边上来了。"

军团长徐海东见他着急,说:"你们现在既然已跑到前面来了,那就等一等吧。他们完成掩护任务后,也要从这里过黄河。"

胡炳云只好带着全连坐在黄河边上,等待师部。谁知红2师和红4团都不知道红2连已完成了掩护任务并已跑到他们的前头来了。在和2连失去联系的第二天,师长刘亚楼十分关心2连的安危,派人到处寻找。没找到,刘亚楼又命令骑兵连出动,可骑兵连找了两天两夜,也没见到2连的踪影,最后都以为2连被敌人消灭了。

结果,直到第四天,刘亚楼带领全师来到黄河边,远远见到胡炳云跑来:"师长,你们终于来了啊!"

"什么我们终于来了啊!你们才终于找到了啊!"刘亚楼不容分说,劈头盖脸就是一顿批评。待师长批评完了,胡炳云才向他作了汇报,并把杨尚如参谋长写的条子递给他看,他这才消了气。这时站在一旁的政委萧华说:

"你们安全地撤下来就好,我们也就放心了,等你们团过来后就立即归队吧。"

一会儿,红4团过来了,胡炳云又立即把全连这几天的情况向团首长作了汇报。团政委罗华生说:"你们连掩护任务完成得不错,只是后来失去了联系,闹得大家虚惊一场。现在又会合到一起了,你们赶快归队吧。"

于是,胡炳云带领全连加入团的行军序列,和全团们一起西渡黄河又回到了陕北根据地。事后,战士们得知此事纷纷说:

"胡连长打前卫是英雄,打后卫比前卫还快,真是快手快脚!"

8.连升三级,直接从连长提升为副团长

我军涌现出许多英雄人物,在解放前后的众多军长中,长征胜利会师时,官衔比较低的就是胡炳云,只是一个连长,其他人大多是团长或者团长以上的军职。

1936 年的西征途中,胡炳云从连长直接升到副团长,跳过副营长和营长,连升三级,"追"了上来。

(1)

当时,红 2 师进行西征,越往西走,给养保障就越困难。来到七营川、尉旺堡一带时,由于当地很穷,又是回民地区,部队已无法从当地筹集钱粮。这时,部队既要完成西征任务,还要为与红二、四方面军主力会师准备粮食。为此,红 1 军团决定成立特别行动支队,从 2 师和 4 师各抽一个战斗力强的连队,由军团侦察科长刘忠和军团政治部的梁必业带领,到甘肃境内比较富裕的地区去筹粮筹款,以解决部队生活给养。结果,红 2 师师长刘亚楼又点了红 2 连的将。

出发前,团长罗华生对胡炳云说:

"这次是到敌后筹粮筹款,难度肯定比我们想像得大。因此,你要时刻记住,这次主要是筹粮筹款,而不是与敌人打仗,所以,要远离敌人集中驻扎的城镇,插到敌人防守空虚的乡村去,打土豪、没收地主恶霸的财产,完成任务后,一定要把全连安全地带回来。"

胡炳云领着 2 连连夜出发,三天急行军,跑到了甘肃境内的同心县。这一带地主较多,还有几个相当富裕的大官僚家属,是筹集粮款的好地方。为了不惊扰集中住在城镇上的敌兵,在短时间内筹集到较多的粮款,胡炳云时而将全连化整为零,分散活动;时而将全连集中起来,打一

两个大恶霸,专选那些有钱,并且为富不仁的打,一到,先捉人,然后没收财产。仅仅忙了一个月,他们筹集到了好几万元的金银财宝和现大洋,粮食也是大车大车的拖。同心一带的几个大官僚被2连一夜"掏"了个空,哭着喊叫:"祖祖辈辈的家业,一夜就全掏空了啊!"

老百姓则拍手叫好:"这些恶霸、官僚,一人做官,几代发财,这下可就是报应了!"

战士们则赶着拖着银元的马,驮着金银财宝,高兴得个个合不拢嘴巴。可马都压得走都走不动,他们个个帮马分担,结果,自己腰压成了"弯月",汗流浃背,但脸上还是笑成了花。到了驻地,胡炳云派人立即送到军团后勤供给部门,高兴得后勤部长乐哈哈的,指着送货的马车:"你看你看,这么多呀,哪里用得了啊!"

"部长,还有几百只羊呢!"押送战士说,"全是从大地主牧场收缴的。"

(2)

一日,红15军团73师的一个骑兵连远距离奔袭,一举攻克了会宁城。

此时,会宁城内只有一个保安队,就50几个人,全部被红军俘虏。敌鲁大昌部听说会宁失守后,立即命令新11旅两个团从定西向会宁反扑,企图夺回会宁城。

胡炳云正带着2连在距会宁城不远的乡村"掏"一个恶霸的家,突然接到特别行动支队的命令,立即赶到会宁城,与兄弟部队骑兵连一起,守住会宁。胡炳云接到命令后,立即带领全连跑步向会宁城赶去。进入会宁城不久,红4师担任筹粮筹款任务的那个步兵连也跑步赶来了。

尽管敌兵有两个团,守会宁城的只有三个连,但官兵个个决心一定守住会宁城。敌兵集中兵力,又是冲又是炸,猛烈的火力直向城头打,轮番向会宁城进攻,却一一都被击退,结果,攻打了一天一夜,也没能打进会宁城。第二天的拂晓,胡炳云等人正准备迎击敌人的再次进攻时,忽见敌人像潮水一般退去。他们个个大惑不解:"这些敌兵突然来打,又突然撤退,吃错了什么药啊？"

这时侦察员回来报告,原来是红四方面军的先头部队已向会宁城方向开过来了,敌兵连夜运来大炮正准备轰击会宁城时,红军大部队到来的消息就到了,敌人慌忙撤退。而守城的三个连一听说红二、四方面军过来了,异常高兴,会宁城内顿时热闹起来。不知是谁大喊一声:

"快打开城门,去迎接二、四方面军!"

于是,大家争先恐后地向城门口跑去。这时,一轮红日东方冉冉升起,只见红四方面军的先遣部队,打着红旗,迈着整齐的步伐,浩浩荡荡地从西南方向的大道上向会宁城走来。他们立即又唱又跳地向走在西南大道上的红四方面军迎去。

两军胜利会师了!会宁城外红旗招展,口号震天,一片欢腾。

(3)

胡炳云在打土豪中意外地又成为了中央红军与红四方面军会师最早的部队之一,真是喜不自禁,但会师后的第二天,他们又出发到了一个叫"一条城"的地方,去继续筹粮筹款。这里恶霸、地主"刮"地皮"刮"得更狠,一般老百姓家穷得连裤子都没得穿,他们却住着高楼大瓦房,金银满屋,2连先调查,专拣有劣迹和民愤的大户"掏",许多大户一夜之间被"掏"得"一贫如洗",哭天喊地,震动四乡,结果,这一带以后多年地主都不敢"欺人太甚"。

很快,归队的时间到了,胡炳云接到命令后,集合全连,将筹来的金银财宝、粮食、布匹、烟草等钱物用几十只麻袋装好,由十多匹牲口驮着,离开一条城返回部队。他们快到驻地时,军团政委聂荣臻亲自出来迎接,他高兴地握住胡炳云的手,说:

"你们筹到这么多粮款,为我们军团西征解决大问题啊!"

"好多土豪劣绅的家被我们掏空了。"胡炳云笑着说。

聂政委说:"这些家伙敛财多少年,就是要他们放放血,支援我们红军。"

胡炳云率着红 2 连刚回到 4 团驻地,一个命令就跟着而来:任命胡炳云为红 4 团副团长。新连长随即也到了,胡炳云连夜交接了工作,赶到团部报到。

胡炳云连升三级,立即成为了战士们的话题,一个兄弟连长羡慕说:"嗨,连升三级的好事儿,只在小说故事中才有,而胡连长偏偏就遇上了,真幸福啊!"

"这不奇怪呀,胡连长是军政皆优的连长,他做什么事情都做得好,很突出。他这连升三级,并不是偶然的!""知情人"说。

(4)

胡炳云一到团部报到,团长罗华生就高兴地说:

"嗨,你这个副团长上任得正是时候,马上就要打仗啦!"

"好啊,这几个月在山沟沟里吃饱了,睡好了,就想打仗哩!"

就这样,胡炳云荣升副团长的第一仗——山城堡战斗打响了。

这是红军三个方面军主力的参战,山城堡之敌为胡宗南的第 78 师,总攻一发起,红 2 师在山城堡西北的哨马营方向进攻,截断敌之退路,由 5 团担任主攻,4 团担任助攻。主攻 5 团在团长曾国华、政委陈雄率领下向敌阵地猛冲过去,可攻到山城堡附近的山脚时,被敌火力压住,进攻受阻。这个山头虽不高,但位置十分重要,前可进,后可撤,是敌兵逃跑的必经之路。因此,山上的敌兵几个碉堡内的机枪"突突突"地"扫",组成交叉火网,死死控制着这个制高点,英雄的 5 团进攻道路被阻。这被师长杨得志在望远镜里看到,他亲自立即赶往 5 团指挥所,敲着桌子说:"不惜一切代价也要拿下这个山头。"然后,又仔细观察了一阵敌情,说:"派小部队迂回进攻,先逐个敲掉碉堡,再组织大部队进攻。"

"敌人一打就可能跑。"曾国华提醒说。

"4 团立即赶到山城铺,选择有利地形埋伏起来,截堵敌人的退路。"

为了防止敌人夺路逃跑,杨得志又命令4团去堵敌后路。接到命令后,胡炳云立即对罗华生说:

"团长,我带两个连去吧。"

罗华生把手一挥:"好! 由你带领2、3连立即出发,以最快的速度赶到山城铺,决不能让敌人从我们眼皮底下溜走。"

胡炳云立即率部向山城铺飞奔而去。

山城铺在山城堡西北,是一个山沟底的低洼处的小村庄,只有几户人家,村旁有一座小山,山北是十几丈深的断崖,山南有个较平缓的斜坡,坡底下有一条山沟向东通往山城堡,山城堡的敌兵若被打垮,必定要沿这条山沟经山城铺向甜水铺溃逃。胡炳云把设伏的地点选择在西南边较为平缓的山坡下。然后,他把两个连的12挺轻重机枪集中起来,对着山头和大沟。

机枪刚摆好,山头上却隐隐约约地出现了敌影。

原来,在红军主力的猛攻下,敌232旅和独立旅大部分被歼,余敌仓促西逃,冒着黑夜跑到了胡炳云率部潜伏的山头上。他们惊魂未定,已失去统一指挥,溃不成军了,在山头上集结时吵吵嚷嚷,乱成一片,这时他们以为已逃出了红军的包围圈,脱离了险境,因此打算在山头上喘口气,定定神,把乱七八糟的队伍整理一下再西逃,可他们做梦也没有想到,就在他们的眼皮底下,整整两个连的300多名红军战士人人手扣扳机,睁大眼睛注视着他们,只要一声令下,他们就要被送上西天。溃逃而来的敌兵人数越来越多,整个山头上黑压压一片,全是敌兵的身影在晃动,有的敌兵一路急跑,连尿都跑出来了,现在到了安全地方,立即撒尿,结果尿都溅到了红军战士的身上。不能再等了! 胡炳云大喊一声:

"打!"

顿时,12挺轻重机枪喷吐着条条火舌,向山上、山沟里的敌群横扫而去。同时其他武器也一齐开火,仓促间刚刚逃出"生死山头"的敌兵鬼哭狼嚎、东奔西窜,一下子就被打乱打懵了。乘着敌人混乱之际,胡炳云高喊道:"同志们,冲上去,杀——"随即一跃而起,带领两个连冲上山头,与敌人扭打拼杀在一起。

这时天黑得伸手不见五指，敌我混战，无法分清你我，因此枪不能打，手榴弹也不能投，弄不好就会伤着自己人。不知是谁出了个主意："摸帽徽！"因为胡宗南的官兵的帽子上都有"青天白日"的帽徽，于是，战士们摸着有硬帽徽的帽子，就用手榴弹砸头，一边摸一边砸……敌兵被打急了，纷纷夺路而逃，又因伸手不见五指，不熟悉地形，不少跌入北面的断崖下，摔死摔伤300余人。这场紧张激烈的战斗，一直持续到东方发白。天亮后，山头上的敌人除300余人乘乱向甜水堡方向逃脱外，大部被歼或跌下断崖摔死。

这一仗，胡炳云率领的两个连抓了1000多名俘虏，平均一个人抓了三四个。他"荣升"第一仗就是个成功的大胜仗。

因打的是胡宗南装备精良的嫡系部队，武器、弹药、粮食、被装等辎重漫山遍野，仅红4团就缴获了子弹十万余发、枪支1000余支（挺），战后，每个战士分到了数百发子弹，每人整整装了40盘（每盘五发）。以前战士有枪，手里的子弹却少得可怜，打起仗来，手扣扳机，心里就想着如何节约子弹；所以，每次打了胜仗后，在打扫战场时，敌人丢下的别的东西可以不要，但武器弹药一定要搜缴得一干二净。因为多一发子弹，就可以多消灭一个敌人。对武器弹药的过于珍爱，这次每人领到这么多的子弹，红4团上下个个别提有多高兴了，见着认识的不认识的就说：

"嗨，下一仗呀，过把子弹瘾。"

就连胡炳云使用的快慢机驳壳枪也"发了洋财"，分了200发子弹，从参加红军以来，他这个副团长都还是第一次领到这么多子弹呢。这200发子弹，他压了整整40盘，20盘由通信员背，20盘自己背。走到哪，他也都是一副好不得意的样子，腰带上都"吊"着这20盘子弹。罗华生都忍不住笑着说："老胡，挂这么多的子弹，活像个土匪头子呢！"

"嗨，先过个瘾！"胡炳云嘿嘿笑着。

（5）

可他没笑多久,师部就一个命令来了。

原来,由于红4团缴获的枪支弹药多,师首长决定除红4团已上交的武器弹药外,再从他们那里调两万发子弹支援兄弟部队。

可这时子弹已全发到战士们手里了,再要战士们把子弹交出去,个个心里舍不得。就连胡炳云都一时转不过弯来,说:"我不同意上交!"

罗华生说:"老胡呀,这个弯,我们可能还是要拐过来啊!"

但是,这次他硬是"拐弯""拐"了几天都没"拐"过来,子弹没有收回来,更谈不上交上去。

结果,师长杨得志和政委萧华把罗华生和胡炳云一起叫到了师部。

"以前少枪短子弹的,一打仗就要想着节约子弹,枪不敢多放,手榴弹不敢多扔,吃够了没枪没弹亏。"

一进门,胡炳云就知道是什么事,牢骚就蹦出来了。

"我们谁对枪和子弹没一种特殊感情呀?手中枪多弹足,心里就踏实,打胜仗的信心也更足。但是,山城堡战斗是在毛主席指挥下,三个方面军共同作战取得的胜利,你们团仗打得好,缴获的武器弹药多,就要多上交一些。"萧华十分严厉地说。

杨得志也说:"你们只考虑本团的需要,没想到兄弟部队缺少弹药,也需要得到补充,这种做法缺乏大局观念,是严重的本位主义思想表现。"

结果,两人好生挨了顿批评。

胡炳云和罗华生不说话了,萧华问:"想通了?"

两个人低着头,蚊子似的"嗯"了一声。

"嗯什么?走吧。"杨得志发话了。

回到团里,胡炳云立即派人收回了两万发子弹,连夜交到师部。后来,在全师干部会上,萧华就此事表扬了胡炳云,说:

"红 4 团知错即改,克服了本位主义思想,全局观念增强了。"

山城堡这次胜利的战斗,是长征的最后一战,也是第二次国内革命战争的最后一战。此次战斗,全歼了蒋介石的嫡系主力胡宗南部的 78 师 232 旅及 234 旅的两个团,使蒋介石妄图"剿灭"红军于甘肃、宁夏境内的阴谋又一次破产。这一仗,挫伤了敌人的锐气,大震了我军的声威,对国内和平和抗日统一战线的实现,起到了十分重要的促成作用。

9. "天不怕地不怕,就怕胡老大"

抗战全面爆发后,胡炳云在八路军 115 师 343 旅 685 团 1 营任副营长,在平型关大战中营长负伤,他火线补缺,升任营长。在接连取得广阳、午城镇、井沟等战斗的胜利后,1938 年 8 月,685 团千里挺进苏鲁豫边区,685 团改称苏鲁豫支队后,胡炳云任一大队长。这支队伍被人们称为"胡大队"。在津浦路以东、陇海路以南、运河以西、淮河以北的伪军中,流传着"天不怕地不怕,就怕碰上胡老大"之说。

(1)

1939 年 7 月的一天深夜,胡炳云和时任八路军、新四军皖东北办事处处长的张爱萍率大队来到了灵璧县的时村。谁知凌晨时分,宿县、固镇 100 多日本兵和 1000 多名"二鬼子",偷偷地尾追而来,土顽头子雷杰山叫嚣说:"把八路军再撵回津浦路西去。"

胡炳云立即派一个连阻敌,自己率大队迅速转移,可当部队急急涉过一条河,到了一个不知名的村庄,突然译电员匆匆跑来,对胡炳云说:

"报告大队长,我的密码本不见了!"

在情况如此紧急时，丢了密码本，这可是件关系到部队安危的大事！

"真是忙中添乱！"胡炳云一跺脚，眼睛瞪着他。就是这一瞪，他发现译电员年龄小、个子矮，立即判断密码本可能是在他过河时掉在水里了，立即喊道：

"警卫员，一起到河边去！"

他们跑回河边。这时，敌兵被阻隔在河对面两三百米的地方，枪声像爆豆似地响着，子弹"嗖嗖"飞，炮弹炸得河水四溅，岸边泥土乱飞。他们一搜，果然密码本漂浮在水面上，胡炳云连忙跳进河里，捞起来就走。

追上队伍后，胡炳云立即命令部队加快步伐，终于摆脱了敌人，随后，部队转移到睢宁西南的桃园、魏洼、邱集一带休整。

这时，地里的玉米正在吐穗，西瓜已经成熟。胡炳云大队部住在桃园，1营营部和重机枪排住在魏洼。魏洼村四周有一道丈把深的壕沟，前面开一扇寨门。部队住下没多久，一天上午，睢宁城开出三辆卡车，载着几十个日本兵，来到魏洼村外的西瓜地里抢瓜吃。他们边吃边朝村子里张望，突然发现村口有八路军，几个家伙立即端起枪，猫着腰，蹑手蹑脚地往寨门口摸上来；还有几个日本兵根本没把八路放在眼中，仍在地里美滋滋地啃着西瓜。

哨兵发现敌情后，立即鸣枪报警。营长刘治国、教导员宋维拭听到枪声，"噔噔噔"奔上炮楼，朝下一看，只见一群日军嗷嗷乱叫，往寨门冲了过来，三八大盖、歪把子机枪一齐向村内开火。他们边派人向大队报告敌情，边命令战士们拉起吊桥，关上寨门，利用村庄两角的炮楼进行还击。

胡炳云等人得到消息，马上由大队政委王东保带领1营两个连、2营一个连，从密密的青纱帐里，迅速插到了日本兵的背后。这伙日本兵正翘着屁股一个劲地攻寨门，瓜地里几个日本兵还狼吞虎咽地吃瓜哩，他们一点也没有察觉到八路军大部队已经到了他们的屁股后。王东保把三个连队的27挺机枪一字排开，分别对准攻门和吃瓜的日本兵，喊了一声："打！"机枪一齐怒吼起来，骤雨般的子弹直扫过去。刘治国、宋维拭等听到这边枪响,居高临下,发扬重机枪火力,打得更带劲了。攻门的日本兵两边挨打,躲没地方躲,钻没地方钻,还没弄清是怎么回事,就一个个栽倒在地上。瓜地里的日本兵嘴里嚼着西瓜块块,还没有咽到肚里,便脑壳开花。只有远处三个坐在驾驶室里的日本兵,一看大势不妙,慌慌张张地开着汽车溜走了。

没有一支烟的工夫,就胜利结束了这场战斗。打扫战场时,战士们捡到了三挺机枪、两只掷弹筒和 80 支三八大盖,高兴地说:

"这一仗打得真过瘾!"

魏洼战斗一结束,胡炳云就估计日军定会来报复,便立即率部向邳县西南、铜山县以东地区转移。果然不出所料,第二天,徐州日军第 21 师团派出 1000 多人马,乘几十辆汽车,拉着山炮、九二步兵炮,杀气腾腾地赶到魏洼,但连个八路军的影子也没见到,只好从瓜地里找上这几十具血肉模糊、臭气熏鼻的尸体,背上汽车,悻悻地回去了。

(2)

几个月后,胡炳云率领战士们再次进至灵璧、泗县以北的冯庙地区。冯庙是个大集镇,灵璧县维持会长、汉奸雷杰山在这里修建了据点,由伪军一个连、一支便衣队和 20 多名日本兵共同把守。这个据点位置很重要,它可以策应灵璧、泗县的日、伪军,对八路军的行动威胁很大。胡炳云决心拔掉这个钉子。

据点里原有一座高大的中心炮楼,但雷杰山还不放心,又强迫民工进行扩建。乘着这个此机会,胡炳云派大队侦察排和 2 营侦察班化装成民工,陆陆续续混进据点去"修工事",另外,他还派了 2 营在据点附近,准备从外面攻打据点,来个里应外合。

不料,正当 2 营商议战斗方案的时候,发生了变故。潜入据点"修工事"的一位连长的外地口音引起了敌人的怀疑,敌人正要行动时,这位连长当机立断,率领潜入据点的战士们先敌开火,在据点里"乒乒乓乓"地干了起来。听到枪声,2营营长刘德云立即带领全营猛攻据点。敌人受到突然打击,一下子慌了神。不到一个钟头,2营就拿下了冯庙镇,把20多名日本兵压进了中心炮楼。日本兵虽然被围困起来了,但还企图靠着炮楼固守待援。战士们弄来一桶煤油,在火力掩护下,抱来一些柴禾,将煤油泼在炮楼上,然后点燃起来。顿时,大火熊熊、浓烟滚滚,20多个日本兵被烧得皮焦肉烂,鬼哭狼嚎。

残阳西沉,枪声稀落下来,战斗已经接近尾声。可是,一会儿,冯庙方向又响起了激烈的枪声。2营通信员飞马奔来,气喘吁吁地向胡炳云报告,灵璧、固镇的敌人,派了两个中队日军和一营伪军,400余人,乘30多辆汽车,赶来增援。密集的枪声正是2营战斗警戒分队同敌人交上火了。2营通信员望着胡炳云,说:"敌人已经三面包围了镇子,只剩北面没有包围。营长请示你,要不要把部队撤出来?"

"你回去告诉刘营长,叫他守住镇子,不要撤,等我带1营、3营赶去再说。"

冯庙方向的炮声、枪声更加激烈了。胡炳云和王东保立即带领1、3营跑步前进,将部队隐蔽在冯庙东南的一个小村庄。然后,胡炳云自己带着一个便衣侦察班摸到前面观察敌情。只见镇东的公路上,停放着30多辆汽车。敌人倾泻着各种火力,正在从三面围攻冯庙镇,但是由于2营顽强坚守,他们没能冲进镇子。夜幕初降,镇头街前,闪烁着手榴弹、炮弹爆炸的火光,飞流着各种轻、重武器射击的长长的火线。空气中,弥漫着一股刺鼻的硝烟味儿。胡炳云和王东保等几个碰了头,说:"我们集中火力先打敌人的汽车,砍断他们的腿,然后集中力量对付那两个中队鬼子,最后打击伪军。"

部队迅速展开,立即对敌人形成了反包围。包围圈越收越小。一声令下,冰雹似的手榴弹突然从镇东还没收割的高粱地里飞出来,劈头盖脸地砸向敌人车队,当场就有两辆汽车被炸起火了。这时7连、8连从东南面向围攻镇子的日军和伪军狠狠地横扫猛射,弹火犹如火龙一般卷袭着敌人。枪声、手榴弹爆炸声、喊杀声交织在一起。

打着打着,天色越来越黑了。日军和伪军搞不清究竟有多少八路军,只得边抵抗,边往公路上退。结果,又遭到埋伏在高粱地里的特等射手的猛烈射击,歪七斜八地倒下去一大片。坚守镇子的 2 营见时机已到,大开镇门,呐喊着,以猛虎下山之势冲杀出来,一下子把敌人的队形冲散了。日军就像钻进天罗地网的烈性野猪龇牙咧嘴,胡碰乱撞,完全陷入无组织的抵抗。那些伪军见势头不对,连滚带爬地往汽车上扒,慌乱之中,又两台汽车撞到了一起。

激战到深夜,近 400 名日本兵和伪军被击毙,20 多辆汽车被烧毁,公路上大火冲天,浓烟滚滚,把天空映得通红,十几里外都能看得见这一惊心动魄的战斗场面。

胡炳云大队在结束冯庙战斗后,转战到赵庄与之会合,在八路军苏皖纵队(又名山东纵队)在司令员江华领导下,共同协助地方发展抗日武装,先后组建了六七个大队,共 1000 余人。

(3)

在"胡大队"转战时,国民党安徽省主席、桂顽李品仙因所属六区行政监察专员兼泗县县长盛子瑾与共产党有所接触,怀疑盛已被"赤化",免去了他的职务,另派马馨亭、黎纯一分别接任专员和县长。鉴于盛子瑾与他们对立,地下党采取"拥盛赶马"的方针,帮助盛子瑾摆脱困境,打跑了黎纯一,逼迫马馨亭带着 1000 多名伪军,取道日军防地,钻进了泗县东北 90 里地的大柏圩。

马馨亭是个十足的顽固派,专以反共、"剿共"为业,经常指使伪军和土匪、恶棍与八路军和抗日游击队找麻烦、闹磨擦,阻挠他们筹粮筹款,破坏抗日政权,捕杀共产党员和八路军、游击队战士。因而,大柏圩成了一个蜇人的"马蜂窝"。

为了捣毁这个窝子,巩固皖东北抗日根据地,上级决定由张爱萍统一指挥胡炳云大队以及孙象涵大队、赵汇川支队和 4 总队 1 团,攻击大柏圩。

大柏圩由三个小圩子组成,四周有一道两米多高的围墙和深、宽各丈余的二道水壕。每个小圩子里都修筑了三四个炮楼。

1940年的除夕,夜色渐渐笼罩了大地。

几支部队按照部署从东西南北四面铁桶似的围住了大柏圩。胡炳云大队奉命从西往东担任主攻。

四野漆黑,寒风刺骨。圩子里,不时传来地主老财鸣放的鞭炮声和伪军们饮酒划拳的吆喝声……蓦地,八路军的迫击炮弹像流星陨石一样落在圩子里的屋顶上、庭院中,轻、重机枪和步枪雨点般地朝着圩子的围墙、炮楼扫射。突击队分作多路冲到壕边、架上木桥,接着又冲到墙边,搭起云梯,翻过墙头。敌人猝不及防、纷纷溃退,指战员们穷追猛打。敌人钻进炮楼里,继续顽抗。

在火力掩护下,几个战士抱起炸药包,匍匐前进到炮楼底下,拉开了导火索。"轰、轰、轰"在震天撼地的响声中,炮楼被炸开了。翌日拂晓前,全歼了圩子里的敌人,只有贼头鬼脑的马馨亭带着几个亡命之徒,乘着混战的当儿,夹着尾巴溜走了。

太阳从东方冉冉升起。战士们清扫战场,打开三个大地主的仓库一看,里面粮食和各种物资堆积如山!张爱萍和胡炳云几人商定,将这些地主搜刮得来的民脂民膏,除部分充作军需外,贴出布告,开仓济民!

听到八路军开仓济贫的喜讯,老百姓一传十,十传百,携老扶幼,带着口袋,扛着扁担,赶着毛驴,推着独轮车,从方圆几十里外熙熙攘攘地前来领取粮食、衣服。大柏圩子里,连续十多天,车水马龙,人声鼎沸,呈现出一派忙碌、喜庆的景象。

魏洼、冯庙、大柏圩三次战斗的胜利,在苏皖边产生了强烈的反响,日军领教了八路军的厉害,受到了震慑,再也不敢贸然出动百十号人的队伍出来为非作歹了。那些伪军,一见八路军来了,老远地放几枪就跑。原来不让八路军进入村庄的地主武装赶紧派人来联系,"慷慨"地承担了八路军需用的布匹和军粮。就连国民党灵璧县县长许志远,也不得不与八路军建立了"统一战线"。

一时之间,在津浦路以东,陇海路以南,运河以西,淮河以北地区,胡炳云大队名声远扬,老乡们亲切地称胡炳云为"胡老大",日军、伪军也无奈地哀叹:

"天不怕地不怕,就怕来了胡老大。"

(4)

一次,几个游击队员被100多伪军追到一个小村子,"黄皮子"伪军大喊着:"土八路,捉活的,捉活的!"

游击队员被逼得走投无路,围在一个民房中,一个队员突然急中生智,喊道:"我们是胡大队,你们谁敢上来? 谁敢和我们作对?!"

此话一出,100多个"黄皮子"竟然像见了瘟神似的,一瞬间撒腿就跑,就作鸟兽散了,边跑还边喊:"胡老大的人,胡老大的人!"

在苏皖一带,"胡老大"竟然能唬住敌人,后来游击队一遇到险情就喊:"我们是胡老大的人!"日军、伪军都乖乖地放手。

在苏皖地区,"胡老大"的名气越来越大,而他本人的名字却没几个人知道,大家都知道有个会杀日军和"黄皮二鬼子"的"胡老大",他被越传越神,不仅本事了得,一个人可以敌几十个日本兵,而且有个神功,在几里路外就知道日军有多少人马,是什么模样,不待靠近,他单单手指"发功"就可以伤人,毙敌于身外。后来,刘少奇刚刚来到了苏北时,听说"胡老大"如此了得,问起同是红四方面军过来的苏鲁豫大队政委吴法宪:"这个'胡老大',是和许世友一样练过武的吧?"

吴法宪说:"他哪习过武呀?号手出身的,以前一直是政治干部,三年前还是个连指导员。"

"号手出身的'胡老大'有这个本事?"刘少奇奇怪地问。

这时,大队长杨得志说:"他是从四方面军转到一方面军的,过草地时带的是先锋连,打腊子口是主攻连,在直罗镇、山城堡都是主攻,两次从火线由副职转正……但是,他又不是莽夫,他拼时敢拼,斗智时有智,有智有勇,是位打仗的好手。"

刘少奇听后说:"难怪鬼子这么怕他!"

10.打仗开会两不误

刘少奇见到这个"胡老大"时,就领教了胡炳云的战斗作风。

1940 年 6 月初,刘少奇住在郑集至双沟之间的水牛冲,召集皖东北地区党的负责人开会。"胡大队"转移到了泗洲城以南、洪泽湖以西的郑集,受命负责这次会议的安全。接受任务后,胡炳云派卫三友连长带一个连在水牛冲保卫刘少奇和皖东北区党委,他自己则带部队向泗县边境推进,然后派出便衣侦察队、骑兵侦察队和武工队分别往灵璧、泗县境内侦察敌人动向。各路情报反馈回来了,徐州、蚌埠的日军第 21 师团悄悄在灵璧、泗县一带集中了约一个联队的兵力,准备向水牛冲猛扑而来。

为了诱敌,胡炳云想出一计,派出部分武工队和一个骑兵排,到泗县境内,寻敌交手。他的这一招是想把日军引向别的方向。可是,此计未能奏效,狡猾的敌人还是径直朝郑集、双沟扑来。胡炳云说:

"这一仗非打不可了。"

很快,他就搞出了个具体的打法,然后,骑马飞奔到水牛冲,当面向刘少奇汇报当面敌情以及自己的想法。刘少奇详细询问了作战部署等问题,最后,点头说:

"好!你们打吧!我们开会,这叫打仗、开会两不误。"

谁知这次胡炳云遇上了一伙狡猾的对手,差点"栽"了。

时值 6 月,正是插秧季节。赤日炎炎,久旱无雨,禾苗枯萎。一天早上,一支农民模样的求雨队伍,有 200 多人,抬着土地神和龙王爷的雕像,从灵璧往郑集走来。他们一路上吹吹打打,敲锣打鼓,还有道士在前手舞足蹈,喧闹声打破了清晨的寂静,吸引了许多大人、小孩去看热闹。当这支求雨队伍来到胡大队9连住的一个小村庄前面时,忽然变成了面目狰狞的恶魔,他们从神龛下面抽出枪支,劈里啪啦就开枪扫射……顿时,围观的群众惊呼四散,好几个人倒在血泊之中。

原来,敌人也侦悉八路军早已严阵以待,难以接近,便也使出了个诡计,让"二鬼子"伪军乔装打扮成"求雨"的农民,发动突然袭击。9连连长立即命令战士们退守村庄,进行抗击。同时派人火速到郑集,向胡炳云大队长报告敌情。

这时候,胡炳云和大队政委田维扬、参谋长颜立荣、主任王东保正在开会,得到这个消息,又听到西北方向传来激烈的枪声,胡炳云把桌子一拍:"这场恶战开始了!"

他立即命令3营营长张万春、教导员石瑛指挥10连反击,把袭击9连的敌人打回去。张万春、石瑛出发不久,侦察员骑马奔来报告:灵璧、泗县的日军分作三路,正在包抄郑集,左路敌人已经快到11连驻扎的村庄了,右路和中路敌人也在步步逼近。200多个日本骑兵横冲直撞飞驰过来了。这时,3营又派通信员来报告说:"求雨"的伪军已被打退,但9连连长和指导员都牺牲了。

形势十分紧张!胡炳云一面派人去向刘少奇报告,以便他们做好转移的准备,一面商量对策。政委田维扬说:

"敌人来势凶猛,行动迅速,我们撤退已经来不及了,只有一个字:打!"

胡炳云想了想,说:"当面的日、伪军有1000多人,武器装备比我们好,如果我们分散兵力,处处设防,与敌人兵对兵、个顶个地打,我们难以抗敌。因此,不如集中1、3营和直属队,先打11连左路的日军。2营在郑集以北的丘陵地带赶修工事,准备阻击右路和中路之敌,待打退左路之敌后,我们再来个各个击破。"

方案一定,胡炳云就带领1营和直属队赶到11连阵地。这时,11连已同敌军先头部队接上了火,一打,敌军就过早地展开队形,凶神恶煞般地向 11 连猛扑,可是连续发动了六次进攻,都被击退。胡炳云带领 1 营和直属队向敌军侧后包抄过来,突然开火,狠打敌人的"屁股"。敌军一看势头不对,只好放弃左路进攻,向中路和右路收缩靠拢。敌军的骑兵在重火力掩护下朝 3 营阵地北侧迂回过来了。胡炳云立即命令:

"各连机枪手打骑兵。"

敌军骑兵乱打乱冲却不好打,他们在马上目标比较小,又乱冲着,一会儿伏,一会儿卧,一儿会挂,还来几个藏的动作,战士们很难打中这伙"人兽一体的野兽兵"。转眼间,他们冲撞过来,前面几个"野兽兵"已跃上了 3 营阵地,挥舞着马刀乱劈乱砍,几个战士被砍倒了。胡炳云见情况十分危急,右手一挥,急得大喊:"快打骑兵的马肚子!"

轻重机枪立即向这伙"野兽兵"横扫,这下找到窍门了,直打得敌军人仰马翻,一下子就倒下去五六十个。这下他们乱了队形,仓皇往回奔逃。

"人兽一体的野兽兵"没有取胜,一会儿,敌军的山炮、掷弹筒又歇斯底里地咆哮起来,炮弹炸得大地颤抖,树木折腰,不少战士的鲜血染红了军衣,浸湿了泥土。胡炳云大喊:

"以牙还牙!"

战士们明白了他的意思,大队仅有的几门迫击炮在瞬间瞄准了敌炮阵地。"轰隆隆!轰隆隆!"炮弹飞出炮膛,不偏不倚地在敌群里爆炸了。这下可好了,炸得敌军的山炮轮子和泥土一起飞到了天空,又狠狠地掉下来,砸在日本兵的头上,浓烟随之又把敌火炮阵地覆盖了。

敌人对"胡大队"围不住、突不进、轰不垮,便摆出亡命徒的架势,不顾一切地发起猛烈冲击。胡炳云一看黑压压的一大片的日、伪军像一群饥饿的乌鸦,哇哇聒噪着,蜂拥而来了,悄声命令说:"沉住气,等敌人靠近再打!"

等敌军一靠近,胡炳云的手枪"砰"地一响,战士们的手榴弹、步枪和轻重机枪一齐怒吼起来,敌军立刻纷纷倒地。但是,这些日本兵就像打不尽似的，打退一批，又冲上来一批，"胡大队"的伤亡也在不断增加。这时刘少奇的皖东北区党委会议正在开着，一旦敌军冲越过去，皖东北的"头头们"就可能很危险了。战斗进入了殊死决战的白热化阶段，双方从射击到拼刺刀，在阵地前开始了硬碰硬，你的枪柄撞击着我的枪托，刺刀拼得"吭嚓吭嚓"地响，刺进了人的躯体，鲜血像喷泉一样地射出。"胡大队"从大队长到炊事员，全都投入了白刃战，个个杀红了眼，见着日本兵嗷嗷叫着冲上去刺杀。3营营长张万春刺得火气大发，一把脱去上衣，抢枪舞刀，杀在前头，喊着"嗨！嗨！"助力，结果，连嗓子都喊哑了。9连连长、指导员都牺牲了，副指导员刘焕伟报仇心切，左挑右戳，突刺后击，一个人就撂倒了七个日本兵，刺倒一个，喊一声："连长，我杀了个凶手！"再撂倒一个，喊一声："指导员，我为你报仇了！"刺着刺着，他还突然向日本兵射出一梭子弹，又扔手榴弹，打得日本兵瞠目结舌，"扑通扑通"应声倒地，一个日军少佐惊讶得一走神，就做了另一个战士的俘虏。

但是，这场血战，战士们也牺牲很大，有个战士拼刺刀，被日本兵刺中八九处，肠子都流出来了，他大喊着扑向一个日本兵，和他扭打在一起，最后两人都相互"咬"死。

天色渐渐昏暗下来，战斗形成了僵持局面，阵地上出现了死一般的寂静。这时，大家才感到肚子饿得咕咕叫，嗓子干得冒烟，浑身又累又乏。胡炳云和大队几个干部也拼刺刀，但是毫发无损，他们帮助伤员包扎好伤口后，吩咐大家："赶紧吃东西。"休息一下，当一切都隐没在黑暗中的时候，"胡大队"又显开神威了。各营连派出小分队，从各个方向袭扰敌人。日军地形不熟，疲惫不堪，又知道八路军夜战的厉害，不敢恋战，悄然退却。胡炳云又带着战士们乘势追杀一阵，最后变成了日军跑，后面"胡大队"撵，一跑一赶，他们一直把日军撵回了泗县、灵璧县城。

这一仗，"胡大队"歼灭日、伪军400多名，其中日军300多名，俘虏了一个日军少佐。但是，自己付出的代价也不小，伤亡了200多名。第二天，胡炳云到刘少奇那里汇报战斗情况时，刘少奇说：

"胡大队就是胡大队，难怪鬼子伪军害怕啊！"

11.英雄的第三师第七旅

1941年1月,蒋介石掀起第二次反共高潮,一手制造了震惊中外的皖南事变。中共中央针锋相对,于1月20日发布重建新四军军部的命令。1月25日,新四军军部在盐城成立。陈毅任代理军长,刘少奇任政委。活动于陇海铁路以南的八路军、新四军统一整编为1、2、3、4、5、6、7七个师和一个独立旅。原八路军115师教导1旅改为新四军3师7旅。胡炳云所在的1团改为19团,胡炳云任团长,王东保任团政委。从此,他由八路军序列转入了新四军的序列,转战在华中大地。

如果说1934年胡炳云从红四方面军到红一方面军开始了他军事生涯的一个辉煌时期,这次转部队,胡炳云又开始了军事生涯上的另一个辉煌时期。

(1)

程道口是大运河边上的一个小镇,是苏北的一个重要通道口。国民党江苏省主席、顽固派韩德勤的保安第7旅旅长兼第3纵队司令王光夏占据此地后,强拉民夫,大闹了50多天,在河岸边建立了三个"地乌龟"——土围寨。其中,两个小"地乌龟"连着一个大"地乌龟",中间只用跺桥相通,每个"地乌龟"分内外两层,外是围墙,又高又宽,三丈远就一个炮楼。内的围墙里全修上了暗堡射击孔,外面却看不见,围墙之外铁丝网四层,全是粗铁丝,易守难攻。

三个"地乌龟"里住着王光夏的两个团,1400人;泗阳县常备队、骑兵连400多人也挤在里面,"地乌龟"简直就是个"大礼堂"。里面什么迫击炮、重机枪、轻机枪都有,甚至还有土炮200门,仅火药就堆满了几间屋子,粮食多达30余万斤,足够用两个多月,外壕下面还有一个大蓄水

池,人畜饮水都没问题。因此,王光夏说:

"嘿嘿,我发明的'地乌龟',就是老蒋和汪精卫都想不出!"

有了"地乌龟",他也有恃无恐,不时与新四军来几手"挑战"。这惹得新四军代军长陈毅很恼火,说:"程道口这样的交通要道,岂能让王光夏这样的小妖霸着?"于是,新四军大部队来"拔钉子"了。

新四军像猫抓老鼠似的,一围上,外围据点的顽军就守不住,不是投降,就是撒腿就逃,新四军迅速攻克了史集、仰化集、丁庄、毕庄、张庄等地。逃敌和主力被步步进逼,全部缩进了程道口的"地乌龟"里,"据险固守"。陈毅的下一步就是总攻程道口。

对于总攻,陈毅的安排是,先夺取东西两个圩寨,然后同时向中心大圩寨发起总攻。胡炳云 19 团攻击西小圩,另一团攻击东小圩。这时 19 团一路打过来,胡炳云的团指挥所已经到离程道口不到一里远的交通沟内了,他用不着望远镜,就可以把敌人阵地上的动静看个一清二楚。接到命令后,他当即调整了部署,担任主攻的 1 营隐蔽在指挥所的前方,2、3 营在指挥所的后面。午后 4 点左右,陈毅打来了电话:

"胡炳云,我派作训科长 19 团,协助你指挥战斗。"

这是陈毅对胡炳云开的"小灶",胡炳云才放下电话,作训科科长就到了。

红日开始西沉,胡炳云和作训科科长一起向 1 营阵地走过去。当时针指向 18 时整的时候,胡炳云立即下达了攻击的命令。火炮首先开始轰击,随着一阵阵天崩地裂的巨响,敌据点内顿时火光闪闪、硝烟迷漫,寨墙一段段倒塌。接着,19 团部队展开火力掩护、突击爆破,十几挺轻重机枪齐声吼叫,巨大的爆炸声震天撼地,敌人阵地顿时变成一片火海!接着就是一阵雄壮嘹亮的军号响彻了阵地上空。1 营营长刘治国高声喊:"同志们,冲啊!"随着他的喊声,突击队抬着云梯,抱着炸药包,挥舞着大刀,从掩体内一跃而起,以勇不可挡之势,冲在最前面,他们用炸药包炸,用大刀砍,用云梯压,突破了道道铁丝网,为后续部队打开了通路。刘营长带着 2、3 连的战士高声呐喊着,潮水般地冲向圩寨。

圩寨内的守敌惊恐万状,一片慌乱。圩寨西北角堡垒已被 19 团的火炮击毁,寨内的敌军以为我军必将以此作为突破口,便调兵遣将,集中火力,拼命封锁这里。谁知他们遇到的对手刘治国是一个机警的人,一眼看穿了敌人的意图,悄悄率领部队从圩寨西南角打。等到敌人发现 19 团的突击方向时,刘治国率领战士们已经从云梯登上了寨墙。

钢铁红 2 连首先冲进圩寨。圩寨内开始短兵相接,白刃格斗。

此时,远处传来密集激烈的枪声,兄弟团也向东小圩发起进攻。圩寨内逐渐沉静下来。这时,指挥所里电话铃急促地响了起来,胡炳云迅速抓起听筒,里面传来了刘治国兴奋的报告:

"西小圩已全部被我占领,守敌大部被歼,残敌逃回大营寨。"

胡炳云立即和 2、3 营后续部队一起,随即进入西小圩。这时还不到 20 点,这一仗前后不到两个小时。胡炳云向陈毅报告西小圩子已被攻占的消息,陈毅高兴地说:

"胡刘,胡刘,你们是华中的一支铁流!你们打得好!打得漂亮!我要通令全军嘉奖你们!"胡刘指 19 团团长胡炳云,政委刘锦屏。接着,他对胡炳云说:

"攻击东小圩子遭遇到守敌的顽强抵抗,打得异常艰苦,进攻尚未奏效,你巩固阵地,休息待命。"

稍顷,他又打来电话,决定把打大圩子的总攻时间改在第二天晚上。次日夜晚,兄弟团在调整了部署后,迅速攻克了东小圩子,接着,总攻"地乌龟"的大本营开始了。

东西两个小圩寨一陷落,大圩寨就成了一个"孤岛",王光夏带着 1800 多人马虽然有"地乌龟""罩"着,衣食无忧,但是军无斗志,士气低落到了"历史上的最低点",这样的"部队"哪堪一击?新四军两个团没费多大劲,眼看就要拿下程道口大圩寨了。在炮火猛轰时,王光夏躲在地道,一遍又一遍地向 200 里以外的主子韩德勤拼命呼救。他满以为韩主席会星夜驰援,可是韩主席迟迟没有回音。王光夏气急败坏,如同热锅上的蚂蚁,围着发报机团团转。好不容易盼来了韩主席复电,没料到却是冷冰冰的几个大字：

"援兵不至自理。"

这王光夏哪里"自理"得了？眼看大势已去，全军就要覆没，他骄横一世，终究是个小妖，外面枪声越来越激烈，不由得心惊肉跳，急忙去找心腹13团团长密谋脱身之计，可他一进门，当初信誓旦旦的13团团长只留下一堆衣服，人早已溜之大吉。他更加恐慌，便也学了手下的"先例"，换了衣服，带上十几名残兵，钻进另一条早已准备好的秘密"逃命通道"；就在19团突入圩寨的当儿，他从地道脱险，孤身逃出了炮火纷飞的生死之地。

程道口一场攻坚战，王光夏那些"就是老蒋和汪精卫都想不出"的"地乌龟"全部成了虚设，两个团全部被歼，毙伤190余人、俘1230人，什么迫击炮、重机枪、轻机枪、战马、电台，全部拱手"送"给了新四军。胡炳云来到中间的大圩寨时，战士们正在打扫战场。这时陈毅也来了，老远就喊着胡炳云的名字，然后要他陪着一道巡视战场。胡炳云跟在陈毅屁股后，哪有心思陪陈毅巡视战场？心里还一劲地后悔不该让那个小妖王光夏溜掉！巡视完毕，陈毅传令在全军嘉奖19团。胡炳云说：

"军长，奖什么？王光夏都跑掉了呢！"

陈毅哈哈大笑，猛拍了一下他的肩头："跑掉就跑掉好了！这个小妖，还会扇阴风点鬼火，兴风作浪的！他再来，你就再消灭他嘛！"

果然不出陈毅所料，1943年春天，王光夏果然又向淮北进犯了。可他这一次再也没有逃脱陈毅为他安排的命运，在洪泽湖畔的山头上"找到了自己的归宿"——被击毙在这个小山头上。

程道口攻坚战后，陈毅在战役初步总结时，指出："19团此次表现基础好，战斗作风亦佳，只需要：一、政策领导，二、战术教育加强，可为华中各军之冠。"

不久，新四军代军长陈毅、政委刘少奇发布训令：

"3师19团团长胡炳云、政委刘锦平坚决执行命令，完成任务，对于程道口战役有决定意义，特传令嘉奖。"

胡炳云说:"我与陈军长是四川老乡,他太看重我啊!"

刘少奇说:"我们都看重你的将才!"

(2)

1941 年 7 月粉碎了敌人的"扫荡"后,胡炳云率 19 团住在东沟、益林一带,一面加紧训练,一面做群众工作。为了提高部队战斗力,3 师师长黄克诚决定,利用这短暂的整训时间,举行一次全师大比武,由各团派一个连队参加这次比武竞赛。

全师共有 27 个连队参加比武竞赛,比武的地点定在羊寨。

19 团 2 连参加了这次大比武。参赛前,胡炳云亲自作了动员:"你们一定要取得好成绩,要为全团争光!"

部队集中羊寨比武。这次比武内容很多,不仅比"武"还比"文",除了考军事技术外,还考政治、考文化,并且,考题还怪得很,比如考官指向天空某颗星星,你要立即说出它的名称,考官说出某颗星星的名称,你要迅速找到这颗星星在天空中的位置。识别天空中的星星,是为了辨别方向。因为每项内容都是根据战斗需要设置的,这哪里难得倒英勇善战的红 2 连。

比赛共进行了十天,在这次大比武中,19 团 2 连获得了全师第一名。

黄克诚高兴地说:"胡炳云会打仗,还会带兵。"

(3)

1942 年 1 月 10 日,19 团夜袭汤集敌据点,第二日又来了个伏击,杀伤日、伪军几百人,并砸了日军三辆汽车,战士们乐哈哈地说:"胡团长带着我们以胜利的方式告别 1941 年。"

谁知除夕这一天,团部机关却遇险,差点被"摸"了。

这天先是北风呼啸,接着,又飘起了雪花。虽是新年之际,但淮阴以北据点林立,日军恣意横行,国破家亡,老百姓哪有欢度春节的喜庆气氛,偶尔传来几下稀疏的爆竹声,却更增添了这寒冬雪天的凄凉。除夕之夜,胡炳云带着团部机关和警卫连也没有过年的气象,200余人迎风冒雪,来到淮阴以北的史老庄宿营。

住下后,胡炳云接到侦察员的报告,敌人有可能在今夜偷袭史老庄。这时寒风裹着雪花漫天飞舞,天气异常寒冷,众人刚到史老庄,十分疲乏,胡炳云犹豫了一下,心想这么冷的天气,又是除夕之夜,敌人大概不会来吧。于是他说:

"告诉警卫连放好哨,其余人员原地休息,待天亮后再转移。"

然而,这天夜里,敌人还真的来了,从淮阴城内出来的200多名日、伪军,在半夜时分摸进了史老庄,此时胡炳云刚躺下还没睡着,突然外面"叭"地响了一声,他立即坐起来问:

"是什么响声?"

在门外的哨兵随口答道:"大概是谁家在放爆竹吧。"

其实这是敌人进村后的枪声。由于误听为爆竹声,因而延误了突围的时间。等到敌人进村后"乒乒乓乓"又是砸门,又跳墙,闹得鸡飞狗叫时,胡炳云才猛然意识到,已被敌人堵在村子里了。这时,团政治处主任石瑛在电话中急促地说:

"团长,我们已被敌人堵在屋里,我的门被鬼子封死了,出不去了。"

幸亏胡炳云反应快,几乎想都没想,脱口而出说:"你赶快从后墙上砸一个口子,从后面出去。"

随即,他和警卫员也猛力砸开一堵后墙,冲了出来。很快,警卫连和团部机关也都冲了出来。但敌人已逼近了,转移是来不及了。于是,他们就地展开,利用地形地物作掩护,与敌人对打起来。结果,这一仗,从半夜打到清晨,又从清晨一直打到下午,他们滴水未喝粒米未进,与敌拼杀得难解难分。直到傍晚时分,敌胆怯新四军的夜战神威,才不敢恋战,扔下几十具尸体,匆匆忙忙地撤走了。

就这样,胡炳云和战士们"过"了个新年,后来,众人谈起这次过年,大笑着说:

"从古到今,没有人在除夕之夜干砸墙而出的事情,真是晦气。"

石瑛说:"幸亏胡团长主意多,叫我们砸墙,不然,我们就都过不了新年了!除夕砸墙是吉意的事情啊!"

陈毅则说:"胡炳云打仗很灵活,反应快。"

(4)

1943 年 4 月,粉碎敌人的淮涟大"扫荡"后,19 团到皖东北的段庄圩子、山子头一带休整。

在休整期间,3 师师长黄克诚去军部开会,途经 19 团驻地,他对 19 团在极为艰苦的条件下在淮海区坚持战斗一年多,并圆满完成任务予以表扬,嘱咐胡炳云抓紧健全编制,补充给养,振奋士气,搞好训练后,就去黄花塘新四军军部开会了。

7 月,在开完会返回师部途中,黄克诚又到 19 团住了两天。住下的当天晚上,他找胡炳云谈话,说:"组织上决定调你到 7 旅任副旅长。"

胡炳云这一"提拔"后,与原来他多年同级的战友,先后与他一起搭档过、已调 20 团团长的王东保告别。王东保见着他,打着哈哈说:

"老胡,以前我们见面是握手,现在要敬礼啦!"

"嗨,老王,我们还是老搭档!"胡炳云真诚地说,然后,"啪"地一声,他给王东保敬了个礼。

两人哈哈大笑。

(5)

1945 年夏,国民党桂系第 7 军与日、伪军默契配合,向淮南路西根据地大举进攻。

为了给敌顽以狠狠打击,新四军临时成立了一个反顽作战指挥部,由谭震林任指挥、彭明治任副指挥,调 4 旅、5 旅、7 旅参加作战。谭震林定了个"围城打援"的战术,4 旅(欠 10 团)围赵庄,5 旅围王子城,"引"敌李本一"出兵增援",7 旅打援,意在干掉李本一。

赵庄、王子城一被包围,李本一果然中计,立即派 176 师前去增援。176 师一出动,胡炳云也令 19 团迅速插向黄瞳庙、大桥一线进行阻击。这个 176 师虽然厉害,但遇到 7 旅,也是撞上了对手,被阻击后,一次又一次地猛攻,打得个个骨头散了架,最后还是被 19 团击退。

李本一知道遇上了真正的对手,急调手下"猛将"曹茂琮率 171 师赶来增援。

这个曹茂琮是个有名的亡命之徒,平时一脸凶相,开口就是一口脏话,一打仗就发疯,他本人没什么后台背景,就靠着这浑身的二愣子傻劲、狠功夫,"打"到了师长的位置,在桂军内部,绰号叫做"疯得傻"。

这次"疯得傻"率部增援,一上阵,"场面"就大不一样,手下十几个士兵抬着一口棺材跟着他,他往东,棺材被抬着往东;他往西,棺材被抬着往西;他快走,棺材也快走;他慢走,棺材也慢走,这副棺材就像他的影子似的, 跟着在他的屁股后。这倒不是他的手下士兵要出什么花招,而是他要亲自督战,带着棺材以示自己"决一死战"的决心。这副棺材是他在出发时在淮阴城花大价钱买了抬来的。这一别出心裁的举动,成为了战场上的一个奇景!

但是,他的手下除了几个"二愣子"外,其他人并没有被激励起来,暗中还讥笑他"棺材师长"。可这个曹师长浑身上下仍是大有"不打赢这一仗决不生还"的狂妄劲头,一交火,就嗷嗷叫,俨然一头"旷世猛将"。

"棺材师长"来势汹汹,但是 7 旅是新四军的劲旅,胡炳云也不是没见过什么世面,面对"疯得傻"的"棺材师长",不慌不乱,配属 7 旅配属的 4 旅 10 团投入战斗,配合 19 团进行正面阻击,说:

"决不能让敌人前进一步。"

然后,他又命令 20 团立即出击,说:"要以迅雷不及掩耳之势,向曹顽左翼发起猛击!"

胡炳云暗暗决心要把那破棺材烧了。

20团一上去就将其拦腰截断。

19团、4旅10团一起上,3个团猛冲猛打,171师顿时乱了阵脚。171师一乱阵脚,"疯得傻"曹茂琮就慌了,一打听对手是有名的7旅,开始进攻时的骄横气势锐减了一大半,再一查对方主将,是大名鼎鼎的"胡老大",急得直搓手:"遇上对头了,遇上对头了。"

这时,胡炳云令10团、19团乘机发起攻击,与20团前后夹攻,打得171师哭爹喊娘,仓皇逃命。那名贵的棺材跟着"疯得傻""棺材师长"在阵前晃动了一下,一声炮响,烟雾一散尽,"棺材师长"忽然就"失踪"了,这棺材被几个士兵抬着,又转了几转,怎么也找不着它的主人了,抬棺材的士兵立即明白师长已经开溜了,纷纷骂开了:

"就知道棺材师长是个假把戏,害得我们肩膀都压红肿了,去他的!"

结果,把那名贵棺材往臭水沟里一扔,他们也逃命去了。

这次战斗毙伤敌300余人、俘敌600余人。几个战士发现了那口棺材,说:"就这家伙晃来晃去,害我几次瞄准都打偏了!"一把火把它烧了。

7旅在黄瞳庙击溃敌顽援兵后,胡炳云又立即率部配合4旅围歼赵庄之敌,当他们赶到赵庄时,4旅已与被围之敌打得火热。顽军虽被包围,但困兽犹斗,仗着火力强还有坚固的工事依靠,使劲地顽抗,硬是拒不投降,还想"固守待援"。他们没想到消灭他们的"援兵"的部队都已经赶过来歼灭他们了!

7旅投入战斗后,与4旅两支劲旅一发威,随即就攻进赵庄,歼灭了庄内大部分守敌,少数残敌逃脱。

胡炳云率领7旅连战两场后,在黄瞳庙北侧一线待命。

这时,5旅已解决了王子城内的守敌。谁知李本一在第一批增援王子城的513团被5旅击溃后,又匆忙派上两个团再次赶来增援。可当他们赶到王子城,方知为时晚矣。城内的"增援对象"已被消灭,无援可增了。结果,正在他们不知如何复命时,发现了掩护5旅撤退的14团正在向北撤离,于是立即尾随14团,紧追不舍,一心要来个"为友报仇"。

正在休整的胡炳云一听这伙顽军铁心要做"跟屁虫",便决定再打一次阻击,斩断 14 团后面的"尾巴"。他立即命令 20 团团长王东保带领全团上。

王东保做过政委,又当过军事主官,也是智勇双全,率领全团一追,拦在这伙追兵的前面,就地展开,上好刺刀,准备好手榴弹,布置好了一个口袋。然后,他派几个战士赶到敌人队伍前,大声喊:

"来增援吧,我们在这里!"

这伙敌人正好被 14 团撵得一肚子气,立即转而追踪他们,结果掉进了 20 团的"口袋"。随着王东保高声断喝一声"狠狠打",追得最积极的死得最早,前面的敌顽纷纷倒地,后面的还没回过神来,王东保就率全团端着明晃晃的刺刀,跃出掩体,猛冲过来了。敌兵见到这副阵势,掉头就往回跑,20 团乘胜追击,一直把他们赶过黄瞳庙以南才罢休。

这次反顽作战,新四军三个旅配合,胡炳云的 7 旅唱主角,打出了 7 旅的威风,使我淮南路西根据地得以巩固。

(6)

1945 年 8 月 15 日,日本天皇宣布无条件投降。胡炳云指挥 7 旅攻打淮安城后不久,根据党中央的部署,3 师进军东北。7 旅将士告别了淮安城,部队出发前,师长黄克诚找胡炳云谈话,说:"陈老总让你留在苏中工作。"

就这样,胡炳云离开了能征善战的 7 旅,奉调苏中军区。

他从淮安乘汽艇经高邮、邵伯到达苏中区党委驻地兴化。此时苏中军区新编三个旅,9 月,他被任命为新 2 旅旅长兼苏中军区第 1 分区司令员。

3 师 7 旅是一支强悍的部队,在东北战场上成为 39 军的"老底子",号称"东北四虎"之一。多年后,胡炳云对自己在 7 旅的战斗岁月还怀念不已。但善战的他带领苏中军区新 2 旅很快也成为了华东野战军的一支劲旅。

12.李堡之战

1947 年 2 月,山东野战军和华中野战军合并,组成华东野战军。华野 7 纵改编为华东野战军第 11 纵队兼苏中军区,管文蔚任司令员,姬鹏飞任政委,胡炳云任副司令员兼参谋长。

3 月,国民党军对苏中进行第一次"清剿",苏中军区 1 分区和 9 分区遭到较大的损失。为改善苏中斗争局面,11 纵决心集中 31 旅及 94、95 团、纵队特务团及 1 分区部队发起李(堡)拼(茶)战役。

李堡至拼茶一线,位于 1、9 分区交界处,地处要冲,向来是敌我双方必争之地。李堡驻敌为 79 旅 237 团及还乡团约 900 余人,堡内防御设施坚固,与两边的据点,每隔一里就有一个碉堡。因此,打李堡就是在碉堡林立的"梅花桩"阵地里"挑肉吃",要吃"肉"却风险不小。

4 月 3 日拂晓,炮兵首先以山炮、平射炮向敌堡及障碍物实施射击,还乡团大乱,可是正规军 79 旅 237 团却乱而不慌,有人还嘲笑还乡团:

"看你们这些土包子,怕什么呀?"

"炮火这么猛烈,发发要命,怎么还不怕啊?"

"嗨,大白天的,共军不敢上来,要打也要等天黑!"正规军老练地在"土包子"们前"当老师"。

原来,这时 11 纵虽然叫野战军,过去一直打游击,多是运动战,攻坚战还打得不多,一旦要发起对敌总攻,也是选在黄昏或拂晓,在敌人看不清楚的时候发挥我军夜战优势胜敌。因此,他们的老对手 79 旅 237 团摸着了规律,夜间防范严密,而白天守备较为松懈。这次,11 纵拂晓打炮,他们同样认为这是 11 纵总攻前的炮击,慌忙进入阵地,集中各种火器进行还击,这样,他们的火力配系完全暴露了。而炮兵在摧毁了他们据点周围的设施后,却停了下来,步兵也没发起冲击,还乡团被搞得莫名其

妙,不知所措地"哗哗叭叭"地乱放枪,正规军则边加紧抢修被打坏的工事,边嘲笑还乡团:

"你们看这些土包子,真是没见过什么世面呢。"

还乡团闹到下午3点多,见我军毫无动静,渐渐松懈下来,枪声也停了:"嗨!这共军是怎么搞的?尽打炮,人也不攻上来,你看你看现在炮也不打?这是做什么呀?"

"做什么呀?他们就是吓吓我们!"有人接口说。

这时正规军的一个连长正好检查路过,喝道:"什么吓吓你们?!共军白天打炮,天一黑就会总攻,快修工事!"

"骗我们的吧!"有的还乡团员不相信,仰头大声问。

"老子打仗这么多年,和共军血战多少次都数不清楚了,还骗你们?这是我们摸出的共军打仗的规律!"

谁知这时大炮又响起来了,在各种火器掩护下,31旅91团、92团分别由南北两个方向,以迅雷不及掩耳之势,同时向正规军阵地和还乡团阵地发起了猛烈的冲击。

显然,共军总攻的枪声打响了。刚才还教训还乡团的正规军连长顿时吓得脸色都变了,大喊:"共军攻打上来了!"

还乡团的"土包子"边仓皇逃命,边骂道:"刚才还骗人现在就露出本相了。看你骗吧,现在和我们一样挨炮弹!"

"这……这……"正规军连长有口也说不清楚了。这些年国民党上蒙下骗,就是真话也被人们当成假话并不足为奇了。

原来,这次在"梅花桩"阵里"挑肉吃",胡炳云等人采取了三个措施,一是集中兵力,速战速决,免得被敌人增援部队四面包围,内外夹击。二是为求迅速全歼李堡之敌,31旅91团、92团全部上。三是部队过去总攻一般放在黄昏或拂晓,这次打破常规,把总攻时间选定在白天。结果,胡炳云这一招出敌不意。因为发起总攻的时间大大出敌意料之外,敌79旅237团阵地上顿时乱作一团。

很快,91团2营4连的两个突击班,乘敌慌乱之机,架起云梯,首先从东南方向登上圩墙,打开了口子。91团1营1连,也从西南方向突破,后续部队紧跟而入,扼守圩子的还乡团迅速被消灭了,命大的还乡团员和国民党正规军一窝蜂似的向中心大碉堡退缩。

79旅237团的中心碉堡位于李堡镇中央的一块高地上,指挥所就设在这里,堡身全部用钢筋水泥浇筑而成,十分坚固,碉堡四周筑有配属工事,形成交叉火力网。冲进圩子的战士,在距离碉堡五六十米的开阔地段上,被猛烈的火力压得抬不起头来。堡里的两挺重机枪不停地喷吐出火舌。237团意在凭堡固守待援,因此,迅速拿下中心碉堡成了解决战斗的关键。胡炳云命令91团:"把山炮拉上来!"

"炮弹很缺,"胡炳云接着说,"只批准打三发。"

炮击后,第一发炮弹从碉堡旁边擦了过去,随后的两发也没命中要害,他只好又批准说:

"增加两发炮弹。"

结果,这两发炮弹起作用了,轰开了一个缺口,敌堡里的重机枪也成了"哑巴",91团1营的战士乘机甩出一排手榴弹,然后一跃而上,攻占了中心碉堡。敌团指挥所的上上下下全部就擒,部分敌兵乘战士们捕俘混乱之际,乘隙向西南方向逃窜。92团一部跟踪追击,将他们全歼在外围的壕沟之中。

李堡被围,蒋介石的参谋总长顾祝同在南京亲自部署东西两路增援,说:"快去快回,把共军夹击起来拿掉。"东路援军由79旅旅长亲自率领,五个营于当天上午汗流浃背地赶到了离李堡只有20里的堡河口,西路援军则由105旅旅长率领,四个营赶到了距李堡24里的西场。眼看顾总长的"东西夹击计划"就要立竿见效了,谁知两路人马全部掉进了11纵91团、92团一部和纵队特务团分兵两路设伏的"口袋阵",九个营1200多人全部"报销",顾总长亲自制定的"增援计划"成了泡影,79旅旅长气得大骂:

"顾麻子说是亲自部署,其实不就是在糊涂参谋的调兵部署上画了个圆圈,表示同意吗?这样的增援计划不失败,鬼才相信呢!"

几个侥幸逃命的还乡团员也是破口大骂：

"什么正规军？尽是对我们搞欺骗！这样打仗不败才怪呢！"

在敌人被迫将兵力集中于李堡、拼茶一带激战时,1、9分区的地方武装乘隙主动出击,收复了曹家埠、丰利镇、万家码头等18个据点,2分区地方武装收复了小纪、樊川、周家庄等据点。这一仗,11纵收复了以李堡为中心的大小据点30余个,歼敌2700余人。李拼战役的胜利,震慑了敌人,同时又极大地鼓舞了苏中军民的胜利信心,苏中战局开始变化。战士们则高兴地说：

"胡副司令员指挥作战就是奇妙,要攻,谁拦不住我们;要守,谁打不过我们！"

13.仙人指路

1947年7月,国民党第一绥靖区司令长官李默阉指示手下大将49师师长王铁汉集中八个团,突袭苏中区党委机关和主力,企图占领以大桥为中心的滨海游击根据地。

苏中区党委得到这一情报后,决定由胡炳云带31旅深入到南通地区,选择一两个对敌威胁较大的据点打,把北上的敌人"拖"回去。胡炳云一走,区党委机关立即转移到东台的大沟子一带。结果,王铁汉带着八个团的兵力气势汹汹地赶过来,扑了个大空,再回头时,又处处受到地方游击队的袭击,弄得浑身上下像粘了刺似的不舒服。

正在这时, 胡炳云率31旅已在南通东北包围了三余镇,大打大闹的,偌大的镇子眼看就要被攻破了。此刻,总指挥李默庵才发现11纵主力不在滨海,而在南通一带,立即下令王铁汉率领这四个团星夜南驰,又令79旅抢先赶往小洋口,他的计划是截断胡炳云北返道路,然后把他们

"压"到北临大海、南濒长江的启东、海门一块三角地带，"聚而歼之"。

李司令长官选定的"预歼战场"确实不错，这启东、海门一带河渠纵横，对大部队活动极为不利。华野副司令员粟裕发觉他的意图，亲自发来急电，令胡炳云和31旅立即脱敌突围。

胡炳云立即结束三余镇之战，决定向北直奔北坎附近的长沙，尔后沿范公堤下的海滩西进北上，避开敌人的堵截，再插向敌人背后，赶回军区所在地——大沟子。

7月下旬，万里晴空，火辣辣的太阳，烤得大地滚烫，31旅将士冒着酷暑，急速行进，个个跑得大汗淋漓，气喘吁吁，由于连续行军作战，困得眼皮都睁不开，许多人走着走着就跌倒在地上，猛一惊醒，一骨碌爬起来，又继续朝前赶路。当天午夜，部队抵达长沙镇。

接下来，部队就要沿范公堤下的海滩西进北上。

范公堤是防海潮的一条大堤，始建于北宋时。据说是采纳了当时西溪盐官范仲淹的建议修筑的，因此称之为范公堤。堤坝又高又宽，堤身全是黏土，堤外是一望无际的海滩，堤内是一片平坦的农田，河渠纵横交错，路窄桥小，大炮、汽车等辎重都难通过。这时主要通道都被敌军控制了。李默庵就是想控制长沙以北到小洋口这一段的范公堤，居高临下，两路合击，将31旅主力围困并歼灭在海滩上。

从长沙出发时，胡炳云就派人给区党委和军区拍了电报，要求他们派部队先敌之前占领小洋口和角斜场。谁知他们抵近小洋口时，军区派出的接应部队没及时赶到，相反，敌79旅已抢先半天进入了小洋口一带。而这个情况，胡炳云并不知道，结果，31旅先头部队一上堤，就突遭敌人的炮火袭击。旅侦察科科长刘大官带了几个人到前面去了解情况，没走多远，也被敌前哨部队撵了回来。胡炳云闻讯后，亲自赶到前头，躲在一棵老槐树后进行观察，举起望远镜一看，大吃一惊：西、南、北三面全是敌兵，黑压压的一片，过不了多久，敌后续部队就会开过来。

局势远比想像的严重得多！

胡炳云和第31旅旅长段焕竞、政委刘毓标召集各团干部召开紧急会议。会上，众人提出了三种行动方案。一是按原路返回。这样虽可摆脱敌人，但仍甩不掉后面的尾随之敌，有被敌人压向启东、海门三角地带的危险；一是化整为零，分散突围。但在敌情不明的情况下，这样行动有被敌人各个击破的可能；一是胡炳云和副旅长朱云谦的主张，即派一支精干部队，抢先夺取小洋口，掩护主力沿海滩向西北急进，直奔琼港。最后，众人经过反复的分析、对比，选择了后一个方案。

这支精干的部队用谁呢？31 旅旅长段焕竞叫上 92 团团长徐光友，说：

"你率一个加强营，迎着敌人正面打过去，控制堤面，顶住压过来的敌军。"

时间紧迫，徐光友二话没说，领着 3 营没有火力掩护，就冲上范公堤，勇猛地向敌人压过去，这下把敌兵全部吸引过去。79 旅的"高明"旅长立即判断：

"共军主力上去了！"

他的手下一听，立即集中轻重火器疯狂地扫射。

枪弹带着刺耳的嗖啸声，在战士们耳边、头顶飞过。3 营战士置个人安危于度外，迎着密集的弹雨，端着刺刀在滚滚浓烟中，向敌兵猛扑过去。他们歼灭了小洋口守敌两个连，用鲜血和牺牲死死地"缠"住数倍于己的 79 旅主力，为主力突围争取着时间。

就在 3 营和敌人激战时，91 团、93 团和 92 团的两个营，准备向西北突围。但是，如何走呢？从小洋口到琼港，通常是沿着范公堤走，这要绕一个大弯子，得用两天的行程，并且须经过角斜场，而角斜场已被敌占领。胡炳云说：

"走这条路，不仅时间上不允许，而且随时有被敌夹击的危险。有没有其他一条直插琼港的路线呢？"

段旅长说："从地图上看是有的，但要过三个大海汊，过去我们虽然经常在这一带活动，但谁都没走过这条路线。"

正在众人焦急时，侦察科的士兵跑来报告说：

"在海边一间破草棚里找到一位老渔民。"

胡炳云立即派人把这位老人请来。这老汉看上去 50 多岁,十分忠厚朴实。经过交谈,知道他是饱经风霜的受苦人。胡炳云问他:"从这里能不能通过海汊直插琼港?"

"能,最近我就走过一趟,我可以为大军带路!"

但他又提醒说:"海汊里淤泥很深,部队要散开走,快步走,而且一定要赶在海水涨潮之前通过。"

"海潮来一次要多久?"

"得十一二个时辰。"

这时海水正涨潮,侦察科的士兵去海汊边试探了一下,水有一人多深。结果,前方在激战,他们只能在堤下等着,一直等到晚上 8 时多,才开始退潮。部队出发时天早就黑了,幸好天公作美,雨住云散,使人精神为之一爽。于是,近万人马借着朦胧的月光,由老渔民带路,在海滩的淤泥里开始了突围。淤泥地又软又粘,像稠粥一般,一踏进去,就难拔出腿来,使劲挣,反而越陷越深。遇到这种情况,只有立即躺倒,翻滚着过去,才能化险为夷。突围是在三面强敌,一面靠海的危情下进行的,稍有延误,拂晓前过不了海汊子,后果将是不堪设想的。所以,没有一个人甘当落后,近万人汇成了一条巨大的铁流,默默地、急速地向前滚动。粗重的喘气声,低沉的呼唤声,互相的鼓劲声,和海水的浪涛声融和在一起。

四个小时过去了,可第二个海汊还没有过完。这时,和胡炳云一起走在队伍最前面的老渔民,忽然转过身问道:"现在几点钟了?"

"已经深夜两点多了。"

老渔民有点惊慌地说:

"海潮快上来了,大军要快呀!"

这时部队散得比较开,拉开的距离好几里。胡炳云立即下令:"快速前进!"可口令还没有传到底,靠海边行进的就喊起来:"海潮来了!海潮来了!"

当半人高的浪头涌过来时,全部人马刚过完第二道海汊。

第三道海汊最宽,淤泥最深,水流又急。在过这道海汊时,潮水已涨到人的胸部,通过的困难更大了。此刻离天明不到两个小时,时间已十分紧迫,胡炳云和段焕竞、朱云谦等商量了一下,决定不会水的靠里边较浅的地段涉水过海汊,会水的全部游泳过去。正在这时,对岸传来了31旅副政委李毅的喊声:"同志们,加油啊!爬过去就是胜利。"

原来他率领少数先头部队已安全通过海汊。在他的鼓动下,众人精神振奋地朝对面冲去,三个一组,五个一批互相照应着,体力强、水性好的在海边来回接应。拂晓前,全旅人马终于胜利地渡过了第三道海汊。当他们赶到琼港时,天已大亮了。战士们面面相望,不由得哈哈大笑,原来一整夜在滩涂里走,个个都变成了"泥菩萨",除了两只眼睛外,从头到脚全被污泥裹着,几乎连面目也分辨不出来。

就这样,主力按预定时间,由海汊过去直插琼港,胜利地返回根据地。李默阉在范公堤阻11纵主力北上、加以"聚歼"的狂梦成了泡影。

因为旅部电台在夜间涉水时不慎掉时海里,在前后两天多时间,胡炳云和31旅与华东野战军及苏中区党委失掉了联系。陈毅、粟裕、陈丕显、管文蔚、姬鹏飞等都很着急,陈毅不停地说:"如果是被敌人吃掉了,可未见敌方公布战果;如果没有吃掉,这支部队到底哪里去了?"

正当区党委派人四处寻找他们踪迹的时候,胡炳云带了一个警卫班提前赶回区党委所在地的大沟子。姬鹏飞一见到他,一把握住手,又惊又喜地说:

"老胡啊,你们可回来啦!几天联络不上,真把人急坏了!"

"没事,我们全回来了。"

这次南下苏中作战,31旅共歼敌1000余人,而自己也伤亡200多人。但华东野战军对于这次出奇制胜的作战行动给予了很高评价,认为打出了军威,挫败了敌人的凶焰,取得了在敌后以少胜多的经验,并通报表扬了11纵31旅。

当部队到达目的地后,胡炳云派人去请那位带路的老渔民,想向他表示一下感谢,可是找遍当地的每个角落,也没找到他,老人既没留下姓

名,也没留下住址。战士们纷纷说:

"胡副司令在东海之滨得仙人指路。"

当事人胡炳云等却不信什么神仙,全国解放后,他和段焕竞、刘毓标等人再次通过地方政府多方查找这位老人,但还是杳无音讯。

14.淮海大战

1948 年 1 月初,11 纵领导进行了调整,管文蔚、姬鹏飞等调离纵队,胡炳云任纵队司令员,张藩任政委,段焕竞副司令员。几个月后,全纵队扩充到五万余人,奉命北上,开赴山东。

10 月济南战役后,党中央和毛泽东准备发起淮海战役。

(1)

淮海战役第一阶段的重心是歼灭黄百韬兵团。

当黄百韬兵团被包围在碾庄后, 陈毅和粟裕命令胡炳云 11 纵星夜兼程,向西开进至徐州以东地区,配合 7 纵、10 纵阻击东援之敌邱清泉、李弥两兵团, 以保证华野主力歼灭黄百韬兵团。11 纵就是要同 7 纵一起,节节阻击邱清泉兵团的东援。

这次打阻击, 并不是一件容易的事情,11 纵要在宽达 12 里的正面挡住敌人, 东援之敌配有 20 多架飞机、100 余辆坦克和 100 余门重炮,而且运输车辆多,机械化程度高,全是美械武器装备,随时可以在一个地方来个几百人乃至上千人的大冲锋。而 11 纵重兵器少不说,这些年一直在苏北平原水乡作战,缺乏山地防御作战的经验,因此要在 12 里长的地段打阻击,其难度是可以想像的。

战前如何进行防御,纵队分歧也很大。经过讨论,最后纵队党委确定,31旅为先头部队,兼程西进,抢占并展开于范家湖至榆山一线,构筑阵地,阻敌东援;32旅于一线部队后,控制鼓山、寨山和黑山制高点,抓紧时间抢修工事;33旅为预备队。阵地编成按纵深梯次配置,各级均以三分之一的机动力量作为第二梯队。

当夜,部队迅速向指定位置进发。第二日,三个旅相继进入阵地。由于时间紧迫,各部队边动员边修筑工事。纵队司令、副司令深入部队,协助进行战地动员。胡炳云和纵队政治部宣传部部长蒋峻基来到32旅防御阵地。

谁知他们一到阵地,战士们就问:

"司令员,我们怎么打起阻击,当起配角来了?"

"怎么,我们就不能打配角?"胡炳云笑着反问道。

"陈老总说我们是华东铁流,铁流就要流向敌人的主要阵地呀!打进攻战,才是我们的强项啊!"

胡炳云在基层这么一走,发现这还不是个别现象,战士们个个只想打进攻战、歼灭战,不愿意打阻击战、牵制战。于是,他在阵地上和战士们唠嗑,唠了一整天,又是从战略全局的高度,讲打好阻击战的意义;又从这次全歼黄百韬兵团的目的出发,进一步统一思想;明确了意义、目的后,又与战士们谈严阵以待的战法,一天的"龙门阵""摆"得战士们口服心服。

结果,晚上,他们正要回司令部时,几个战斗英雄追了过来,递给司令员几张皱巴巴的毛边纸,胡炳云展开一看,全是决心书,有的写着:"决心同仇敌忾",下面一个歪歪斜斜的大签名;有的写着:"坚决拦住东援之敌",下面一个歪歪斜斜的大签名;有的写着:"让主攻部队放手痛歼黄百韬兵团",下面一个歪歪斜斜的大签名。胡炳云看着这些急急赶出来的决心书,说:

"我下连队,一听你们闹着要打进攻战,就着急了。现在,我什么都放心了,胜利后再相见!"

结果,他和蒋峻基走出老远,一回头,发现开始"闹得最凶"的几个不愿意打阻击的"愣头青"还站在那里使劲地挥手,和他们"拜拜"呢。他心头一热,说:

"我们的战士是最可爱的,我们这些人只是站在他们身旁,才是司令员、部长,否则,你、我,纵使有天大的本事,也成不了胜利者。"

(2)

11月13日拂晓,东方的天际刚刚泛出鱼肚白,激烈的阻击战斗就打响了。正如胡炳云预料,邓家楼阵地是敌人的主要突击方向。为了突破邓家楼,敌人集中大量重炮火力向这一带狂轰滥炸,炮弹密如蝗群,炸得天崩地裂。炮击刚停,敌机又接着上阵,轮番低空轰炸,又是俯冲,又是扫射,闹得阵地上浓烟滚滚。随后,国民党70军96师一个加强团的兵力,跟在十几辆坦克的屁股后面,发动了进攻。11纵31旅92团一个加强营,依托仓促构筑的简单工事,从清晨顽强战斗到黄昏,击退了敌人一次又一次的进攻。第二日,敌再次发起了进攻,用更密集、猛烈的炮火持续轰击,邓家楼成了一片浓烟火海。敌人满以为经过如此猛烈的炮击之后,可以轻取我方阵地,哪里知道,他们一蹦跶上来,迎接他们的却是突然的势如骤雨般的手榴弹和子弹,一下倒下一大堆,再折腾几下,就是"尸横遍野、血浆涂地"的惨状。仗打得96师师长大惑不解:

"共军这阵地看似平常,怎么这么玄机重重?"

最后,他怀疑这个地方"有鬼",竟然忙里偷闲,差人请来了一个道士摆法场"驱邪"。

这被胡炳云从望远镜远远瞧见,说:"一个穿着黄道袍的人在阵前乱蹦乱跳,把他赶下去!"

一个特等射手上来,举枪一扣扳机,那黄道袍上面的道士帽飞掉了,他人没倒下,随即撒腿就跑了。

傍晚,华野司令部发来电报,命令胡炳云11纵和7纵、10纵阻敌,不许让援敌进至大许家以东,待快要歼灭黄百韬兵团时,再诱其深入到这一地区,以便苏北兵团由徐州东南向北穿插,截断敌人后路,尔后,三个纵队分别向敌进行侧击和反击,协同苏北兵团围歼邱、李兵团。

这个计划很好,但具体执行有难度,其中关键是要恰当地掌握引诱援敌深入的时间,既不能过早也不能太迟。早了,会影响会歼黄百韬兵团;晚了,则东援之敌不再东进,就会失去歼灭援敌的时机。结果,胡炳云定下了一个"重点防御,节节抗击,暗设口袋"的战法。这个战法,具体说,就是把阻击和反击结合起来,有计划地逐步后撤引敌。

因为被围困的黄百韬兵团还在拼死顽抗,蒋介石严令邱、李两兵团全力东援。胡炳云确定控制马山、狼山、黑山、中山等制高点,迟滞敌人东援。

接下的两日就按照此计划进行,但战斗仍很激烈。尤其是 91 团的压力大。蒋军 70 多门火炮对着他们不分白天黑夜疯狂轰击,蒋介石的王牌新 5 军 200 师、70 军 96 师连续攻击,死打硬拼,91 团顽强扼守马山、中山、张庄、刁泉等阵地,十分艰苦。敌人一炮击,他们跑到山后隐蔽躲藏,炮击一停,又要闪电般跑到前沿迎击敌兵的冲锋,他们先后击溃了敌人六次进攻。狼山阵地上的 92 团一个加强营是有名的老虎营,敌 5 军 45师和 70 军 139 师从三个方向合击他们,他们三面阻敌,还主动发起反击,从上午激战到下午 4 时,反击一次接着一次,几个留过洋的蒋军将领眼见这伙不怕死的"土八路"一次又一次地反击,目瞪口呆,说:

"我们在留洋时也没在战史上见过这么不怕死的队伍!共军真是可怕呀!"

在击毙杀伤了大量敌兵的同时,老虎营也是血染阵地,2 连最后仅剩下一个班的人,但是仍像钉子似的钉在阵地上。

93 团 2 营在城西头、一上洪一线,与敌 70 军 96 师一个团也是打得难分难解,敌 70 军 96 师的这个团最擅长"波浪式冲击",据说这个战法是从当年希特勒那里引进的,该团团长说:"这个冲锋法是国际惯例,但是要好好练习。"这个团单单为这个"波浪式冲击"就大练了两年。这次在战场实际运用,气势庞大,却偏偏撞上了93团的这个2营。本来2营还不算93团的尖刀营,可这次与这个王牌团对决,蒋军的"波浪式冲击"团不管是"波浪"还是"海水",就是迈不过2营的阵地,被死死卡在一块光秃秃的平地堆起的几个沙包前。

敌5军和70军被91团和93团这两个硬钉子卡住,尽管黄百韬兵团已被围打得火烧眉毛、手跳脚跳,蒋介石和邱清泉、李弥的催促急电一封接着一封,堆得像小山一样高了,但大军迈不过去,两个军长一点儿办法都没有,只是在指挥室里乱打着转儿。傍晚,当夕阳西下,苍茫的暮色开始笼罩山岗的时候,胡炳云说:"根据诱敌深入的需要,命令31旅撤至大许家西南的山王、鼓山一线。"

31旅且战且退,撤至大许家西南的山王、鼓山一线后,又立即布置阻击阵地。第二日早晨,胡炳云一个命令下来,由32旅接替31旅的阻击任务。

原来,由于激烈鏖战,他考虑31旅已相当疲惫,特别是92团伤亡较大。为了保持持久的作战能力,走好下一着棋,他们决定31旅和32旅换着打,轮流上阵。

与此同时,友邻7纵、10纵也相继主动后撤。

见我军后撤,敌5军和70军两个军长和邱清泉、李弥两个兵团司令官高兴得合不拢嘴巴了:

"这下可要完成任务了,黄百韬兄再也不会怪我们支援不力了!"

徐州"剿总"司令刘峙更是得意若狂,一面致电蒋介石"告捷",一面命令东援部队继续向前推进。

谁知这种虚幻胜利感,并没持续多久。接着两日,在刘峙一声令下,多路国军集中大量火炮、飞机持续轰击共军阻击阵地,11纵32旅阵地又是首当其冲。邱清泉兵团一部向94团、96团发动了猛攻,激战一天一夜,终于占据了鼓山和山王阵地。11纵阻击主力撤到了大黑山一线。胡炳云到阵地前转了一圈,说:

"我们要实施反击,夺回鼓山、山王阵地。"

原来他一分析敌我态势,认为敌人很有可能趁势直取黑山,进而长驱大许家以东。为了保障华野主力彻底歼灭黄百韬兵团,因此决定反击。随即他打电话给32旅旅长吴泳湘:

"你赶快组织好部队,趁敌立足未稳,在黄昏之前进行反击。"

吴泳湘坚定地回答:"我们一定以牙还牙,把阵地夺回来!"

下午3时,反击开始。刚刚占领战地的敌人还在庆祝胜利,没来得及重新部署呢,突然,炮火便像狂风骤雨似的压了过去,打得他们抱头鼠窜,纷纷溃退。结果,两个小时的激战后,山王、鼓山阵地又回到了32旅手里。然而,蒋军们哪里善罢甘休?被打下山王、鼓山阵地后,敌军聚集在一起,商议了大半夜,凌晨3时,兵分三路,不鸣枪不打炮,摸黑行动,突然发起了攻击。

"敌人搞偷袭啦!"

32旅连日激战,虽然个个已十分困倦,但警戒并没放松,仍有人彻夜警守在鼓山、山王阵地上,一大堆黑影上来,马上有人发觉了。"敌人搞偷袭啦!"到处喊起来了,这一喊,偷袭又变成了明攻,战士呼地一下从战壕里爬起,立即奋起反击,双方开始短兵相接,白刃格斗。众人扑上前去,扭打在一起,抓头发、揪耳朵、卡脖子,竭尽全力拼杀,几下拼搏,国军多少力气不支,不是被打死就是被打伤,渐渐倒在地上的人越来越多,并且解放军还经得起打,有的身负数处刀伤,有的腰折骨断,有的双目失明了,还在喊杀、摔打、拼刺。后面的国民党军军官一见形势不妙,悄悄地在后面架起机枪阵地,最后不管自己人和敌方,一起用机枪"哒哒哒"地"扫",这样持续了五个多小时的肉搏战,国民党军又占领了阵地。

"绝不能让敌人逞凶狂!绝不能让整个战役受影响!"

胡炳云一听阵地丢失,怒火冲天,立即决定把预备队投入战斗,在黄昏再次反击。正当他准备下达反击命令时,华野司令部来电话:

"1纵配合11纵攻打山王阵地,令11纵31旅由西耿集向小李庄之敌反击。"

在如此艰难严峻的时刻,1纵老大哥来帮忙,胡炳云顿感力量倍增,说:"好啊,我们豁出命来也要狠揍敌人,给他们点颜色瞧瞧。"

19日,伴随着华野主力总攻黄百韬兵团的隆隆炮声,1纵和11纵开始了对鼓山、山王和小李庄之敌的反击。激战又是一天一夜,凌晨时分,1纵再次收复了山王阵地。接着,31旅占领了小李庄阵地。在此后两天一夜里,11纵又击退敌人多次反攻,一直把东援之敌阻滞在距黄百韬兵团仅有30公里的大许家一线。

连续十个昼夜为之艰苦奋战的目标终于达到了!22日拂晓,华野主力在碾庄地区全歼了黄百韬第7兵团,兵团司令黄百韬也一命呜呼。捷报传来,阵地上顿时一片欢腾。

(3)

25日,中原野战军将黄维兵团包围在宿县西南的双堆集。徐州"剿总"副司令杜聿明弃徐州,率领三个兵团绕道永城南下,企图侧击中原野战军,解救黄维兵团后一起南逃。结果,被华野主力包围在永城东北。胡炳云受命率11纵参加歼杜作战,具体在永城以东的二十里铺、王庄、谢庄一线,构筑了纵深阵地,与老对手70军96师对阵。

12月15日开始,在两日之内,老对手70军96师向耿庄阵地连续发动了11次进攻。每次进攻,都先打炮,再上飞机扫,然后在坦克掩护下多路兵马轮番冲击。但是,就是冲不过11纵的钢铁阵地。没办法,他们学11纵的战术,进行"近迫作业"。所谓"近迫作业"就是挖战壕和交通沟,他们企图步步为营,打开一条逃路。面对装备精良的敌人,胡炳云的破阵之法是"先紧后松",即在阵地编成,兵力配备,火力使用上,做到"弹性大、韧性强",第一线防御和纵深阵地的防御加强,敌人嗷嗷叫着一上来就碰上"硬钉子","撞"得头破血流,再难往深处打。双方再打再较量,就是反复"争",国民党军多是"一鼓作气、三鼓而息"的角色,打韧仗不行,反复几下眼见拿不下,就灰心丧气,以后就是靠长官打了,但长官真正不怕死的没几个,只喊嗓子不敢上前。结果,大嗓门在这生死场上也作用不大,手下多不理睬他们,他们也没办法,弄急了,哪里不是当兵? 他们偷偷去"投共"! 就是有几个二愣子带头搞冲锋,常常没冲上阵地, 就被解放军手榴弹、小炸药包突然一炸,也就在阵地前沿被击溃;因此, 折腾几天,除了伤亡千人外,96师再也不敢妄动了。

他们不动,黄维兵团已被全歼,平津战役也展开了。毛泽东以战略目 光,操使全国作战这盘大棋,对杜聿明集团围而不攻,于是,淮海前线几 十万大军进行"战场休整"。

(4)

1949年1月6日下午3时,华野主力向杜聿明集团发起总攻,各种 火炮一齐发出怒吼,打得敌人懵头转向,惊恐万状。接着,第一线十个纵 队分别组成了东、南、北三个集团,战如风发,攻如河决,直捣敌人纵深。

11纵归属南集团,在韦国清、姬鹏飞的指挥下,由南向西北陈官庄 方向进攻。战至晚8时许,11纵就占领了徐小凹和李楼,接着又向鲁楼 之敌进击。

鲁楼位于李楼以北,杜聿明集团指挥部所在地陈官庄东南,由敌72 军233师防守。8日下午4时正,胡炳云一声令下,冲击的信号弹腾空而 起,各部队立即冒着敌人严密的火网和施放的浓烟毒雾,朝着鲁楼直插 过去,迅速扫除了敌人的外围据点。但由于地形开阔和敌人火力封锁, 不易继续发展进攻。为了减少伤亡,更有效的歼灭敌人,当晚,胡炳云调 整部署,构筑进攻出发阵地,配备火力,进行战斗编组和思想动员。时值 隆冬季节,冰封大地,铁镐挖下去,只能凿出一些白点。指战员们就用小 炸药包炸开冻土层,趴在下面挖"地道",一直挖到敌人的眼皮底下。翌 日上午8时,一切准备停当,开始发起总攻。指战员们突然从这些"地 道"跳出来,犹如天兵天将出现在敌人面前。在凌厉的攻势面前,敌人招 架不住了。11纵一举攻克鲁楼,敌人除一部向北逃走外,大部分被歼俘。

不一会儿,乔庄之敌在炮火掩护下,以一部分兵力进行反扑,妄图夺回失去的阵地,他们使尽浑身解数,声嘶力竭地进攻了四次,均被92团1营击溃。

第二日下午,胡炳云一声令下,11纵朝着杜聿明集团的大本营攻击前进,又歼敌1个团,俘敌一部。与此同时,各个纵队以摧枯拉朽之势,从四面八方向陈官庄猛打猛冲。茫茫平原上,军号激越,战旗猎猎,杀声震天,解放军如同滚滚洪流冲击着敌人的阵地,敌军则像堤坝崩溃了一样,物资散乱,人马杂沓,到处胡窜乱奔。

激战到10日,杜聿明集团被全歼了。

15.淞沪战役15天激战后的故事

淮海战役后,1949年2月,根据中央军委统一全军番号的决定,11纵改称中国人民解放军第三野战军10兵团第29军,所辖31、32、33旅依次改称为85、86、87师,胡炳云任军长,张藩任军政委,段焕竞任副军长。

4月渡江战役后,胡炳云率领29军参加解放上海的淞沪战役。

(1)

月浦镇,是上海北一座不起眼小镇,北靠长江,东邻吴淞口,就像围棋盘上的一个点,但地理位置重要。经过汤恩伯多年经营,成为上海外围主阵地带上的一个重要据点。29军的任务是打下月浦镇,保证后续部队顺利抵达吴淞口。胡炳云把主攻任务交给87师260团,261团助攻。

260团因团长留在苏州培训,由团政委萧卡和副团长梅永熙负责。这个团是胡炳云在苏中军区的老部队,87师师长张强生是老红军出身的"猛虎师长"。梅永熙和萧卡率部抵达月浦镇北端时候，就与在月浦防御阵地前沿"流动"的国民党小部队打了一场小遭遇战，抓获了一名敌排长，一审讯，大吃一惊，当面之敌并不是流寇似的 123 军，而是 52 军。52 军在蒋军中以"稳、忍、狠"出名，第一任军长是关麟征，抗战全面爆发后参加过台儿庄会战，与之较量过的日军坂垣征四郎事后说："关麟征一个军应视普通支那十个军。"蒋介石在武汉珞珈山军官团也说过："中国军队如果都像 52 军那样战斗力强，打败日本军队是不成问题的。"关麟征被称为"关铁拳"，52 军也被称为"铁拳军"。这个军在东北战场曾攻打辽阳、鞍山，后在解放军的追打之下从营口登舰南撤。由于没经过大战的直接消耗，52 军直接进驻上海后，装备精良、编制完整、气焰嚣张、不可一世，因此被汤恩伯配置在吴淞、宝山一线，以保证上海城出海通道的安全。梅永熙向师里报告这些情况。

张强生和副军长段焕竞商量，段焕竞果断地说："趁黑夜赶紧抢挖工事和交通壕，越靠近月浦镇敌阵地前沿越好。"

萧卡和梅永熙迅即指挥抢挖工事。天蒙蒙亮时，许多交通壕已延伸至离月浦街七八十米处，战士们隐隐约约看见月浦街前光秃秃的开阔地，可依托的地形地物极少。萧卡和梅永熙商议，仍按原计划行动。

为保证 260 团突击成功，胡炳云又把 85 师 253 团从苏州调来，与 261 团进行助攻。5 月 13 日凌晨 2 时，29 军打月浦镇，三个团分别自正北、正西、东北三个方面猛攻。小小的月浦镇，大战整整一天多。主攻的 260 团打得尤为激烈。

激战中，军长胡炳云把电话摇到该团指挥所，问：

"情况怎么样？"

梅永熙回答："报告军长，敌人已经后退了！这些敌人，光钻在乌龟壳里逞能，战士们都红了眼！"

"伤亡如何？"

梅水熙："……全团可以参加战斗的，只剩下 120 个人了。"

260 团是支善于近战攻坚的队伍。如今，该团伤亡如此之大，可见这场战事之激烈程度非同一般。胡炳云关切地问：

"那你们团还能打主攻吗？"

"军长，我们还能打。再说，我们距离敌人已经比较近，换别的部队还要增加伤亡。"梅永熙首次承担指挥全团作战的任务，主攻任务不完成，伤亡又那么大，他实在不甘心就这么撤下去。

"好！你们继续担任主攻，很好！"

"军长，我团能攻进月浦，但我们手中已没有预备力量了，向纵深攻击，我们的力量就不足了。"

"你不必考虑后续作战问题，只要打开月浦大门，就算胜利完成任务。我们安排另外部队向纵深发展进攻。"

"太好啦！军长放心，我们无论如何也要撞开月浦大门。"梅永熙坚决地说。

5月14日傍晚，新的一轮攻击开始了！260团将所能参加战斗的120人编成两拨。参谋长带领一拨担任突击队，副团长、政委率领另一拨为第二梯队。

与此同时，253团、261团也从其他方向向守敌发起了进攻。

当晚，月亮冲破云层，时阴时雨了几天的天空开始晴朗起来。10时许，梅永熙在前沿的指挥所接通了军长的电话：

"军长，我们向您报告：260团在兄弟部队的助攻下，已经占领月浦。"

(2)

这次29军与国民党52军对仗，对方全部是美械装备，还有自动火器，与这样的老蒋嫡系悍军交手，四天内，全军在激战中伤亡4000余人。胡炳云不得不报告兵团司令员叶飞，请求兵团增调担任苏州城防的254团、255团前来参战，85师师部也一同前来。

鉴于攻击淞沪守敌的各部队连日来都有一定的伤亡，为此，三野和兵团决定，前沿各攻击部队暂停进攻。最后叶飞增调33军99师归29军指挥,并批准增调担任苏州城防的 85 师参战。在随后的淞沪决战中,总攻的前一天,胡炳云命令把军炮兵团和三野配属 29 军的榴弹炮团,统统拉上来,瞄准月浦东南的高地。5 月 23 日,淞沪战役总攻开始了。29 军两个炮群,以密集的交叉火力,向敌军实施摧毁性射击;强大的炮火,像一阵阵狂飙似的,直窜高空。霎时,许多敌人被震得死去活来,碉堡里传来一片鬼哭狼嚎声。还有一些敌人被炸得血肉横飞,陈尸山头。步兵们像支支利箭,直插敌堡。

29 军终于拿下了 52 军把守的月浦镇,然后,再插吴淞镇,攻占吴淞要地。

在解放上海的战斗中,29 军歼敌 1.26 万余人。

(3)

26 日清晨,雨后初晴,阳光分外明媚,江风徐徐吹来,令人心旷神怡。吴淞、宝山一带的工人、农民和学生,唱着、舞着,他们热烈地欢迎英勇的人民解放军,在纵情欢庆大上海的新生。可是,战斗一结束,29 军就接到 10 兵团命令:迅速折返苏州休整,于 6 月份完成进军福建的准备工作。几万人马怀着凯旋而归的心情,随即坐车向姑苏城开进。

激战中,胡炳云一直处在高度的兴奋之中,不觉得疲劳,可一歇下来,就"瘫软"了。经过 15 个昼夜的紧张战斗,他实在困乏极了,一到苏州,就地一躺,就美美地睡觉了,一睡就是好半天,29 军上上下下都以为军长病倒了,都赶忙来探看,偏偏又叫不醒军长。结果,连张藩和段焕竞都急了,赶紧报告上去,兵团司令员叶飞对政治部主任刘培善说:

"这胡炳云怎么的,一打下上海突然昏迷不醒了,这是怎么一回事?"

他们急急赶到 29 军军部,一进门,胡炳云还在昏睡,护士哭着鼻子说:"军长不知得了什么怪病,就是醒不过来!我们 29 军没有军长了!"

刘培善摸着胡炳云的额头说:"怎么啦?额头还是热,没见这样的怪病呀!"

　　谁知他话音一落,胡炳云总算睡醒了,一把爬了起来,精神一如往常,立即说:"司令员,刘主任,你们来得正好,我向你们汇报部队战斗总结工作的准备情况,……"在汇报中,叶司令员和刘主任直瞪着眼睛瞧着他,胡炳云跟平常没有二样!胡炳云说着说着,又顺便说到了一些战士撤离上海时有点思想情绪:

　　"嗨,他们还编了几句俏皮的顺口溜,说:'盼上海,望上海,打下上海,捞到两条麻布袋;困在水门汀,盖着麻布袋,一觉醒来好凉快。'"

　　叶飞听了,回答说:"要说睡马路、盖麻布袋吧,这也很好嘛!它恰好体现了人民军队的宗旨和光荣传统。"

　　"不是吗?各路大军如不立即撤离,那给上海人民的日常生活供应将造成多么大的负担啊!"胡炳云接口说。

　　突然,叶飞笑着说:

　　"老胡,我看你没病啊!"

　　"什么我有病?什么时候病过的?"

　　"你看,护士刚才还在哭鼻子呢,说他们没军长了呢!"刘培善说。

16.海上遇险

　　1949 年 10 月 25 日,在第 28、29 军各一部军攻打金门失利后,10 兵团没放弃攻打金门的想法,仍在积极备战,准备攻取金门。

　　为了观察了解金门的地形和敌情,胡炳云几次带参谋乘小汽艇前往靠近金门的海面上,观察金门守敌的情况。

　　一次,在返回时突遇大风,不一会又下起大雨,汽艇开至半途中,水泵发生了故障,抽不上水来,如果继续往前开,汽艇就有爆炸、沉没的危险,在大雨如注、风狂浪急的海面上,汽艇犹如一片树叶随风逐浪飘浮。

警卫班的几个年轻战士看到这种情况，有些慌乱，不知道怎么办才好。胡炳云说：

"不要慌。"

他赶紧询问船工有无修理的办法，船工告诉说："在这波涛汹涌的海面上，根本无法修理。"

胡炳云又问："能不能向水泵里灌水，坚持把汽艇开回去？"

船工回答："可以试试。"

于是，胡炳云立即告诉警卫班几个战士用桶提水不停地往水泵里灌，不一会儿，汽艇又发动起来。就这样，他们边不停地往水泵里灌水，边坚持往回开，终于化险为夷，于傍晚时分回到厦门。

17. 与苏联顾问的争执

1955 年 5 月，胡炳云从朝鲜战场调任济南军区参谋长，负责军事训练和战备。

为了锻炼提高团以上军事指挥员组织指挥部队作战的能力，由军区司令部每年下半年组织一次军区机关带一个实兵师的军事演习。演习前后约用一个月的时间，由军区和军两级负责导演、出情况，师团两级指挥员实施指挥，处置情况，演习中组织全区师以上军事干部观摩见习。每次军事演习，苏联军事顾问均参与指导。

1956 年冬，济南军区在徐州组织第 68 军的一个加强步兵师进行演习时，苏联军事顾问也随同前往，在演习中提了一些较好的建议，但在演习结束时，胡炳云却与苏联顾问发生了争执。

争执的问题是是否组织阅兵一事。

按照苏联军队训练的正规要求，部队每次演习结束时要组织阅兵，以鼓士气,壮军威。因此,顾问便要求在演习结束时,一定要举行一次规模较大的阅兵。但是,胡炳云没同意这个意见,说:"主要是因为没有场地,如要举行阅兵仪式,就要选择一个能容纳万余人及百余辆坦克、大炮的阅兵场地,但在我们演习的区域内没有这么大的空地或荒地以供阅兵之用。"

"组织阅兵,以鼓士气,壮军威。不搞怎么鼓舞士气、壮军威?"

"要阅兵,只有占用老百姓已种上麦子的庄稼地。搞一次阅兵,就要损失群众几十亩地的麦苗,并且被坦克和车辆碾压过的土地对来年种植农作物也有影响。我们是人民的军队,办每件事情必须以人民的利益为重,况且这次演习搞得比较成功,通过演习提高干部指挥水平及部队实战能力的目的已经达到。所以,如有河滩或荒地作为阅兵场,不影响群众的利益,我是赞成阅兵的,但要在老百姓的庄稼地上举行阅兵,我坚决不同意。"

偏偏这时找不到一块河滩或荒地作为阅兵场,因此,一方要搞阅兵,一方不同意,以致胡炳云和这些苏联顾问争执起来,各讲各的理,彼此互不相让。后来,这些顾问看到不管怎么说,胡炳云都不同意阅兵,于是就上下两头活动,一面鼓动师、团干部要求阅兵,一面又到王新亭政委那里告状,说他思想保守,不尊重顾问的意见,演习搞得虎头蛇尾,缺乏组织部队进行正规化训练的意识。苏联顾问这番活动,致使后来阅兵搞成了,但压坏了当地群众几十亩地的麦苗,部队一次就赔偿了三万余元。

胡炳云对此事很有意见,说:"我们这支人民军队应时刻把人民利益放在第一位。过去打仗,我们都把爱惜和保护人民群众的利益放在心上,落实在行动上。我们在战争年代能做到为保护人民群众的利益不怕流血牺牲,而在和平时期,我们为什么要以损害群众几十亩地麦苗的代价去搞阅兵呢?花架子,耍把戏,没意思!刘伯承元帅就说过,阅兵这玩意儿是马粪面上光!"

因此,虽然后来搞了阅兵,但他想不通,对苏联顾问执意要搞阅兵也意见很大。"老大哥"苏联顾问也不是好惹的,阅兵结束后,在演习部队团以上干部参加的总结会上,苏联顾问为此事又不点名地批评说:"有人思想保守,固执己见,听不进顾问的正确意见。"

对此,胡炳云更是不服气了,并且产生了抵触情绪,会议结束后,装甲兵部的领导请济南军区领导和苏联顾问吃饭,他没有去。

后来,军区党委开会时,就此事对胡炳云进行了批评,说他不照顾国际关系。胡炳云回答说:

"对此批评,我从组织原则的角度表示服从,但对苏联顾问的教条主义,不切实际的生搬硬套,我仍持反对意见。"

结果,大家也拿着胡炳云没有办法。

后来大家逐渐认识到,过去我们学习苏联的经验,在某些方面犯了教条主义的错误,致使我们的工作受到了一些不应有的损失,这些教训是值得汲取的。苏联顾问奉召回国前,也对他们在某些问题上的教条主义做法有了一些认识。那些顾问临走时,胡炳云请参谋长顾问到家中吃饭,为他送行。饭前,他们一起聊天,苏军顾问说:"我们到这里来,只是个顾问。在指挥作战和加强军队建设方面,你们中国在毛主席领导下,经过几十年的战争,已经积累了丰富的经验。在工作中,你们的不少意见都是对的,但我们采纳不够,因此发生过一些争执,有过一些误解,但这些都已过去了,现在看来,如果当时我们能够尊重和采纳你们的一些正确意见,那么,我们的关系会更加融洽,我们的工作就会更加卓有成效。"

事后,胡炳云说:"他的这些话说得还是比较中肯、实在的。"

18. 陈老总救胡炳云

1966年"文化大革命"爆发时,胡炳云正任兰州军区副司令员兼陕西省军区司令员。一天,兰州军区文工团、陕西省军区五一剧团跑到陕西省军区造反,省军区机关一些人也跟着起来响应。结果,内串外联,向胡炳云发起了难。

胡炳云本来心脏就不好,眼底还出过血,结果,连续几天批斗、检讨,他支持不住,血压升高,犯了心脏病。幸亏秘书王宝书不顾一切,在批斗会上进行抢救和护理,胡炳云才幸免一死,并且被同意进行治病。

这时医院也乱起来了,医生护士天天忙于造反,把病人撂着不管,胡炳云只好在家里治疗休息。但造反派还是没放过他,前来抄家,翻箱倒柜,把胡炳云的家翻了个底朝天。他犯病后,秘书王宝书不怕议论,每天将省军区和省里发生的重大事件向他报告,并且不让群众组织批斗司令员。一天晚上,趁他去省委机关办事之机,西安军事院校的造反派学生冲了进来,拉起胡炳云就去批斗,并挂了黑牌子。王宝书获讯后,急忙跑去"营救",又把胡炳云弄了回来。事后,西安的地方院校,只在胡炳云住地周围的墙上贴了很多大字报,没再去找胡炳云批斗。

但是,西安交通大学造反派并没放过他。一次,一些造反派代表在北京见到副总理陈毅时,列举胡炳云的"罪状",要求批斗胡炳云。陈毅说:

"这个人我了解,他是个工农干部,作战很勇敢,他对党、对毛主席很忠诚,服从命令听指挥,是个好干部;如果打起仗来,还要用他们这些人。"交大学生听了陈老总这番话后,就不再写胡炳云的大字报了。

"文化大革命"后,胡炳云担任过兰州军区副司令员兼陕西省军区司令员、陕西省委书记、省革委会副主任、省人大副主任等职务,1981年底正式离休。1996年2月28日凌晨6时,胡炳云在北京逝世,终年85岁。

无衔将军程子华

1.与关云长是同乡

新中国的山西省第一任省主席程子华，如共和国许多省主席一样，是带兵打仗的战将出身。他是人民解放军的一员著名战将，有人称他是"解放军中的关云长"。

这一说法，并非空穴来风。除了程子华英勇善战外，他与历史上威名传千秋的大英雄关云长关羽是同乡，都是山西解县人。在他身上也有着晋山汾水人忠、信、义、勇的豪杰性格，是位策马横刀的大英雄。

程子华1905年生于山西解县城关一个苏姓人家，后被过继给姨妈家，改姓程，原名叫程世杰。他小学毕业后，程家无力供他继续上学，希望他去学商挣钱。小小的他很有志气，自作主张，竟然考上了官费的运城第三高小。生活虽然清苦，但能继续读书。

山西人头脑精明，善于积蓄，是公认会做生意的，历史上晋商、徽商两分天下。普通山西人家都把培养子女早入商途为目标，程家也是这样，程子华高小毕业后，家人又劝他去学做买卖。程子华很倔强，还是要读书。这时山西军阀阎锡山打着"建设山西"的招牌，在太原办了公费的国民师范，没钱人家的读书人都可以投考，程子华想去报考，可程家连他到太原的路费也出不起，他的生母凑了两块钱，他就带了这两块钱到太原，1922年秋考入了太原国民师范学校。

这时程子华已17岁。

此时阎锡山既是山西省督军，又是省长，是名副其实的"土皇帝"。为了巩固自己的地位,他兴办教育,网罗青年。国民师范学校确实为他培养了不少党羽,但也造就了不少山西英才。徐向前、薄一波、王世英都是太原国民师范的学生。在师范读书时,程子华长得高大,爱文也爱武,参加了校足球队,是主力队员,但因性格倔强,班主任很不喜欢他。结果,他一气之下不要国民师范的两年学历,考入进山中学。他没料到的是,不久进山中学由全官费改为全自费,程子华只好向国民师范的体育老师要求回校。这时正好是太原高中等学校秋季足球比赛,争夺非常激烈,国民师范队同另一队比赛上半场一球落后,下半场程子华上场就踢进一球,扳成了平局。体育老师大喜,不但同意他回校,还代为他游说。程子华原班主任不同意他回校,嫌他难管。体育老师态度坚决,学校总干事听说程子华在足球比赛中为学校立了一功,也帮着说服了班主任,于是,程子华又回了国民师范学校。有趣的是,当他到进山中学校长那儿去退学时,校长听说他是个足球好手,立即答应他的官费申请,挽留他留校学习。但是,程子华赌气没有答应。1925年春,冯玉祥率国民军准备收拾阎锡山这个“土皇帝”,阎锡山也积极扩军备战。为了筹集战费,他在全省强征房税,从高屋华厦到烂泥巴屋都不能求免,闹得三晋大地怨声载道。山西的共产党发动学生运动,反对强征房税。但学校当局压制学生。学生们很气愤,掀起了学潮,在国民师范学校,共产党人纪秀川、王世英等人成立了学生会,赶走了总干事和各班班主任。程子华积极参加学潮,把班主任赶跑了,并当选为校学生会副主席。

程子华和纪秀川等人一起领头闹抗税学潮,又一同在学生会工作,彼此有些了解。一次,纪秀川很严肃地问他:

“你老说爱国,爱的是什么样的国呢?封建军阀统治的、对外投降帝国主义、对内进行军阀混战和压迫老百姓的国,你也爱吗?爱它又有什么用!”

程子华一听,感到自己以前思考得太少了。纪秀川趁热打铁,向他宣传俄国的十月革命,介绍他看《共产主义ABC》、《社会进化史》等马列主义的书籍,解释共产党和共青团。程子华逐渐由单纯的爱国主义者转变为信仰共产主义。不久,五卅运动爆发,太原各界积极响应,程子华领着学生到街头演讲、捐款、抵制英日货,1926年春,他加入共产党外围组织青年学社,6月,由纪秀川介绍入党。年底,党组织派他去投考黄埔军校。
1927 年初,程子华考入黄埔军校武汉分校,成为黄埔六期生,从此开始
了像大英雄关云长当年一样的驰骋疆场、戎马征战的传奇一生。

2.山西老乡的情缘

　　1927 年初,武汉革命气氛很浓,到处是"打倒列强除军阀"的群众游
行和集会。黄埔军校武汉分校位于两湖书院内,程子华置身于革命大熔
炉,心情极为兴奋。这时,山西五台人徐向前在军校政治科第一大队第
一队当队长,算是挣薪水的人。程子华和贺昌等一批山西老乡,时常嚷
着要和他 "共产", 徐向前也慷慨请他们上馆子, 时不时地鸡鸭鱼肉地
"撮"几顿,结果,山西老乡无形中有了每星期一次的聚会。聚会时,他们
谈的不是风花雪月,而是谈人生、谈理想、谈时局、谈三民主义和共产主
义。在高谈阔论中,众人争争吵吵,徐向前则像老大哥似的在一旁笑着,
听着。结果,他受他们的感染和影响,不久也加入了共产党。
　　不久,蒋介石在上海发动四一三政变。接着,汪精卫也在武汉发动政
变。汪精卫叛变后,黄埔军校武汉分校被改编成张发奎的第 4 军教导团,
准备拉到南昌发动武装起义。8 月 3 日,程子华随部队坐船顺江东下,谁
知到达江西九江江面时,张发奎的部队就不让他们上岸,交涉了半天才
达成协议,上岸就得缴枪。上了岸,他们缴了枪,来到一个学校操场露
营。程子华不安地想,枪没了,假如张发奎也来"清党",不是坐牢就是枪
毙。与其这样坐以待毙,还不如离开部队到别的地方跟敌人干。辗转了一
个晚上,第二天吃完早饭,他找到连里党的负责人问:"今后怎么办?"
　　"现在乱哄哄的,谁知道该怎么办?"负责人也是一筹莫展,两手一
摊。
　　"待在这儿总不是个办法,我想到别的地方去找组织。"
　　负责人倒爽快得很:"可以,你走吧。"

程子华瞅个机会,趁着乱哄哄没人理会,一溜烟跑了。几天以后,他来到了上海,住在英租界里的一家旅馆。第二天早上,他在饭厅里吃饭,突然眼睛一亮,差点叫出声来:在一个角落里,徐向前正低头吃饭!他镇定了一下情绪,观察徐向前旁边没可疑人物,这才端着碗走过去,像个老熟人的样子在他旁边自自然然地坐下来。徐向前乍一见他,也吃了一惊。程子华忙做个手势,示意不要叫出声来,然后亲热地说:

"昨晚睡得好吧?"

徐向前也笑笑:"好,好!"

两人故意聊了一阵闲话。吃了饭后,程子华跟徐向前来到房里,关上门,两人激动地抱在一起,然后,程子华急切地问:

"你接上组织关系了吗?"

徐向前笑着点点头,说了他来上海的经过。在南昌起义时,张发奎在九江召集军官讲话,宣布:"CP 分子三天以内保护,三天之后,不负责任。"他连夜出走,辗转到上海找党中央。一天他正在街上转,突然碰到一个老同事,老同事问了他的情况,就替他接上了组织关系。通过徐向前,程子华也找到了党组织。

这时党中央准备在广州发动暴动,需大批干部,派程子华去广东。他先到了香港,按规定的暗号发了信,等着三天后来人接头。谁知三天过去了,接头的人却没露面。他摸一摸腰包,就剩了一块钱,再等下去,连旅馆的房钱也付不起了,只得先到了广州,准备找个地方解决吃饭和住宿问题,结果,他打听到广东军阀李济深总指挥部的特务营第3连连长是山西人,立即决定利用老乡关系混进部队。见面后,程子华编了一段话,说自己是太原国民师范毕业的,想到南京考军官学校,碰到打仗,船上不了岸,把自己拉到了上海。手头盘缠无多,只得卖了行李来广州考黄埔军校,谁知军校也不招生了,只好找老乡来想办法谋个出路。有道是"老乡见老乡,两眼泪汪汪",那连长听完,大手一挥:

"那你就在我这里当传令兵吧!"

于是,程子华这个黄埔六期生只得委屈地给这个小连长当起了传令兵,天天留意报上的消息。没几天,报上说南昌起义的贺龙、叶挺部队在潮汕一带失败,他心里一阵难过,心想只好暂时在特务营搞兵运了。说来也巧,一天他在街上逛时,竟意外碰见一个当兵的,胸前戴着自己原先所在的"教导团"的胸章,一问之下,才知道这支部队已到广州,他急忙跑到教导团驻地,连里党的负责人还在,告诉他说:

"你走后,叶剑英曾是张发奎的参谋长,他把部队保护下来了,没有'清党'。"

程子华也汇报了离开后找党的情况,要求归队,得到批准。

谁知就在他返回特务营拿行李时,李济深的总指挥部正好开拔赴韶关,程子华心里直叫苦,没办法,只得跟着而去。过了半个月,特务营到野外演习,留下程子华看家。部队前脚走,他后脚就拎着行李跑到火车站,买票赶赴广州。

就这样,程子华前后不到三个月就开了两次小差,开来开去,又开回了自己原来的部队。

他回到教导团时,党组织正考虑以教导团为骨干发动起义。1927年12月底,广州起义爆发,但在敌人围攻下归于失败。程子华随部队离开广州城,往花县前进。

一天早上,部队正在宿营,四周的山头上突然全都响起了枪声,大伙还以为被敌人包围了,不由有点惊慌。听了一阵,光听枪响不见人,枪声也稀稀落落的,这才搞清是民团。一个军官过来说:

"民团松得很,你们就冲吧,一冲就跑了。"

程子华一听那熟悉的山西话,一阵高兴,循声望过去,可不正是徐向前?! 冲垮了民团后,他们又见面了。到了花县后,部队改编成红4师,程子华所在教导团编入徐向前任党代表的10团。不久部队开到海陆丰根据地同红2师会合了。

次年春,海陆丰被敌人攻占,部队被打散了,程子华躲进了山里,常常吃不上饭,只能趁夜下山挖红薯吃,他又不会说广东话,坚持了不久不得不离开广东,第三次去找党。

他乘火车到汕头,再坐船到了上海。

但这次找党却没上次那么幸运了。由于白色恐怖加剧,党组织已完全转入地下,加紧了隐蔽工作,程子华找一阵,没找到,包里又只剩四块钱了,心想回乡去找组织也许比这样无头苍蝇般乱撞有用,于是把四块钱藏到腿弯里,凭着机警和一身力气蹭上了开往南京的船。到了南京,又爬货车到了徐州,正当他准备换陇海线的火车时,冯玉祥军对无票乘车的人查得很严,程子华无计可施,只好顺陇海路徒步西行,好不容易才回到了家乡解县。

谁知阎锡山也在山西大抓共产党,他家乡也不敢住了,准备找在军阀部队当医官的哥哥想办法,又辗转到了河南驻马店的军阀岳维峻部驻地,结果,碰到一个他在武汉黄埔军校的同学,他是秘密党员。

就这样,他意外地又找到了党组织。

找到党组织后,程子华被派到他哥哥所在的岳维峻部搞兵运。

搞兵运,就是策反部队。但是,兵运工作一波三折,岳维峻部几次被蒋介石改造,到后来,军官里的共产党员只剩程子华一人,当了个小排长。幸好,他利用老乡关系,在部队里站住了脚,暗中联络一批中下级军官和士兵,准备哗变当红军。

3.获得红星勋章

1929 年,由何长工、李灿率领的红军到鄂东南活动,创建了红 12 军,国民党调程子华所在独立 15 旅 2 团到大冶、阳新一带攻打红军。中央军委当机立断,决定发动兵暴,里应外合拿下大冶城。

12 月 14 日晚上,天下起了雨,外面黑漆漆地对面不见人。到了晚上 11 点半,程子华悄悄爬起来,叫起了本连的党员和各班班长,把计划告诉他们,然后派人去收拾连部的人。接着,他自己悄悄带人来到 2 排长的住处,把他叫起来。2 排长眯缝着眼睛想看清是什么人,程子华说:

"别看了,我是程子华。2 排长,我今晚上要拉弟兄们去投红军,咱俩平日交情不错,我们不想伤害你。你要是愿意参加,咱们一起走,你要是不愿意,我可以派人把你送走。"

2 排长一听傻了眼,沉默了一会儿,才下决心说:"你老程当了红军,我就跟你一块儿干啊。"

程子华把枪还给他,让他带自己的那一排人准备行动。

不一会儿,连部的几个人被推推搡搡弄到了院子里,几个人斜披衣服,嘴里塞上了破布,全被绑在柱子上,惊恐地看着这些"反水"部下。

一枪未发就解决了一个连,程子华极为高兴,马上派人去解决另外两个连和营部。

然后,他坐在连部等着消息。可半小时过去了,派出去的人还没消息。他坐不住了,正要派人去打探消息时,突然7连方向响起了激烈的枪声,他不禁大吃一惊:进展不顺!一会儿,带队去的班长派人跑回来,气喘吁吁地报告说:

"兄弟们和7连的人打上了。"

原来,派去的那个排到了7连驻地门口,跟哨兵解释了来意,哨兵让部队进去了。由于天太黑,一个战士不小心碰上了院子里的洋油桶,声音惊醒了7连的人,立即有人喊:"共匪摸营来了!"其他人慌忙操枪向院子里乱打,战士们只得还击。这样,拉7连暴动的计划泡了汤。幸好6连在几个党员里应外合之下,干掉了军官,兵暴成功。

程子华一看天近拂晓,让部队久待下去可能有危险,于是当机立断,下令将队伍撤出城区。

过了不久,红军大部队赶了到大冶城外,开始攻城了,敌营长被兵暴搞得惊魂未定,不敢恋战,立即带兵弃城而走,红军追上拦腰一打,残余的一个连全缴枪投降,只有营长带了几个随从夺路逃走。

阳新等地的一些国民党军得知大冶兵暴成功地发动了起义,也拉出大批部队参加了红军。

大冶兵暴,是白色恐怖下一次成功的兵暴。这次兵暴是很厉害的,暴动部队加入李灿、何长工的红5军5纵队后使该部兵力扩大一倍,5纵队后来扩编为红8军,与红5军共同组建为红3军团,也就是说,程子华这次兵暴的部队占红3军团的四分之一。党中央在上海出版的报纸,以"模范兵暴第一声"的评语报道了程子华领导的大冶兵暴。

因领导兵暴有功,1931年11月,在中华苏维埃全国代表大会上,中华苏维埃主席毛泽东亲自授予程子华一枚二级红星勋章,可见其荣耀。

4.从军参谋长到军长,再到军政委、军团政委

在大冶兵暴后,1931 年 4 月, 程子华调到中央革命根据地任红 35 军团 307 团团长,红 35 军团改为独立 3 师后,又担任师长。1933 年历任红五军团主力师第 14 师师长等职。

1934 年 6 月,党中央决定派程子华到鄂豫皖苏区工作。

(1)

行前,中央军委副主席周恩来亲自与他谈话,讲明了鄂豫皖苏区的严峻形势, 党中央决定红 25 军主力要作战略转移, 创建新的革命根据地。遵照周恩来的指示,程子华很快离开瑞金,经由潮州、汕头等地,抵达上海。

随后,在鄂豫皖省委交通员护送下,他从上海乘船到汉口,又由汉口搭火车到柳林车站,一路上历尽艰险,于 8 月 28 日抵达鄂豫皖苏区的罗山县卡房,与中共鄂东北道委书记郑位三见了面。

这时,鄂豫皖苏区正处于极端艰难困苦的第五次反"围剿"斗争之中,国民党重兵加紧实行划区"清剿",跟踪追击红 25 军。在敌人的残酷"围剿"下,根据地被分割和压缩成几个小块,人力物力都濒于枯竭,群众遭受屠杀,不少地方变成了无人区。程子华到达鄂东北时,省委已率领红 25 军转战到了皖西北,一时难以见到省委主要领导人,他首先向郑位三传达了周恩来的指示。

郑位三很快派人去皖西北给省委送信, 建议省委速率红 25 军返回鄂东北,商讨今后行动大计。

在等待部队返回时,程子华、郑位三等人一起交谈,告诉说:"我们可以列伏牛山去,蒋介石与那里的矛盾很深,当地的地理条件比较好。土

匪能站住脚,共产党领导的军队为什么不能去那里建立根据地?"

省委接到信后,即率红25军连续突破敌人四道封锁线,兼程转战到鄂东北。1934年11月11日晚,省委在光山花山寨举行常委会议,研究党中央对鄂豫皖省委的指示。

关于战略转移问题,省委以前作过多次讨论,只因不了解苏区外的情况,不敢轻易远离根据地,仅在根据地边沿地带做恢复老区、创建新区的工作,收效甚微,难以从根本上扭转危局。程子华及时传达周恩来的指示,会议分析了鄂豫皖根据地的严峻形势,当机决定率领红25军实行战略转移,到桐柏山或伏牛山建立新的革命根据地。

随后,省委根据时任红25军军长徐海东的建议,决定由程子华担任红25军军长。程子华对省委如此尊重党中央派来的干部,并委以重任,深感不安。郑位三在向他转达省委决定时,他说:"周副主席要我来做参谋长,我就做参谋长,不当军长。"

但省委决定仍由程子华担任红25军军长,吴焕先仍任军政委,徐海东改任副军长。他们在中共鄂豫皖省委领导下,率领红25军不足3000人的兵力,开始了艰苦的长征。

红25军实行战略转移的决定,使红25军摆脱了敌人重兵"围剿"下的极端艰难的处境,走上新的发展道路。

在途中,敌军前堵后追。程子华还没来得及熟悉部队,由徐海东和吴焕先指挥。他凭随身携带的一本袖珍地图,与其他领导分析敌情,选择路线,使部队一次次摆脱敌军的围追堵截。

部队进入桐柏山区后,由于各路敌军围追而至,一时难以立足,省委果断决定转向伏牛山区,相机创建根据地。程子华向部队作了进入伏牛山区的政治动员,讲敌情,讲伏牛山区的地理条件,讲中国革命的道路是艰难曲折的,说:"现在必须绕过平原地带,抓紧时机夺路北上,才能实现建立新区的战略任务。"

部队由泌阳、方城以东转战北上,在独树镇发生一场恶战,他跟吴焕先、徐海东一起,亲临前沿指挥部队,一举攻占九泉山高地,取得歼敌一个营的胜利,使部队顺利进入陕西境内。

(2)

1934 年 12 月 10 日,省委在庚家河举行会议,考虑到难以在桐柏山和伏牛山建立根据地,便决定以陕东南为中心,抓紧创建鄂豫陕边革命根据地。就在这时,敌第 60 师突然由鸡头关向红 25 军奔袭。双方在庚家河展开一场激战。战斗打响后,程子华和徐海东、吴焕先一起,带领部队抢占山头阵地,指挥部队向敌人奋勇反击。激战中,徐海东负了重伤。程子华迎着敌人密集的火力,正在前沿阵地上指挥作战,突然被敌人的一颗子弹击中了双手,把望远镜也打落在地。这是他戎马生涯中第三次负伤。因为伤了动脉血管,流血过多,手腕骨也有破裂,伤势比以往两次都重。从此,他就落下一双伤残的手。

负伤后,程子华一直躺在担架上随军转战。生活很苦,部队行军作战十分频繁。他躺在担架上,自己连身子也翻不过来。因流血过多,最初的两三个月,昏昏迷迷不省人事,身体瘦得皮包骨,脸上没有一丝血色。伤势稍许好转,仍然离不开担架,平时连穿衣吃饭及大小便也无法自理。他不仅不能指挥部队作战,连省委召开的会议也无法参加。对此,他怀有一种负疚感,觉得自己整天躺在担架上,还得派人保护,给部队拖累很大。因为伤口老是出血化脓,疼痛难忍,他便向军医院院长钱信忠提出,为他进行截肢。

钱信忠没有答应,千方百计地控制伤口炎症,采取扩创消毒和夹板固定的办法治疗,最后总算保住了他的双手。

尽管如此,程子华总是忍受着常人难以忍受的痛苦,坚持做一些力所能及的事。

1935 年 5 月,省委在郧西地区开会,研究第二次反“围剿”的作战方针和计划。程子华因伤重未能参加会议,便向省委代理书记、军政委吴焕先介绍了中央苏区红军在毛泽东指挥下几次反“围剿”胜利的作战方法,提出“诱敌深入,先拖后打”的作战意图。

这对省委制定反“围剿”作战方针起了重要作用。

程子华因伤在工作中不能动手,只能动口。军司令部参谋工作很不健全,每在决定部队行动任务之后,他对部队的行军、宿营、布置警戒以及各种注意事项,总是很具体地跟参谋人员或秘书作口述指示,让他们写成书面命令或通知,下达部队执行。有时,他了解到部队中的某些问题,就主动找来当事人谈话,耐心地做思想工作,对问题妥善地予以解决,为其他领导分忧解难。

西征北上途中,军政委吴焕先牺牲,全军指战员思想情绪有些低落。程子华也十分悲痛,更感到自己肩上的担子沉重,他安慰指战员们说:"我们要擦干眼泪,化悲痛为力量,全军上下拧成一股劲,为实现焕先同志遗愿,迎接党中央和中央红军英勇奋斗!"他还说:"就是天塌了下来,还有徐海东同志指挥!"这对鼓舞斗志起到很大的作用。

9月7日,省委于在豹子川召开会议,决定由程子华代理中共鄂豫陕省委书记兼军政治委员,徐海东任军长。程子华当即接受,转而抓部队的政治工作。

(3)

1935年9月15日,红25军抵达延川县永坪镇,胜利结束长征。

18日,红25军与红26军、红27军举行会师大会,并合编组成红15军团。徐海东任军团长,刘志丹任副军团长兼参谋长,程子华任政委。

直到这时,程子华才有机会住院治疗,由钱信忠为他做了手术。这时部队准备在劳山地区作战。他留在永坪镇养伤,仍参与了劳山战役的组织部署工作。

劳山战役发起后,经过五个多小时的激战,共毙伤敌人1000多人,俘敌3700余人,敌东北军第110师师长何立中负伤不久身亡,缴获武器弹药甚丰。在战斗中,前方指挥员从缴获敌人的一份文件中得悉,中央红军主力北上已到甘肃省武山县西南,立即写信给陕甘晋省委书记朱理治,建议红15军团到关中的长武、三水迎接中央红军。为此,朱理治征求在后方治伤的子华的意见。程子华认为红15军团去关中不妥,说:"敌军文件是一个月前的,消息是否可靠也难说,假如中央红军没来关中,红15军团去迎接就会扑空。红15军团去关中来回要一个多月,敌军会乘虚占领永坪镇,苏区就困难了。"

接着,他建议红15军团继续向南打,调动西安敌人北援,以此配合中央红军的行动。同时,红15军团仍在苏区边沿,敌军就不敢占领永坪镇。朱理治经过考虑,表示同意,并要他去征求前方指挥员的意见。程子华负伤还未愈,躺在担架上到了前方,召集徐海东、刘志丹、聂洪钧、高岗、郭述申等开会,把以上意见讲了。

大家一致同意。

实践证明,这个作战方针是非常正确的。

随即,在徐海东、程子华、刘志丹等领导下,又打了榆林桥战役。红军毙伤敌人300余人,俘敌1800余人。东北军第619团团长高福源也当了俘虏。

高福源外号高歪脖子,是东北军的一个优秀团长,与军长王以哲的关系很好。在榆林桥战斗结束后几个小时,程子华来到了前线。

在道佐铺的一间屋子里,程子华与徐海东坐在一边,参加对高福源的审讯。高福源负了伤,程子华特意让医生给他换了药,然后问他:"你有什么想法?"

"我和我们东北军是抗日的,要打回老家去的。你们应该把我放了,我出去一定进行抗日的工作。"高福源说。

程子华说:"不能放你。"

高又说:"那就杀了我。"

"绝不能杀你。"

高大惑不解:"你们既不杀我又不放我,到底想怎么样?"

程子华不紧不慢地说:"你不要着急,我们考虑你的军事素质比较高,想请你到我们的军事学校任教,你是否愿意?"

高福源喜出望外地说:"我是日本士官学校毕业的,教军事是内行。程将军如此信任我,我一定尽职尽责。"

这样,高福源成了红15军团后方军事学校的教员。

中央红军到达陕北后,直罗镇战役结束后,周恩来回到瓦窑堡后,有人向他汇报了高福源的情况,后来,党中央便派他到延安做东北军军长王以哲的工作。又经王以哲把他介绍给张学良,对促进张学良和东北军停止内战，一致抗日起了一定的作用。这是后话。

经过劳山、榆林桥两次作战，巩固和扩大了陕甘革命根据地，壮大了红军的力量，为迎接中央和中央红军的到来创造了有利条件。

（4）

1935 年 10 月 19 日，中央红军长征胜利到达陕北吴起镇。程子华得知这一消息后，心情特别振奋，当即派出一个骑兵班送信，前去同中央红军接头联系。当中央红军抵达甘泉县下寺湾时，程子华听说毛泽东和中央领导来道佐铺看望红 15 军团指战员，心里又高兴又着急。因为军团长徐海东正在前线指挥部队攻打敌据点张村驿，离道佐铺有 100 多里。他和军团政治部副主任郭述申商量后，立即派骑兵通信员送信给徐海东，通知其迅速赶回道佐铺。

当徐海东飞马赶回军团部时，正好毛泽东、彭德怀来到了道佐铺，随同来的还有贾拓夫、李一氓。这是徐海东第一次见到毛泽东和彭德怀。

当他们汇报了红 25 军的长征及与红 26 军、红 27 军合编为红 15 军团的经过以及劳山战役、榆林桥战斗的情况后，毛泽东给予了高度评价和热情鼓励，并就敌我态势作了重要部署。

程子华让军团政治部迅速把这些指示精神传达到部队，指战员们听后激动地高呼口号："打个大胜仗，迎接党中央！""打下张村驿，去见毛主席！"

这之后 11 月，党中央决定恢复红军第一方面军的番号，红 15 军团编入红一方面军建制。

在毛泽东、彭德怀的统一领导下，红 15 军团与红 1 军团并肩作战，取得了直罗镇战役的胜利，歼敌一个师又一个团，彻底粉碎了敌人对陕甘苏区的第三次"围剿"，为把革命大本营放在西北奠定了基础。

5.冀中地道战

在全面抗战初期，冀中平原建立八路军第3纵队和冀中军区之后，因为冀中武装大都是由旧军队和农民部队改编而成，各方面还不巩固。党中央和毛泽东非常关心冀中根据地的建设,决定加强领导力量,派程子华带一批干部去冀中。

1939年初,程子华到达冀中,任冀中军区和第3纵队的政委。他从延安带来一批红军老干部和知识分子干部,分配在各分区、团任政委和政治部主任。部队经过整训,军政素质都有极大提高,成为能攻能守、能打大仗硬仗、威震敌胆的主力兵团。

随着对敌斗争的日趋尖锐和残酷,冀中人民创造了一种新的斗争形式,这就是地道战。

(1)

程子华来到冀中后,和吕正操、黄敬、孙志远等军政负责人合作得很好,亲密无间,但也有过不同意见,甚至争论得面红耳赤,但都摆到桌面上,畅所欲言,统一思想,统一行动,个人之间毫无芥蒂。

在一次反日军的大"扫荡"中,部队跳到外线后如何行动,司令员吕正操和程子华意见发生分歧。本来按照政工条例,政委有最后决定权,他不签字,司令员的决定就不能执行。

但最后,程子华还是尊重了吕正操的意见,在命令上签了字,没有实行否决权。

(2)

1939年初春,程子华率部转战到了冀中高阳县的大王国庄。天气还很冷,他手上的伤口经常疼痛。勤务员请副官处托人从敌占区的河间城买回一个热水袋,夜晚给他的两只手保保温。程子华却说:这支部队是吕正操司令员的第 691 团刚刚扩编的一支新部队,我们要向他们传输老红军的光荣传统,一定要做到官兵一致,我们自己要起带头作用,千万不能搞特殊。"

"热水袋已经买来了,无法退回了。"

程子华便从自己的津贴费中付了款。

(3)

程子华在部队工作并非仅仅注意军事。他关心政治,关心经济,关心群众生活。1939 年 7 月间冀中发大水,到处决堤,整个冀中一片汪洋,部队没吃的,群众也无法生活,给根据地军民带来了极大的困难。就在这个时候,程子华带领大家搞起了合作社,到冀南去购粮食和棉花,纺线织布,生产自救。程子华对冀中的合作社进行了广泛深入的调查,还在晋察冀边区介绍经验。他在一次大会上讲如何办好合作社时,吕正操还在下边开他的玩笑:"老西儿真会算账。"

程子华本来准备把几个团调到外地区度荒,后来没去。他们停杀耕牛,准备种子,种上麦子。1940 年夏季粮食获得了大丰收。

(4)

1941 年,敌人的秋季"扫荡"极其残酷和严重,企图捕捉和摧毁我军区领导机关。9 月间,青纱帐未倒,高粱正晒红米,我军从深泽大堡过来,敌人的飞机就一直跟到司令部。司令部驻扎在安平的宗佐一个紧靠村边的大房子,作战室在正房,程子华住东厢房,吕正操住西厢房。刚进屋,敌人的飞机直冲司令部的住房轰炸,一个炸弹打中了正房。紧接着用机关枪扫射,四五架飞机轮番扫射,反复轰炸。敌人可能认为指挥官住正房,所以重点炸正房。飞机轰炸时,大家都趴在床底下。轰炸过后,吕正操和程子华就互相呼唤,谁也不知对方死活。他们出了屋后,发现炸死了作战室的一个值班参谋、一个通信员。

(5)

地道战是冀中军民坚持平原游击战争的一个伟大创举。程子华则是这一创举的卓越组织者和领导人。

地道战始创于日军进行"五一"大"扫荡"之前。由于日军大力推行所谓"点线政策"、"新交通政策",到处修路筑碉,强化交通,在广阔的冀中平原上三里一碉,五里一堡,公路密布,点线相连。敌人频繁进行"清剿",包围村庄,搜捕干部,烧杀奸掠,无恶不作。为了粉碎敌人的"清剿",蠡县三区人民首先在近敌区的村中开挖地洞。

地道开始是由地洞也叫"蛤蟆蹲""螃蟹窝"发展起来的,这种地洞只能藏身,不能战斗,难以适应斗争的需要。以后发展成能通行的带出口的多口小地道。敌人来了,能打就打,不能打就钻洞,初步起到了保存自己、对付敌人"清剿"的作用。

但是,领导机关对这种斗争方式存有不同意见,一些人地认为,蠡县这样搞是执行"退却路线",钻地洞只能藏不能打,是右倾思想作怪,并再三追究这样做是不是蠡县县委指示的,是哪个人让干的,为此还调走了县委书记王夫。

问题反映到地委,以后到区党委。冀中区党委对开展地道斗争,也认识不一,一种意见认为在敌人面前应该是战斗,钻地道只能藏不能打,一旦被发现,只好束手待毙。因此地道是消极的,是右倾思想的反映。主张不能用地道。另一种意见认为在敌强我弱的情况下,主要是积蓄革命力量,坚持斗争。挖洞正是毛泽东说的保存自己是为了消灭敌人的原则,它是积极的,不是右倾保命,受了损失,说明地道不完善,不能因为受损失把地道否定掉。争议结果是意见不能统一,这样就严重影响了地道斗争的开展。

在此情况下,1941年春,程子华亲自带工作组到蠡县、高阳做调查。发现蠡县自从停止了地道斗争之后,敌人有恃无恐,"清剿"更加频繁,县委机关几乎要天天夜间转移,有时一夜要转移三次,三天不动,必遭合围。干部们疲于奔命,无法工作,仅半年左右时间,县委机关和县大队就被合击了三次,不少干部牺牲,许多群众被抓、遭杀害,几十人的县大队被打得仅剩下五六个人。而一些还继续坚持地道斗争的地方,情况则是不一样,那里,不仅没有遭到多大损失,还灵活机动地打击了敌人。

经过综合分析研究,程子华充分肯定了地道斗争的重要作用,认为这是在敌强我弱形势下一种新的斗争形式,有利于我,不利于敌,群众拥护我们应充分利用,地道本身是属于地形地物的改造与延伸,是斗争的一种手段,它本身不存在什么消极右倾的问题,是不是消极右倾关键在人而不在地道。检查因地道受损失的情况多是由于地道不完善所致,一旦改善,大都可以避免。

程子华通过调查,肯定了冀中人民的这一创举,并立即向冀中区党委作了汇报,统一了大家的思想。随即以区党委和军区领导机关名义,相继下达指示,要求平原军民广泛开展地道斗争。

这样,冀中人民所创造的这一游击斗争形式才在全区有组织有领导地开展起来。随着地道战的广泛开展,地道逐步发展成为户户相连、村村相通,能生活、能战斗和有秘密装置的较完善的地道网。既便于人自为战、村自为战,又便于户与户、村与村间的相互配合。一村有事,村村可以支援,在敌人的鼻子底下,想打就打,想走就走,即使敌人用水灌、火攻、烟熏和施放毒气,也无可奈何。地道战成了冀中平原上打不烂摧不垮的"地下长城",把无险可守的冀中平原变成了敌人攻不克的要塞。

地道战的广泛开展,不仅保障了冀中党政军民的安全,而且在敌人碉堡林立、路沟如网的平原上,我军既有了隐蔽的后方,又有了打击敌人、消灭敌人的坚固阵地,冀中军民依托地道在与日军作战中创造了许多闻名中外的奇迹。

这期间,冀中全区到底挖了多少地道,恐怕谁也说不清,但有一点是大家公认的,程子华在领导和组织冀中军民广泛开展地道战上是立了大功的。

6.“主力”外的主力

程子华指挥的部队配合作战是独具一格的,他是一员卓越的战将。

(1)

1947 年夏季攻势之后,东北民主联军进行了整编,除成立了一些野战纵队外,还成立了南满和冀察热辽两个前方指挥所。程子华被任命为冀察热辽军区前方指挥所司令员。

这时候,冀察热辽地区敌方有正规军九个半师、一个旅、三个交警总队又一个大队、骑兵 4000 多和杂牌武装三万多人。冀察热辽军区主力是8纵和9纵六个师、两个独立师、一个骑兵师,另有两个军区和五个军分区的地方部队。敌在数量上、武器装备上均占优势。

随即,林彪发起了秋季攻势。程子华指挥部队的任务是:出击北宁线之锦榆段,切断东北敌人和华北敌人的联系,诱使沈阳地区之敌南调,力求在运动中歼敌,配合我东北主力作战。9 月 6 日,正当他准备发起攻势之际,敌暂编第 50 师、第 22 师(各欠一个团)扩为大占领区,确保北宁线,由绥中、锦西分两路向建昌方向“扫荡”。7 日,左路敌暂编第 50 师进抵建昌以东的梨树沟门,右路敌暂编第 22 师进抵新台边门。两敌相距只有 30 公里。程子华立即抓住战机,改变原定破击北宁路的计划,决心首先割歼暂编第 50 师。

8 日,在他的指挥之下,8纵及独立 1 师由宁城、凌源出动,九纵由冀东遵化出动,兼程向建昌方向急进。14 日晨,8纵主力进至梨树沟门,先敌展开攻势,结果,将敌暂编第 50 师大部歼灭。次日,右路敌暂编第 22 师获知左路被歼,立即东撤,企图逃回锦西,8纵及独立 1 师跟踪追击,连续作战,于 17 日将其大部歼灭于杨家仗子地区。这一仗只打了两个半小时，就俘虏了敌少将副师长苏景泰、少将参谋长宁坚及以下 2500 多人。

这时，第 49 军以军部率第 79 师、第 105 师（各欠一个团）由锦州西进，还在增援解救暂编第 22 师的路上。程子华决心诱敌深入加以围歼，19 日，敌进至杨家仗子地区时，8 纵及独立 1 师立即将其包围，并连夜冒雨猛攻。22 日，敌第 49 军抵抗不住，突围南窜，经 8 纵追歼和 9 纵截击，于第二日将其军部及两个师的主力 1.1 万人全部歼灭，并活捉了敌 105 师师长于泽霖。

在十天之内，在程子华的指挥之下，部队以高度机动的运动战，三战三捷。随后，他们乘胜破击锦州至山海关铁路，并一度占领锦州机场。敌被迫将主力新编第 6 军的两个师由铁岭地区调往锦州兴城一线护路，至此，程子华顺利达成了林彪调敌南下的目的。

在敌人大量增兵锦榆线时，程子华挥师转移至义县、北票间寻机歼敌。

此时敌第 92 军所属第 21、43 师正向沈阳前进，突然感觉到其侧翼及后方受到威胁，于是转向新立屯、阜新驰援。为诱敌，程子华以一部围攻北票、并攻占朝阳。

结果，敌军继续西进增援。途中，8 纵、9 纵在义县以西九关台门地区将敌包围并发起猛烈攻击，于 11 月 1 日、2 日将敌两个师大部歼灭，并乘胜解放义县。

1947 年冀察热辽的秋季攻势，在 9 月 14 日至 11 月 4 日的 50 天内，共歼敌 27900 余人，一度切断了北宁路，有力配合了其他部队在东北战场的作战。这次战役充分显示出司令员程子华善于当机立断、捕捉战机，善于组织部队高度机动、连续作战的指挥艺术。

（2）

1948 年，林彪决定发动夏季攻势。此时为守住省城承德，敌第 13 军在西北方向的隆化建立了一个据点。

隆化城西面可依靠比较高的苔山，山上有堡垒群，山顶制高点上的碉堡,可鸟瞰全城。苔山还有一个特点,就是北侧高州坡度大,直射火力不易发扬,且不易观察到山脚底部。隆化东面有一条比较宽的伊逊河,河边城内有一中学,学校筑有外壕和堡垒。隆化易守难攻。

1947年5月,我军曾试过拔除这个据点,但未能攻克。可是,攻克隆化不仅可以扩大解放区,又能鼓舞民心士气,壮我军威。这一次,隆化守敌是第4师10团和保安队,共1000多人。东北野战军的攻城部队是刚组建不久的11纵队。

战前,司令员程子华和11纵队司令员贺晋年带领团以上指挥员一起前去实地察看地形,然后决定结合步炮协同,充分作好准备,以苔山北侧为主要突破点,夜间进入阵地,拂晓发起总攻。

战斗一开始,炮兵就摧毁了苔山上的碉堡,攻占了制高点,接着又攻占了县城的大部分,敌大部被歼。但仍有一部分敌人坚守在隆化中学内。这中学有外壕和碉堡,尤其是东北角的一个碉堡,阻住进攻路线。敌人依托碉堡群和坚固核心工事,凭借交叉火力压制了我军发动的多次冲锋,造成很大伤亡。在前敌指挥所观战的程子华和贺晋年焦急万分,命令部队继续发起攻击,这时一位英勇的班长夹起炸药包飞身冲向敌人火力最猛的桥头碉堡,接近碉堡,因碉堡太高,他毅然用一手托起炸药包顶在敌碉堡底部,一手拉引爆线,碉堡炸掉了,战士们呐喊着:"为牺牲的战友报仇!"冲进了学校,消灭了残敌。

隆化从此回到了人民手中。这位毅然举起炸药包与敌人同归于尽的英雄就是董存瑞。

战斗结束后,程子华派他的秘书连夜下部队采访写报道,随后他自己也专门写了《董存瑞同志永垂不朽》一文,加以表彰。这样,董存瑞这位战斗英雄成为了家喻户晓的人物。

(3)

程子华的生活作风非常朴素。他的小灶伙食很平常。当他招待手下的那些纵队司令员时,也只是加几个白糖馅的烧饼。11纵队司令员贺晋年到程子华那里开会时就常说:"走,到程司令员那里吃白糖烧饼去。"

(4)

1948年8月,东北野战军领导机关正式成立,冀察热辽前方指挥部奉命改称第二兵团。

9月,毛泽东亲自制定了辽沈战役中先打下锦州关上东北大门、全歼东北敌军的作战方针。9月,第二兵团奉令再次出击北宁线。随后,程子华奉命指挥第4、第11纵队和三个独立师在位于锦西以北的塔山、虹螺山一线,阻击葫芦岛、锦西增援锦州之敌,保障东北野战军主力解放锦州。

锦西至锦州仅50多公里,且无险可守。塔山是铁路线上要隘的一个村落。

在受领任务后,程子华组织各部队团以上指挥员到白台山现场侦察,在选择防御主阵地上和纵队同志充分讨论,在构筑工事上,运用抗日战争时期冀中宋庄的平原村落防守战的经验,建议把散兵坑筑在村子的沿墙脚下,半在墙外,半在墙内,当敌进攻前炮击时,我方人员进墙内,使敌人的炮火打不着,等敌人炮火延伸,步兵进攻时又钻出墙外反击,既能坚守阵地,又便于兵力、火力机动,对坚守防御起了很好的作用。

此时,葫芦岛、锦西敌军由原有的四个师增加到九个师,还有另两个增援师在海运途中,蒋介石亲自到葫芦岛部署指挥。能否阻击住锦西方面的援敌是顺利攻克锦州的关键。从10月10日起,敌人在飞机、重炮还有军舰舰炮的掩护下,每日以三至五个师的兵力向4纵防守的塔山主阵地轮番猛烈攻击。

阻击到第三天,敌人拿出号称"赵子龙师"的广东部队独立第95师前来猛攻,程子华又运用在中央苏区作战时的经验,熟悉广东部队有不怕炮火和机关枪,但怕大刀砍杀的特点,给4纵司令员建议,下令部队与敌展开白刃战。由此杀得敌军尸横遍野。4纵和11纵也付出了代价,但守住了阵地。

塔山阻击战是一次大规模的野战阵地坚守防御作战。我军以坚守和反冲击相结合的战法,浴血奋战了六天六夜,战胜了有兵力优势且具有现代化装备的敌军,打垮了敌人数十次冲击,并歼敌 6000 余人。

这一场阻击战,是野战防御,但我军防守固若金汤。在程子华的指挥下,两个纵队和三个独立师寸土未失,完成了阻击任务,为东北野战军主力攻克锦州赢得了宝贵时间。

(5)

为了在华北就地歼灭傅作义集团,加速国民党统治的总崩溃,1948年10月下旬,在辽沈战役还未结束时,毛泽东和中央军委即指示东北野战军组成先遣兵团,由程子华率领第4、第11纵队,三个独立师和一个骑兵师兼程先行入关。随后又令华北第2、第3兵团、先期到达冀东地区的东北先遣兵团和冀热察军区部队统归东北先遣兵团首长指挥,担负平张线的作战任务。

遵照中央军委指示,华北第2、第3兵团、东北先遣兵团相继切断了张家口敌人西逃道路,平张线被分割为数段,并歼敌两个军五个师,打乱了傅作义的防御部署,拖住了傅作义集团,为东北野战军主力入关,为分割包围北平、天津、塘沽地区之敌赢得了时间。12月5日,东北先遣兵团所属第11纵队解放密云城,歼敌6000余人。10日,4纵队在康庄歼敌第16军6600余人。这时候,怀来方面敌第104军的两个师决意逃回北平。程子华获知这个消息后,亲自赶到四纵队司令部,下令立即追击。

结果,4纵未来得及打扫战场,立即投入战斗,抄近路迎敌堵住敌退路,11纵堵击溃散残敌,11日12时,追击战胜利结束,这一仗歼敌第104军军部、第31师全部等,共10900余人,受到中央军委的表扬。

随后,11纵队进占南口、昌平,消灭石景山北面山上青年军6000多人,保护了钢铁厂和电厂,中央军委通令全军嘉奖。

程子华指挥第2兵团是东北野战军最早入关的部队,为完成对北平的包围夺取了先机。

(6)

由于张家口解放和在新保安的第35军被歼,北平守将傅作义嫡系主力丧失殆尽,西逃无望,1月15日,东北野战军解放天津,他南逃也无望了，随即接受了和平解放北平的条件，于 1949 年 1 月 21 日举起义旗。1 月 31 日，4 纵第 10 师从西直门进入北平市。程子华担任北平警备司令员兼政委。

2 月 3 日，程子华组织和指挥了庄严雄伟的入城式，人民解放军以坦克为先导，浩浩荡荡地从永定门经前门开进北京城，古城北京从此翻开了历史的新篇章。

这时部队领导大多乘坐缴获的吉普车，进驻北平城后，许多吉普车重新油漆了，第 2 兵团机关人员也打算把司令员的吉普车也油漆一下，一去请示，程子华不同意，说道："很快就要南下，新漆又不能使吉普车跑得更快，我坐的车不油漆。"

结果，他的吉普车没有新油漆。

4 月 21 日，毛泽东、朱德发布了向全国进军的命令，程子华作为四野第 13 兵团司令员，率四个军沿平汉路南下。

临出发前，他爱人因难产体弱，希望暂时仍住原住宅，可是党中央有南下将领不得在京留公馆的指示，程子华坚决执行之，叫秘书安排爱人搬家，同机关干部家属一起住到兵团留守处。

第 13 兵团南下第一仗是解放安阳。安阳守敌是第 43 师、第 134 师和伪军冀豫边区残部等 14000 多人。负责进攻安阳的部队是第 42 军，经过仔细侦察和周密的战斗准备，只用了两个小时，就把敌全部歼灭。安阳下面是新乡，守敌是第 41 军，军长李正清率 25000 人全部投诚，新乡和平解放。

5 月，13 兵团所部解放襄阳、樊城，在这里休整，并利用汉水，练习水上作战战术，作横渡长江的准备。这时国民党白崇禧命宋希濂部向荆门、当阳地区发动所谓"机动攻势"，扩大在长江北的占领地。经中央军委批准，13 兵团以全部兵力发起宜（昌）、沙（市）战役，右路第 38 军、第 47 军，左路第 39 军、第 49 军，于 7 月初进到荆门等地区。

宋希濂部恐遭全歼，向宜昌收缩兵力，程子华下令三面包围宜昌。

7 月 16 日，解放宜昌，荆州、沙市之敌被歼灭，鄂西地区全部解放。解放军迅速地全部渡过长江，直达湖南省的常德地区。

因天气太热，部队疲劳，在这一带休整。8 月 4 日，长沙和平解放，中南敌湘赣边防线崩溃。白崇禧将桂系主力五个兵团撤到衡阳、宝庆公路两侧。林彪集中兵力发动衡宝战役,程子华率第13兵团所部负责战役迂回,取道沅陵沿湘西南下,突破敌芷江地段防线,配合正面围歼衡宝地区之敌。

白崇禧残部败退广西,湖南省全部解放。

正在这时候,程子华奉中央命令调山西省担任省委第一书记、省政府主席、省军区司令员兼政治委员。从此,他转业地方,参加了新中国经济建设及政权建设的领导工作。

7.手的故事

关于程子华的手,有着很多难忘的故事。

(1)

程子华也曾有过一双灵巧的手。上小学时,他能书写一手漂亮的毛笔字。在太原国民师范就读时,他还学会了木工活,会制作肥皂、扣子、粉笔,会编织毛线手套、袜子。每年暑假、寒假回家,他外出割草、拾柴,供给贫困的家庭半年烧柴。

但是,在革命战争年代他这双灵巧的手却几度受伤。

1928年3月,敌人向海陆丰根据地发动疯狂的进攻。在惠州战斗中,一个敌人端枪向程子华胸口刺来,在千钧一发之际,程子华手疾眼快,向右猛一转身,迅速用左手紧紧抓住敌人的刺刀。凶恶的敌人随即开枪,打伤了他的左手,从此他的左手就落下伤残。

1931年,程子华担任独立3师师长,随后在攻打江西瑞昌城的战斗中,他的手再次负伤。

1934年12月,红25军军长程子华率领红25军长征到达陕南洛南县,在庾家河时,遭到敌人的突然袭击。敌人占据了有利地形,向军部猛攻。军首长分头指挥部队与敌抢夺山头阵地,战斗异常激烈,阵地多次失而复得。激战中,副军长徐海东身负重伤。当程子华迎着炮火,举着望远镜观察战场态势时,突然一颗子弹飞来,打中他的双手,望远镜打落在地。他的手腕骨碎裂,动脉血管被打断,大量失血。

程子华的手第三次负伤时,正值红25军长征最艰苦的时候,他躺在担架上,身子翻不过来,瘦得皮包骨头,脸上没有一丝血色,一双手十个伤口经常化脓,在缺医少药的恶劣条件下,只好用盐水简单消消毒,再用白布代替纱布,卷成布条,从伤口塞进去,拉出来,反复多次,天天如此,他痛得难以忍受,但仍以坚强的毅力坚持着。在行军途中,许多战士用担架抬着他行军,在战斗中掩护他、护理他,他于心不忍,几次要求截肢,都被同志们劝阻,医生也拒绝他的要求。经过大半年的转战,直到1935年秋,红25军长征到达陕北永坪后,他再次动了手术,伤口才逐渐痊愈了,但从此他的左手成了一个伸不开的拳头,右手的四个手指不能弯曲,两个手腕关节不能活动,只有两个大拇指经过多年锻炼才恢复了一些功能。后来,美国著名作家索尔兹伯里在《长征——前所未闻的故事》中描述陈子华的手为:"爪子似的伤残的手。"

从血与火里滚爬出来后,程子华凭着一双"爪子似的伤残的手",仍在孜孜不倦读书写字,因为右手严重残疾,那扭曲变形的手指,平时都握不成个拳头,他写字握不住笔,得把笔杆夹在食指与中指之间,写起字来又颤动不止,他必须静静坐下,慢慢地一笔一画地写,终于,他还是重新学会了写字。

(2)

因为手受伤残废了,程子华的生活常常难以自理,洗澡都要人照顾。

抗战全面爆发后,国共两党合作抗战,程子华回到了山西,担任阎锡山第二战区战地总动员委员会高级党团书记兼武装部部长。在一个月明之夜,警卫员悟尘打了一大盆冷水为他洗澡,他突然问道:

"悟尘,你怕不怕我呀?"

这话把警卫员问得目瞪口呆,回答说:"首长对我这么好,我才不怕你呢。"

过了一会儿,程子华像自言自语地说:"我过去脾气可坏了,常爱骂人。自从手残废了以后,处处要别人照顾,实在不好意思再开口骂人,脾气才慢慢改好了。"

说着,他又轻轻地笑了起来。

警卫员没想到大名鼎鼎的程部长还有着如此的经历,难怪很多人说他是"关圣人"呢!

(3)

1937 年 9 月后,在山西战地总动员委员会担任武装部部长期间,程子华一直病着,身体十分虚弱,时常发烧、腹泻、伤口疼痛。阎锡山虽然和我党合作,但给动委会只发很少的经费,程子华每月也仅有六元津贴费,药品更是少得可怜。有时 120 师师长贺龙、政委关向应让师卫生部的同志送来一些,但他们的药品也十分有限。程子华于是对手下的工作人员定了一条:不准任何人再去麻烦贺、关首长。

这时没有什么首长小灶,吃饭都是警卫员从大厨房打回来。大厨房的饭菜缺油少盐,医生多次提出到总务处领点钱买些营养品为程子华补补身体。可程子华坚决不许可。一次,警卫员从厨房要来一只鸡,想给他炖汤喝,结果,程子华却给他们讲了许多不能动用大家伙食的道理,硬是让警卫员送了回去。

有一回,译电员郭伯海兴奋地跑来了,说:"毛主席来了电报,要给程部长补助 100 元钱。"

原来,毛泽东和刘少奇得知程子华的病情,特意于 1938 年 7 月 4 日发来了一份电报:

程子华:

30 日电悉。

一、动委会工作已经获得很大成绩,望在各方面进行巩固

……

二、你的身体现在怎样？是否好了些？我们想找人来代替你的工作，使你能休息，但至今尚未找到人。望你特自珍重，并由北方局补贴你 100 元看病，由省委付给你。

　　……

程子华身边的工作人员听到这一消息非常高兴。警卫员悟尘和医生方忠贤立即对程子华说：

"这一下可以买几只鸡补补营养了。"

程子华却笑着说："这是党中央、毛主席对我的关怀，但这笔钱我们不能动用，你们要知道，他们在延安要比我们困难得多。"

方医生听后只得摇摇头，轻声地说：

"真是没有办法。"

这就是程子华，一个来自关云长家乡的钢铁战士。

8.让毛主席睡好觉

程子华在山西任省委第一书记的时间并不长，1950 年 9 月 4 日，一纸调令由京而至，他又被调回北京，10 月后担任全国合作社联合总社的主任和党组书记。

程子华在山西只待了八个月。尽管时间很短，他的心已全部扑在了山西人民身上，他的足迹遍布了山西的山山水水，名字已生根于淳朴的山西人心中。回到北京后，他一直在经济战线上担任领导工作，参与新中国的经济建设，在担任合作社联合总社的主任后，他先后担任过国务院财贸办公室副主任、商业部长、国家建设委员会和国家计划委员会的副主任。

20 世纪 50 年代末，中苏关系急剧恶化，昔日的朋友翻了脸，在边境陈兵，毛泽东不得不考虑防备北方的威胁，因此，下决心在内地建立一批骨干企业。1964年,党中央和毛泽东分析了严峻的国际形势,提出了西南三线建设的战略部署,随即,59岁的程子华在国家计委副主任岗位上接到调令:担任西南三线建设第一副主任,主持日常工作。

西南三线建设一个重点就是要在大西南筹建一个大型钢铁厂。

程子华和工程技术人员在蜀道上忙碌,终于选出了攀枝花、乐山两个厂址,然后,他和工程人员一起去北京报告毛泽东。毛泽东听完程子华的汇报,决断地说:"乐山地址虽宽,但无煤无铁,如何搞钢铁?我投攀枝花一票!"

"攀枝花产铁矿石,但铁矿石含钒钛比例太高,冶炼困难,全世界都没能解决这个大难题。"程子华担心地说。毛泽东听了,好一阵儿没有作声,只是一个劲儿地抽烟。过了一会儿,毛泽东伸出手,夹着烟在空中比划了一下,又像是问别人又像是自言自语地说:

"攀枝花钢铁厂,建起来以后,提不出钛,炼不出铁,后悔不后悔?"

程子华没有搭腔。毛泽东又把手缩回去,坚定地说:"不后悔!"

毛泽东一番自问自答,把大家都逗笑了。程子华佩服毛泽东的决心,马上表示说:"我回去马上组织科技人员攻关,一定要拿下这个世界性的难题,不让您后悔!"

他回到重庆后,立即组织科技人员攻关,经过无数次的不懈努力,冶炼攀枝花铁矿石的技术终于取得了突破。程子华马上派人写报告向党中央、毛泽东传报喜。

1965年2月,美国第一次将一整支地面部队投入越南,标志着"特种战争"升级为局部战争。在中国的南大门门口点燃了战火。毛泽东感到了时局的紧迫。这时中苏关系已破裂,台湾的蒋介石不断派出小股武装空投大陆,准备"全面反攻",美国在中国友邻弄火,中美冲突随时可能发生。一旦有事,大西南将成战略后方,这个后方能负起这样的重责吗?毛泽东寝食难安。一次,他对回京的程子华等人说:

"攀枝花建设要快,但不要潦草。攀枝花建设不起来,睡不着觉。"

程子华深刻地理解毛泽东的担忧,回去后就号召建设者们加倍努力,说:

"不怕千难万险、千辛万苦,一定要搞好攀枝花建设,让毛主席他老人家睡好觉！"

结果，攀枝花建设紧锣密鼓，即使是"文化大革命"期间也没有中断。程子华在三线干了三年，身边总不离三件宝：毛巾、草帽和水壶。他带头定了一个规矩：不坐机关，不靠文件往来，都到现场，就地研究解决问题。建设者们克服无法想象的困难，努力奋斗。

1970 年，攀枝花钢铁厂终于炼出了第一炉铁，这也为毛泽东解除了一块心病。

9.重建民政部

根据整个干部队伍的状况和民政工作的实际需要，1978 年 3 月，程子华被任命为民政部部长，重新组建国家民政部。此时，原来承担国家民政事务的内务部已撤销整整十年了，大部分民政干部已分配到其他部门，改行做其他工作了。组建民政部，首要的任务就是要调集干部，搭起班子，然后才能开展工作。

如何选调干部，选调什么样的干部到民政部工作，这成了摆在程子华面前的一个重要问题。

为解决这一问题，他广泛听取大家的意见，然后提出了符合实际的解决办法，并经以他为书记的部党组研究后，制定了一套选调干部的基本原则：

一是坚持五湖四海。既要从原来熟悉业务的干部中调回一部分，以满足尽快开展工作的需要，又要从其他部门、行业中调入部分优秀干部，以适应新时期民政工作的要求。

二是坚持任人唯贤。不论原来是否从事过民政工作，都必须政治素质好，有业务专长，符合新时期民政工作的要求。

三是党组坚持集体审查调进干部，不管是原内务部的干部，还是外单位调进的干部，都按照本人条件，量才使用，妥善安排。

　　根据这些原则,部党组立即开展工作,在短短的两个月中,就搭起了各司局的架子,并且展开了工作。

　　这时民政系统长期积累下来的问题成堆,多数干部是新手,对业务不熟悉。面对这种情况,程子华组织了一系列的调查研究,为了打开工作局面,5、6月间,他组织11位党组成员带领司局长和业务干部40多人,到全国各地去召开会议调查研究,摸清民政工作的现状和主要矛盾。

　　此时,各地民政系统在政治、思想、组织和工作上都存在着严重的混乱现象,百乱待理,百废待兴,工作千头万绪。经过几个月的调查研究,众人认为主要矛盾是党的民政工作方针、政策被林彪、“四人帮”搞乱了,各项工作难以顺利开展。程子华当机立断,快刀斩乱麻,力主召开全国民政会议解决这些问题。

　　经党中央批准,1978年9月,第七次全国民政会议在程子华的主持下召开了。

　　这次会议着重研究了如何贯彻党和政府的民政工作方针、政策问题。会议后,党中央批转了《全国民政工作会议纪要》。这个会议和文件使各级民政部门澄清了路线是非,广大民政干部提高了思想觉悟,也明确了工作方向和任务,随后,各级民政机构开始建立和加强,工作也开始走上正轨。

　　第七次全国民政会议后,程子华狠抓了一系列落实政策的工作。10月下旬,他专门召开机关工作人员大会,亲自作报告,系统阐述了坚持实践是检验真理的唯一标准的必要性和重要性,提出只有坚持实践是检验真理的唯一标准,才能坚持马列主义、毛泽东思想的基本原则。在此之前,5月时还存在两个“凡是”的禁区,他就建议党组同志和机关干部,认真学习报纸上刊登的这方面的文章。12月党的十一届三中全会后,他又主持召开了十几次党组扩大会议,传达学习三中全会精神,总结第七次全国民政会议以来的工作,研究民政部门的工作如何适应全党工作的重点转移。在他的主持下,起草了《关于民政部门工作重点转移的意见》。

　　在“文化大革命”中,原来海陆丰农民运动领导人彭湃被诬蔑为“叛徒”,一家人遭到了残酷迫害,儿子被害死,侄子被打死。在全国民政会议上,程子华提出一定要为彭湃同志平反昭雪。后来,经过多方努力终于为彭湃一家落实了政策。

在民政部下达的许多文件中,在一些专业会议上,他多次提出,要督促各级民政部门抓好纠正冤、假、错案的工作。1979年3月民政部下达的关于开展优抚对象普查工作的通知中,就着重强调必须把纠正冤、假、错案作为重要内容。这项工作取得了很大成绩,深得人心。

经过一年多的工作,全国的民政工作走上了正轨,出现了新的面貌。

在民政部工作期间,程子华还主持《选举法》的修改工作,亲自带队深入基层进行选举试点,并组织领导了"文化大革命"后的第一次全国县、乡选举。

1991年3月30日,程子华在北京逝世。